Wanderlust Bayern

100 Traumpfade
für Gipfelstürmer und Flachlandentdecker

GPX-Daten zum Download
www.kompass.de/gpx
Kostenloser Download der GPX-Daten der im Wanderbuch enthaltenen Wandertouren.

SMART UNTERWEGS
Touren bequem in der App

Freischalt-Code:

978-3-99121-701-5

Folge dem Link und erfahre, wie die Touren in der KOMPASS-App freigeschaltet werden.

https://link.kompass.de/lskjejnu

UNSERE ATUTORINNEN UND AUTOREN

Lisa Aigner	**Eugen E. Hüsler**	**Astrid Sturm**
Siegfried Garnweidner	**Raphaela Moczynski**	**Walter Theil**
Monika Göbl	**Christian Schneeweiß**	**Kay Tschersich**

70.550 Quadratkilometer ist Bayern groß. In diesem – der Fläche nach – größten Bundesland Deutschlands besteht ein Wanderwegenetz mit einer Gesamtlänge von über 40.000 Kilometern. Keine Frage also, dass eine Präsentation der schönsten Wanderrouten Bayerns nur im Teamwork möglich ist. KOMPASS arbeitet seit vielen Jahren mit hervorragenden Expertinnen und Experten aus dem Outdoorbereich zusammen. Verlag und Redaktion danken jenen Damen und Herren, die ganz Bayern in jahrelanger Kleinarbeit erkundet, beschrieben und in Fotos festgehalten haben, sehr herzlich für die gute Zusammenarbeit. Ohne ihr Wissen und ihre Erfahrung wäre die Realisierung des vorliegenden Werkes nicht möglich gewesen!

WANDERERLEBNIS BAYERN

Das weiß-blaue Bundesland Bayern im Süden der Bundesrepublik Deutschland präsentiert sich auf Wanderungen besonders facettenreich. Die landschaftliche Vielfalt in den vier Urlaubsregionen zwischen Bayerischen Alpen, Voralpenland, Mittelgebirge und dem Südwestdeutschen Schichtstufenland ist einmalig und macht die Erkundung des Freistaates mit Wanderschuhen so reizvoll.

Der südwestliche Streifen Bayerns, **Allgäu/Bayerisch-Schwaben**, wird geprägt von wasserreichen Voralpenlandschaften mit idyllischen Hochmooren und malerischen Seen, hügeligen Wiesen, ebenso wie mächtigen Berggipfeln. Dazwischen ragen die prächtigen Bauten König Ludwigs II. in der Landschaft empor.

In der Region **Oberbayern** liegt der höchste Berg Deutschlands – die Zugspitze. Die Alpenwelt Karwendel, das Blaue Land, die Ammergauer Alpen sowie die Chiemgauer und Berchtesgadener Alpen bieten ein eindrucksvolles Alpenpanorama.

Ostbayern wird durch den Bayerischen Wald – geprägt. Er gilt, zusammen mit dem benachbarten Böhmerwald, als größte Waldlandschaft Europas. Der Nationalpark Bayerischer Wald bietet sich an, um die einzigartige Naturlandschaft beim Wandern zu entdecken.

Idyllische Flusstäler und Seen, weite Wälder und Mittelgebirgslandschaften sowie mythische Schlösser, Burgen und Höhlen charakterisieren **Franken**. Weltbekannt ist die Urlaubsregion darüber hinaus für ihre Bier- und Weinkultur.

In den fränkischen Weinstuben, in schattigen Biergärten und urigen Almhütten kann man sich auf Wanderungen mit typischer bayerischer Hausmannskost wunderbar stärken und erfrischen und neue Kraft tanken. Oder aber man genießt bei einer Brotzeit von einem Aussichtsbankerl das Panorama über Bayerns imposante Gipfel und tiefe Täler, über glitzernde Seen und weite Wiesen in einer der schönsten Wanderregionen Deutschlands.

Das Wanderziel Bayern präsentiert sich in seiner reichen Vielfalt!

INHALT UND TOURENÜBERSICHT

AUFTAKT

Unsere Autorinnen und Autoren 3
Wandererlebnis Bayern 3
Inhaltsverzeichnis und Tourenübersicht....4
Legende und allgemeine
 Tourenhinweise......................... 12
Gebietsübersichtskarte................... 14

Tour		Seite		
Allgäu/Bayerisch-Schwaben				
001	Hündlekopf · 1112 m	18	⭕	🐻
002	Hochgrat · 1834 m	20	⚡	
003	Jugethöhe · 1024 m	22	⭕	🐻
004	Nach Wilhams und aufs Lüßeck	24	⭕	🐻
005	Lohwegkapelle – Gopprechts	26	⭕	🐻
006	Alpsee-Rundwanderweg	28	⭕	🐻
007	Berggasthof Kranzegg	30	⭕	🐻
008	Ellegghöhe · 1136 m	32	⭕	
009	Faistenoyer Bach und Mittelberger Rücken	34	⭕	🐻
010	Speckbach-Wasserfall	36	⭕	🐻
011	Hohenkapf · 1121 m	38	⭕	🐻
012	Durchs Leubastal nach Wildpoldsried	40	⭕	
013	Von Haldenwang nach Gschlavers	42	⭕	🐻
014	Wallfahrtskirche Gschnaidt	44	⭕	🐻
015	Münster-Lech-Rundweg	46	⭕	🐻
Oberbayern				
016	Schnalz · 901 m	48	⭕	
017	Stegen – Breitbrunn · 601 m	50	⭕	🐻
018	Ilkahöhe · 726 m	52	⭕	🐻
019	Bernrieder Park · 631 m	54	⭕	🐻
020	Moosweg · 631 m	56	⭕	🐻
021	Eibseeumrundung · 1016 m	58	⭕	🐻
022	Partnachalm durch die Partnachklamm · 983 m	60	⭕	🐻
023	Ettaler Manndl · 1633 m	62	⚡	
024	Simetsberg · 1840 m	64	⚡	🐻

ANHANG

Almen und Schutzhütten 218
Bahn, Bus und Schiff, Wetter 219
Tourismusinformation 220

Impressum 224

km	h	 hm	hm								Karte
11,5	3:45	450	450	✓	✓	✓	✓	✓	✓		2
7,25	3:00	981	132	✓	✓	✓	✓	✓	✓		2
11,75	3:00	305	305	✓	✓		✓	✓	✓		187
11,75	3:00	269	269	✓	✓						187
12,75	3:45	307	307	✓	✓		✓				3
11,5	3:15	200	200	✓	✓		✓				3
5,25	1:45	278	278	✓	✓						2
15	4:15	298	298	✓	✓		✓	✓	✓		3
7	2:15	153	153	✓	✓		✓				188
8	2:00	169	169	✓							187
9,75	2:30	214	214	✓	✓		✓	✓			187
12	2:45	55	55	✓	✓		✓				188
10,5	2:45	195	195	✓	✓		✓				187
9,5	3:15	224	224	✓	✓		✓				187
10,3	2:30	30	30	✓			✓		✓	✓	162
10,8	5:00	570	570	✓				✓			179
13,3	4:30	220	220	✓	✓		✓			✓	180
16,3	4:15	300	300	✓			✓			✓	180
10,5	2:45	60	60	✓	✓		✓			✓	180
10	3:00	20	20	✓	✓					✓	182
6,8	1:30	70	70	✓	✓						5
7	2:15	260	260	✓	✓		✓			✓	5
5,7	3:00	760	760	✓	✓	✓		✓			5
11,2	4:15	1030	1030	✓	✓			✓			5

INHALT UND TOURENÜBERSICHT

Tour		Seite		
025	Guglhör-Rundweg · 745 m	66	⟲	🐻
026	Blomberghaus	68	⟲	🐻
027	Hirschhörnlkopf · 1514 m	70	⚡	🐻
028	Blankensteinsattel · 1692 m	72	⟲	
029	Auf die Hochalm · 1427 m	74	⟲	
030	Neureuth · 1264 m	76	⟲	🐻
031	Neuhaus – Brecherspitz · 1683 m	78	⟲	
032	Jenbachtal – Wendelstein · 1838 m	80	⟲	
033	Kampenwand · 1669 m	82	⚡	
034	Rudersburg · 1434 m	84	⚡	🐻
035	Hausbachfall-Klettersteig	86	⟲	
036	Gurnwandkopf · 1691 m, Hörndlwand · 1684 m	88	⚡	
037	Herrenchiemsee	90	⟲	🐻
038	Dötzenkopf · 1001 m – Wappachkopf · 750 m	92	⟲	🐻
039	Toni-Lenz-Hütte und Schellenberger Eishöhle	94	⚡	🐻
040	Hocheck · 2651 m – Watzmann-Mittelspitze · 2713 m	96	⚡	
041	Schützensteig, am Kleinen Jenner	98	⟲	🐻
Ostbayern				
042	Eidenberger Lusengipfel · 733 m	100	⟲	🐻
043	Freudensee – Staffelberg · 789 m	102	⟲	🐻
044	Karolikapelle – Saußbachklamm	104	⟲	🐻
045	Schrottenbaummühle – Schloss Fürsteneck	106	⟲	🐻
046	Dreisesselberg/Hochstein · 1333 m	108	⟲	🐻
047	Wildbachklamm Buchberger Leite – Ruine Neubuchberg	110	⟲	🐻
048	Großer Rachel · 1452 m – Rachelsee	112	⟲	🐻
049	Mauth – Große Kanzel	114	⟲	🐻

	km	h	hm	hm	P	🚌	🚡	🍴	⛰	🛏	❄	Karte
	8	3:00	150	150	✓	✓					✓	7
	8	3:00	493	493	✓	✓	✓	✓			✓	182
	7,5	3:15	739	739	✓	✓			✓			182
	9,5	4:00	740	740	✓	✓						8
	8,5	3:15	500	500	✓	✓		✓				8
	7	2:30	510	510	✓	✓		✓	✓		✓	8
	12,5	4:45	900	900	✓	✓		✓	✓			8
	17,75	7:15	1260	1260	✓			✓	✓			8
	6,5	3:45	209	1049	✓	✓	✓	✓		✓		10
	9	4:45	790	790	✓			✓				10
	2,5	2:00	215	215	✓	✓		✓				14
	11	6:00	1005	1005	✓	✓		✓	✓	✓		14
	7	2:10	31	31	✓	✓		✓		✓	✓	10
	8,25	2:45	656	656	✓	✓		✓				14
	11	5:15	1090	1090	✓	✓		✓		✓		14
	7	5:00	805	805				✓	✓			14
	1,5	1:45	232	232	✓	✓	✓		✓			794
	5,8	2:00	262	262	✓	✓			✓			198
	10	3:15	482	482	✓	✓		✓	✓			198
	8	2:15	292	292	✓	✓		✓				198
	7	2:00	180	180	✓			✓				198
	10,5	3:30	530	530	✓			✓	✓			198
	8,75	2:45	304	304	✓	✓		✓				198
	11,5	4:00	650	650	✓	✓		✓	✓			198
	8,5	2:15	308	308	✓	✓			✓			198

INHALT UND TOURENÜBERSICHT

Tour		Seite		
050	Nationalparkzentrum Lusen	116	◉	☺
051	Geißkopf · 1097 m – Teufelstisch	118	◉	☺
052	Geßingerstein · 874 m – Königstein	120	◉	☺
053	Ruine Weißenstein	122	◉	☺
054	Spitzberg · 810 m	124	◉	☺
055	Der Große Arbersee	126	◉	☺
056	Hochfels – Hochberg · 943 m	128	◉	☺
057	Rißlochwasserfälle – Mittagsplatzl · 1340 m	130	◉	☺
058	Rund um den Drachensee	132	◉	☺
059	Großer Pfahl	134	◉	☺
060	Blaibacher See	136	◉	☺
061	Rattenberger Höhenweg	138	◉	☺
062	Radling – Traitsching – Trefling	140	◉	☺
063	Pilgramsberg	142	◉	☺
064	Bogenberg – der „heilige Berg"	144	◉	☺
065	Burg Brennberg – Höllbachtal	146	◉	☺
066	Tegernheimer Schlucht	148	◉	☺
067	Schloss Karlstein	150	◉	☺
068	Schloss Hirschling – Peilstein	152	◉	☺

Franken

069	Der Zeubachtalweg	154	◉	☺
070	Durchs Werntal	156	◉	☺
071	Zum Druidenstein	158	◉	☺
072	Walberlarunde	160	◉	☺
073	Maximiliansgrotte	162	◉	☺
074	Ossinger und Zantberg	164	◉	
075	Noristörle	166	◉	☺
076	Houbirg	168	◉	☺
077	Grünbürgweg	170	◉	☺

km	h	hm	hm	🅿	🚌	🚡	🍴	▲	🛏	❄	Karte
8,25	2:30	222	222	✓	✓					✓	198
14	4:30	600	600	✓	✓	✓	✓	✓	✓		198
11,5	3:15	378	378	✓			✓				198
8,25	2:30	275	275	✓	✓						198
5,25	1:30	183	183	✓			✓				198
2	0:45	28	28	✓	✓						198
5,25	1:45	298	298	✓	✓			✓			198
13,5	4:00	750	750	✓	✓			✓			198
9,75	2:45	132	132	✓	✓		✓				198
4,5	1:30	120	120	✓							198
15,25	4:00	245	245	✓	✓		✓				198
13,75	4:15	632	632	✓	✓		✓		✓		198
15,5	4:15	438	438	✓			✓				198
4,25	1:30	141	141	✓	✓		✓		✓		198
4	1:30	193	193	✓							198
12	3:45	454	454	✓	✓						198
9,75	2:45	336	336	✓	✓						198
10,5	3:15	320	320	✓			✓				198
9,75	2:45	275	275	✓			✓	✓			198
14,3	4:00	355	355	✓					✓	✓	165
7,6	2:30	280	277	✓	✓		✓		✓	✓	165
4,9	2:00	324	344	✓							170
7	2:00	323	323	✓	✓		✓		✓		170
11,8	3:30	393	393	✓			✓				170
14,1	5:00	600	596	✓	✓		✓	✓			170
6,2	2:00	691	665	✓	✓				✓		170
6	2:00	376	377	✓	✓					✓	170
8,75	2:45	248	248	✓	✓						191

INHALT UND TOURENÜBERSICHT

Tour		Seite		
078	Sparneck – Großer Waldstein · 877 m	172	◐	😊
079	Selb – Eger – Wellerthal	174	◐	😊
080	Großer Kornberg · 826 m	176	◐	😊
081	Rudolfstein · 866 m – Drei-Brüder-Felsen · 845 m	178	◐	😊
082	Ochsenkopf · 1024 m – Weißmainfels · 918 m	180	◐	😊
083	Luisenburg – Burgsteinfelsen – Kösseine · 939 m	182	◐	😊
084	Hirschentanz-Runde	184	◐	😊
085	Wallfahrtskirche Kappel	186	◐	😊
086	Hausen – Roth: Frauenhöhle und Eisgraben	188	◐	😊
087	Schönau – Burgwallbach	190	◐	😊
088	Oberbach – Kissinger Hütte: Durch die Schwarzen Berge	192	◐	😊
089	Bad Brückenau: Hinauf zum Kloster Volkersberg	194	◐	😊
090	Riedenberg: Auf uralten Pfaden zu den Großen Steinen	196	◐	😊
091	Geroda – Platz: Hinauf zum Würzburger Haus	198	◐	😊
092	Aschach – Haus Aurora: Fränkische Saale – Salzforst	200	◐	😊
093	Bayerische Schanz · 510 m	202	◐	😊
094	Bloopifferweg · 207 m	204	◐	😊
095	Tulpenbaum und Co · 172 m	206	◐	😊
096	Hafenlohrtal und Sandkaute · 222 m	208	◐	
097	Schloss Mespelbrunn – Wahrzeichen des Spessarts	210	◐	
098	Durch den Sakkocanyon · 193 m	212	◐	😊
099	Von Wildensee nach Mönchberg · 381 m	214	◐	
100	Geißhöhe – Wanderung von Hof zu Hof · 403 m	216	◐	

km	h	hm	hm	🅿	🚌	🚠	🍴	⛰	🛏	❄	Karte
13	4:00	390	390	✓	✓		✓	✓	✓		191
10,5	3:00	160	160	✓	✓						191
9,25	3:00	278	278	✓	✓		✓				191
10,25	3:30	293	293	✓	✓		✓	✓			191
8,75	3:00	328	328	✓	✓		✓	✓	✓		191
8,75	3:15	353	353	✓			✓	✓	✓		191
9,5	2:45	176	176	✓							191
4	1:15	65	65	✓							191
9,5	2:15	295	295	✓	✓		✓		✓		460
15	3:30	290	290	✓	✓		✓		✓		460
13	3:00	365	365	✓	✓		✓		✓		460
10	2:45	255	255	✓	✓		✓		✓		460
11,5	3:15	320	320	✓	✓				✓		460
12	2:45	340	340	✓	✓		✓		✓		460
9	2:15	225	225	✓	✓				✓		460
8,7	2:30	255	255	✓							832
11,1	3:00	263	263	✓							832
9,5	2:30	445	445	✓						✓	832
14,5	4:30	484	484				✓				832
17,6	5:30	638	638	✓			✓		✓		832
12,5	3:30	467	467	✓						✓	832
20,7	6:00	426	426	✓					✓		832
17,4	5:00	497	497	✓			✓		✓		832

LEGENDE UND ALLGEMEINE TOURENHINWEISE

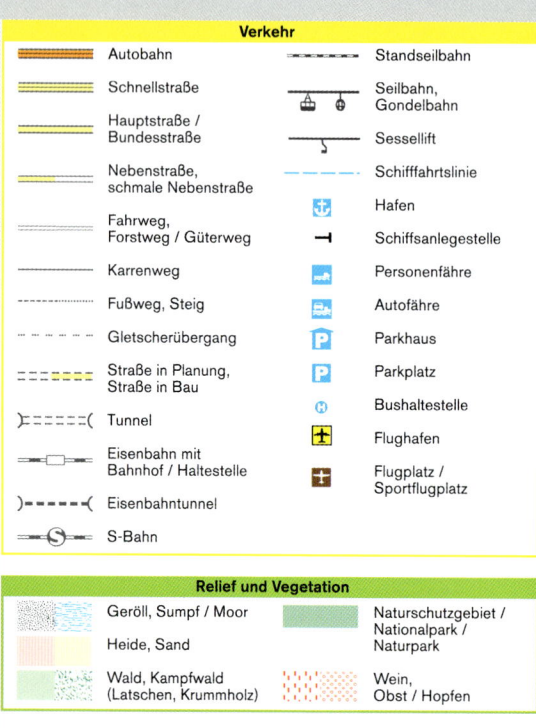

Um Ihnen die Tourenauswahl zu erleichtern, erscheint jede Routenbeschreibung in einer eigenen Farbe:

■ **LEICHT**

Hier handelt es sich um gut angelegte Wege ohne echte Gefahrenstellen, die auch für „Einsteiger" gut geeignet sind. Das schließt allerdings kräftige Steigungen nicht aus. Die meisten dieser Routen sind ausreichend beschildert und markiert.

■ **MITTEL**

Diese Wege und Pfade führen schon durch anspruchsvolleres Gelände, können also steil, steinig und nach Regen sehr rutschig sein. Kurze abschüssige und ausgesetzte Passagen erfordern Trittsicherheit und Schwindelfreiheit; einige davon können auch mit Stahlseilen bzw. Leitern gesichert sein.

■ **SCHWER**

Hier finden Sie lange und anspruchsvolle Bergtouren, die z. T. in hochalpines Gelände führen. Rechnen Sie mit ausgesetzten, gesicherten und – je nach den herrschenden Verhältnissen – gefährlichen Passagen. Gute Kondition, Schwindelfreiheit und alpine Erfahrung werden vorausgesetzt.

Die angegebenen **Gehzeiten** sind nur Richtwerte – manche werden sie problemlos unterbieten, andere lassen sich unterwegs vielleicht mehr Zeit.

Ausrüstung

Für die hier vorgestellten Touren benötigen Sie feste, aber nicht zu schwere Wanderschuhe mit griffiger Gummiprofilsohle sowie wind- und regendichte Kleidung.

Was sonst noch in den Rucksack gehört: Reservewäsche, eine leichte Kopfbedeckung als Sonnenschutz, die entsprechende Verpflegung und vor allem genug Getränke, eine Trillerpfeife fürs alpine Notsignal sowie eine kleine Rucksackapotheke mit federleichter Alu-Rettungsdecke, natürlich das Handy. Hilfreich sind auch Teleskopstöcke. Im Gebirge benötigt man entsprechend wärmere Kleidung, Mütze und Handschuhe – bei einem Wettersturz kann es hier auch mitten im Sommer empfindlich kühl werden. Wer in Almhütten oder Schutzhäusern übernachtet, sollte einen leichten Hüttenschlafsack mitnehmen (Pflicht in Alpenvereinshütten).

Alpines Notsignal

In einer Minute wird sechsmal in regelmäßigen Abständen – also alle zehn Sekunden – ein hörbares oder sichtbares Zeichen (Rufen, Pfeifen, Blinken, Winken) gegeben.

Dazwischen folgt jeweils eine Minute Pause.
Die Antwort kommt mit drei Zeichen pro Minute.

Alpine Notrufnummern:
Europaweit 112
Österreich 140

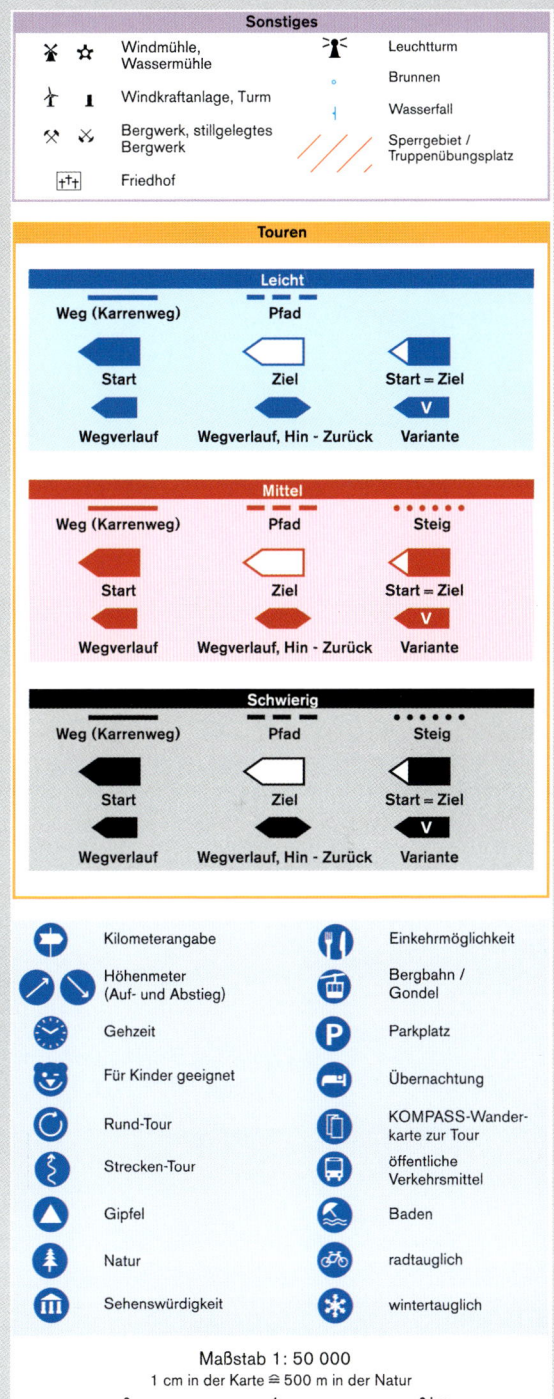

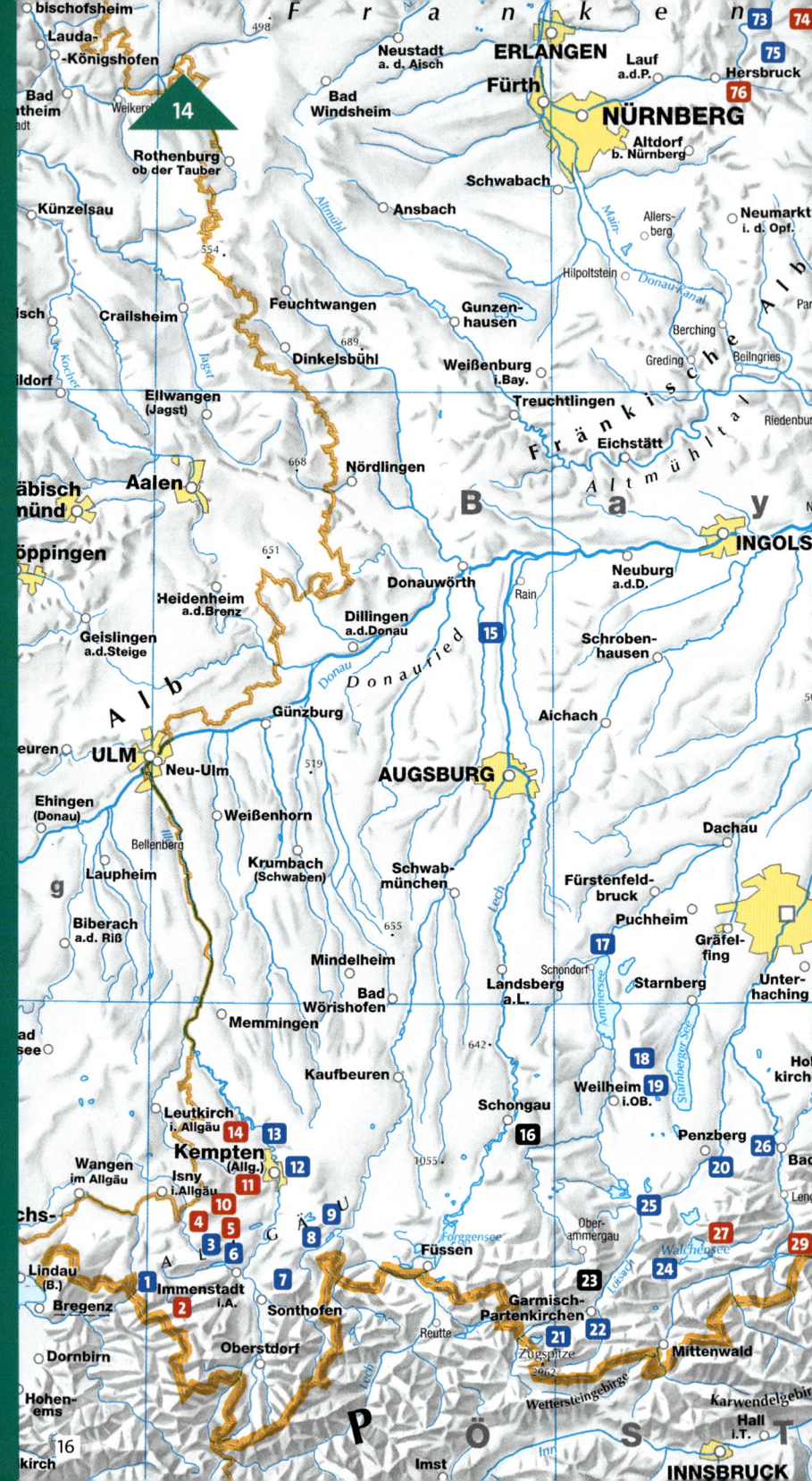

HÜNDLEKOPF • 1112 m

Wirtshauswanderung mit charmantem Bergziel

  11,5 km  3:45 h  450 hm  450 hm 2

START | Oberstaufen/Weißach, Bushaltestelle bei der Weißachmühle, Parkplatz. [GPS: UTM Zone 32 x: 576.750 m y: 5.266.300 m]
CHARAKTER | Mäßig steile Aufstiege, ausreichend beschilderte Zieh- und Alpwege, Pfade und ruhige Sträßchen.

Im Oberstaufener Weiler Ifen.

Eine angenehme Besonderheit auf dieser harmlosen Bergtour sind, neben der ständigen Panoramaaussicht, die wiederholt auftauchenden, sehr gemütlichen Wirtshäuser.

So kann man den Rucksackproviant diesmal getrost zu Hause lassen und dafür beschwingten Fußes das zwischen Konstanzer Tal und Weißachtal dem Prodelkamm vorgelagerte, liebenswerte Gipfelchen ansteuern.

▶ An der Weißachmühle in **Weißach** 01 nehmen wir den Sennereiweg und achten an einer Gabelung auf den Wanderwegweiser „Ifen". Der am Ortsende ansetzende Ziehwegaufstieg bietet einen herrlichen Ausblick nach Oberstaufen.

Im oberen Bereich geht's auf einem Pfad am Waldrand hinauf und im abgelegenen Weiler **Ifen** 02 auf verkehrsfreiem Sträßchen ein Stück am tief eingeschnittenen Weißachtobel entlang. An der Straßenteilung bei einer Weißtanne spazieren wir auf den Hochgrat zu und in der alten Bauernsiedlung **Buchenegg** 03 in Richtung Hündlealpe.

Ein geteerter Alpweg passiert eine Schranke und windet sich bergan über Weidehänge, wobei sich eine hübsche Schau ins Weißachtal ergibt. Vor dem Wegende nahe der Hündlealpe präsentiert sich über Steibis der wuchtige Säntis. In Kürze erreichen wir auf einem Pfad den **Hündlekopf** 04. Der Alpsee und das Westallgäu breiten sich vor uns aus. Im Süden erstreckt sich der Nagelfluhkamm. Herrlich ist es hier oben zu sitzen und das Auge über Täler und Höhen streichen zu lassen.

Wir streben anschließend der Hündlealpe zu und gehen auf einem Ziehweg hinüber zur **Gaststätte Hündlealpe** 05 mit der Bergstation des Sessellifts. Das Schild „Talstation" lenkt uns auf einen Pfad, der gemächlich über Viehweiden bergab führt. Bei einem Schlepplift mündet der Kurs in einen Alpweg. Auf diesem gelangt man in Kehren zum Wirtshaus **Hündle-Stuben** 06 im Konstanzer Tal.

Nach der Bundesstraßen-Unterführung folgt man dem stillen, flachen Sträßchen, vorbei an den Häusern von Hinterstaufen zum Ortsteil **Bad Rain** 07. Dort zweigt man auf den Waldweg ab, der an einem Bächlein talwärts nach **Weißach** 01 führt.

1

Herrlicher Ausblick von der Hündlebahn-Bergstation.

HOCHGRAT • 1834 m

Zum höchsten Punkt des Allgäuer Voralpenlandes

  7,25 km 3:00 h 981 hm 132 hm 2

START | Parkplatz an der Talstation der Hochgratbahn.
[GPS: UTM Zone 32 x: 579.720 m y: 5.262.360 m]
CHARAKTER | Meist breite, aber teils steile Wanderwege zur Bergstation, schmaler, felsiger Pfad mit Treppenstufen zum Gipfel.

Das Staufnerhaus liegt nur wenige Meter neben dem Anstiegsweg.

Der Hochgratgipfel gehört als höchster Punkt des Allgäuer Voralpenlandes natürlich zum Repertoire dieses Auswahlführers, genießt er doch dank seiner leichten Erreichbarkeit – durch die Hochgratbahn – und seiner grandiosen Gipfelaussicht eine herausragende touristische Bedeutung.

▶ Wir starten an der **Talstation 01** der Hochgratbahn in Steibis, gehen auf der Zufahrtsstraße ein paar Meter rechts, bis links ein asphaltiertes Sträßchen abzweigt (Mark. Hochgrat). Wenig später verlassen wir das Sträßchen und kürzen über einen ziemlich direkt ansteigenden, ebenfalls asphaltierten Fußweg die großen Straßenkehren ab. Kurz bevor wir auf die Abzweigung treffen, die rechts Richtung Obere Stiegalpe und Falkenhütte weist, wandern wir wieder auf dem Fahrsträßchen stetig berghoch. Wir passieren die **Unterlauchalpe 02** und gelangen bei einem Viehgatter zu einer scharfen Linkskurve und zu einer

Verzweigung 03. Rechts von uns rauscht ein Bach und nach rechts ist auch der Weg zur Schilprealpe markiert. Wir bleiben aber auf dem Normalweg, der nach links Richtung Hochgrat über das Stauferhaus ausgeschildert ist.

Der kontinuierlich ansteigende Weg wird jetzt etwas schmäler, ist nicht mehr asphaltiert, und führt, mit schöner Aussicht ins Tal hinab, am Hang entlang hoch. Wir umrunden ein Almgebäude – hier geht es kurzzeitig sogar etwas bergab –, dann passieren wir rechts die Materialseilbahn, die zum Staufnerhaus hoch führt.

> **Tipp**
>
> Nehmen Sie den Abschnitt des Parkscheins mit, dann erhalten Sie Rabatt auf die Talfahrt!

Es folgen nun immer wieder steilere, direktere Anstiegspassagen, bis wir wieder auf ein Viehgatter treffen und der kurvenreiche Weg deutlich flacher wird, rechts fließt ein Bach. Wir verlassen den Wald und wandern auf die etwas oberhalb von uns liegende **Obere Lauchalpe 04** zu. Von hier ist auch die Hochgratbahn zu sehen. Die Alpe ist Donnerstag bis Sonntag und Feiertage geöffnet. Es geht weiter in Serpentinen bergan, gottseidank teils im Schatten, bis wir kurz vor dem Unterqueren der Hochgratbahn und vor einer Rechtskurve eine **Abzweigung 05** rechts hoch zum **Staufnerhaus** passieren, einen schmalen, steilen Hangpfad (den wir als alternativen Anstiegsweg nehmen können).

Wir bleiben jedoch auf dem Hauptweg, unterqueren erneut die Hochgratbahn und stoßen auf eine weitere **Abzweigung** `06` zum Staufnerhaus – hier sind es nur wenig Meter auf breitem Weg leicht abwärts. Geradeaus führt der Weg zu einer scharfen Linkskehre, hier ist nach rechts der gut sichtbare Seelekopfgipfel mit 20 min angeschrieben. Wir schwenken nach links und sind ein paar Minuten später an der **Bergstation** `07` der Hochgratbahn; die letzten Meter des Anstiegs kann man sich durch die Benutzung von Treppenstufen auf der linken Seite erleichtern. Fantastischer Ausblick, rechts ist der Schweizer Säntis gut zu sehen. Hinter der Bergstation geht es über Treppenstufen hoch und dann weiter am felsigen Grat entlang, der durch ein Geländer markiert ist. Über angelegte Stufen und Felsabsätze bringt uns der nach beiden Seiten sehr aussichtsreiche Gratweg hoch zum Gipfel des **Hochgrat** `08`.

Zurück zur Bergstation und mit der Hochgratbahn hinab zur Talstation.

Gipfelschau vom Hochgrat.

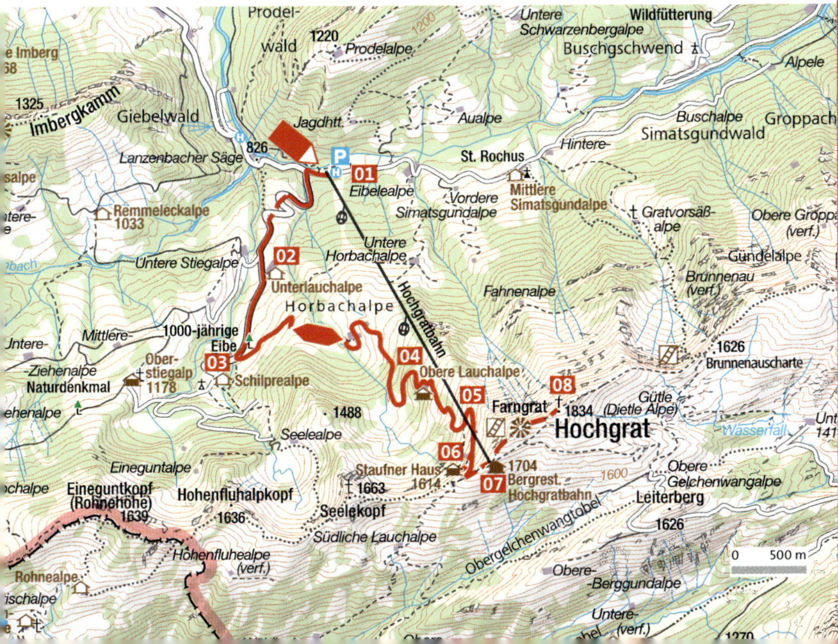

3 JUGETHÖHE • 1024 m

Begeisternde Stixner-Tal-Rundtour

  11,75 km  3:00 h  305 hm  305 hm 187

START | Missen, Bushaltestelle in der Ortsmitte, Parkplatz in der Nähe. [GPS: UTM Zone 32 x: 584.750 m y: 5.272.220 m]
CHARAKTER | Meist gut beschilderte Feld- und Forstwege, kurze Wanderwege und Pfade (kleine Abschnitte auf Pfadspuren), zuletzt Mautsträßchen.

▶ Der erste Höhepunkt dieser prächtigen Aussichtstour ist der außerordentlich schöne Tiefblick auf **Missen** 01, der den Wanderer auf dem anfangs geteerten Wirtschaftsweg vom Parkplatz bei der Ortsmitte Richtung **Kühberg** 02 erwartet. Vor einem Einödhof weist uns das Routentäfelchen auf einen zwischendurch undeutlichen Feldweg.

Ein kleiner Abschnitt über eine Viehweide erweist sich sogar als weglos. Der genussreiche Kurs folgt stets des etwa parallel zum Hauchenberg verlaufenden Kühbergrücken. Im Süden grüßen die Nagelfluhberge. Bei der **Hinterhaselbachalpe** 03 (auch Kaplanalpe genannt) weitet sich das Panorama über den klotzigen Daumen zu den Hintersteiner Bergen.

Wir bummeln nun auf flachem Forstweg Richtung Knottenried. Später bleiben wir dem vorbildlich ausgeschilderten und bald fallenden Forstwegkurs zum **Schlettermoos** 04 treu, das wir nach einem kurzen Wanderweg und der Querung der Staatsstraße von Missen erreichen. Das Schild „Siedelalpe" weist erneut auf einen Wanderweg, der an einer Wollgraswiese entlang führt.

Im Wald queren wir einen Forstweg. Dort lenkt das Täfelchen „Waldweg zur Siedelalpe" auf einen leicht steigenden Wurzelpfad, der Richtung Siedel in einen Waldweg mündet. Nach einem kleinen Pfadabschnitt geht's auf einem Alpweg vollends bergauf zur **Siedelalpe** 05 mit behaglicher Einkehr.

Rasch steigen wir auf der mit „Jugetalpe" ausgewiesenen Pfadspur hinauf zum warzenartigen Aussichtsbuckel mit Kreuz. Damit das Kind einen Namen hat, wollen wir es **Jugethöhe** 06 taufen. Ein höchst malerisches Bild gibt die Immenstädter Talsenke mit dem Kleinen Alpsee ab. Auf der Rückseite unseres liebenswerten Voralpen-Gipfelchens steigen wir jetzt hinunter zur Jugetalpe. Hinter der einfachen Hütte leitet ein Pfad an der Bergstation des Stixner Skilifts vorbei und talwärts über einen bewaldeten Höhenzug. Nach einem Bachsteg wählen wir den mit „Pfarr-Alpe" beschilderten Waldweg, der mit einem leichten Gegenanstieg aufwartet. Anschließend bringt uns ein Mautsträßchen in ein paar Schleifen zu einer Kneippanlage und nach **Missen** 01.

Vom Aussichtsbuckel bei der Siedelalpe bietet sich ein schöner Rundblick.

4 NACH WILHAMS UND AUFS LÜSSECK

Zwischen Sonneneck und Hauchenberg

 11,75 km 3:00 h 269 hm 269 hm 187

START | Weitnau/Hellengerst, Gasthof Goldenes Kreuz, Parkplatz.
[GPS: UTM Zone 32 x: 590.300 m y: 5.279.340 m]
CHARAKTER | Einfache Steigungen, dürftig bezeichnete Wirtschaftswege und meist verkehrsfreie Sträßchen, kurze Fahr- und Pfadspuren, mehrere weglose Abschnitte, zuletzt Radweg. Orientierungssinn erforderlich.

Verträumter Weiher im Weitnauer Weiler Rieder.

▶ Als Startpunkt für den individuellen Orientierungskurs wählen wir den Festsaal in **Weitnau** 01. Der Hirnbeinweg bringt uns zur Kirche. Dort leitet der Wanderwegweiser „Rieder" zu einem Wiesenpfad.

Bei einem Einzelanwesen setzt ein Waldhang an. An einem Viehstall vorbei sind mehrere weglose, flache Viehweiden zu queren, wobei man auf die Durchgänge zu achten hat. Schöne Ausblicke ergeben sich über das Weitnauer Tal zum langen Sonneneck-Höhenzug. Über einen Bachsteg gelangen wir mit zwei letzten Weidequerungen zum Weiler **Rieder** 02.

Richtung Missen geht es auf dem rechten Feldweg an einem Bächlein entlang. Der Wegweiser „Missen über Höllanger" zwingt zum Queren wegloser, aber bestens beschilderter Viehweiden. Danach folgen wir einem Pfad, später einem Waldweg und an der **Wegspinne** 03 bei einem Teich mit Unterstand dem Hirnbeinweg Richtung Sibratshofen, ein Trettenbach-Quellwasser als Begleiter. Die lobenswerten Schautafeln vermitteln einiges über Wald, Alpwirtschaft und Bergbäche.

Der beschauliche Wanderweg über Bachstege wird später vom Wirtschaftsweg nach **Wilhams** 04 abgelöst, der durch das ruhige Wiesental des Trettenbachs leitet. Noch ein kleiner Aufschwung, dann ist am Ostfuß des bewaldeten Hauchenbergs das Dörfchen erreicht.

Nach gemütlicher Einkehr wandern wir zurück durch das Wiesental und nehmen am Ende der Lichtung die leicht bergwärts leitende Abzweigung des Wurzelpfades in Richtung Sibratshofen. Dieser wechselt dann später in einen Waldweg, der sich jedoch bald wieder als Pfad entpuppt. Ab der Anhöhe **Lüßeck** 05, geht es auf einem quer laufenden Forstweg gemütlich abwärts und zurück nach **Weitnau** 01.

Herrliche Wolkenstimmung im Wiesental.

5 LOHWEGKAPELLE – GOPPRECHTS

Diepolzer Höhenrundkurs

  12,75 km 3:45 h  307 hm  307 hm 3

START | Immenstadt/Diepolz, Bushaltestelle in der Ortsmitte, Parkplatz bei der Kirche.
[GPS: UTM Zone 32 x: 588.600 m y: 5.274.220 m]
CHARAKTER | Kleine Steigungen, sparsam bezeichnete Pfade und Pfadspuren, Wirtschafts- und Forstwege sowie teils feuchte Waldwege, kurze Sträßchen. Orientierungssinn ist nötig.

Bei Gopprechts.

▶ Die Tafel „Hauchenberg" zeigt uns in der Ortsmitte von **Diepolz** 01 den Beginn dieser kurzweiligen Runde. Bei der Kirche setzt das steile Wirtschaftssträßchen mit Alpenblick Richtung Freundpolz an. Am Teerende wechselt der Freundpolzer Kurs, der **Kapfweg** 02, in einen flachen Waldweg, wenig später in eine Pfadspur über Weiden und Wiesen. Wo die Höhenbummelei auf den mit „Lohweg" beschilderten Waldweg stößt, folgen wir diesem kurz und finden am Wald erneut eine Pfadspur vor.

Bergab zur **Lohwegkapelle** 03, einer unter Felsen geduckten Doppelgrotte, ist es nun mit einer weiteren Wiesenquerung nicht mehr weit. Nach kurzem Rückweg wählen wir an einer Gabelung auf orange markiertem Waldpfad den Anstieg Richtung Rieggis. Weidespuren leiten ab einer jäh abstürzenden Kuppe am Waldsaum talwärts. Das nach Niedersonthofen führende Sträßchen bringt uns nach **Rieggis** 04.

Wir kreuzen Richtung Gopprechts die Vorfahrtsstraße. Vor einem Einzelanwesen weist das Wandertäfelchen auf eine Wiesenspur. Im Wald entdecken wir einen Pfad, der am Falltobel zu einer Verzweigung führt. Die Gopprechtser Route quert den Schrattenbach zu einer Feuchtwiese.

Nach einer nochmaligen kurzen Pfadspur, die einen Stadel passiert, folgen wir einem Feldweg bis zu einer Kurve und gehen hinter einem Zaunüberstieg weglos links an einem Jägerstand vorbei über ein Weidegebiet. Ein Feldweg leitet nach **Gopprechts** 05.

An der Kapelle wählen wir das Anliegersträßchen Richtung Diepolz bergauf zu einer Wasserversorgung. Bei einer Alphütte wechseln wir zu einem Parallelweg und wandern im weiteren Verlauf auf flacher Wiesenspur zum bereits sichtbaren Beginn eines weiteren Feldwegs, der im Wald von einem Pfad abgelöst wird.

Zwischendurch mit einem feuchten Waldweg vorlieb nehmend, stoßen wir auf ein Sträßchen. Wir halten uns auf einem Naturlehrpfad immer weiter Richtung Diepolz und kommen schließlich an einer erquickenden Kneipp-Gesundheitsanlage vorbei. Ab der Gabelung nach dem Schrattenbachsteg benützt der Naturlehrpfad einen Forst- und zuletzt einen Wirtschaftsweg zurück nach **Diepolz** 01.

Blick hinab zur Kirche von Diepolz.

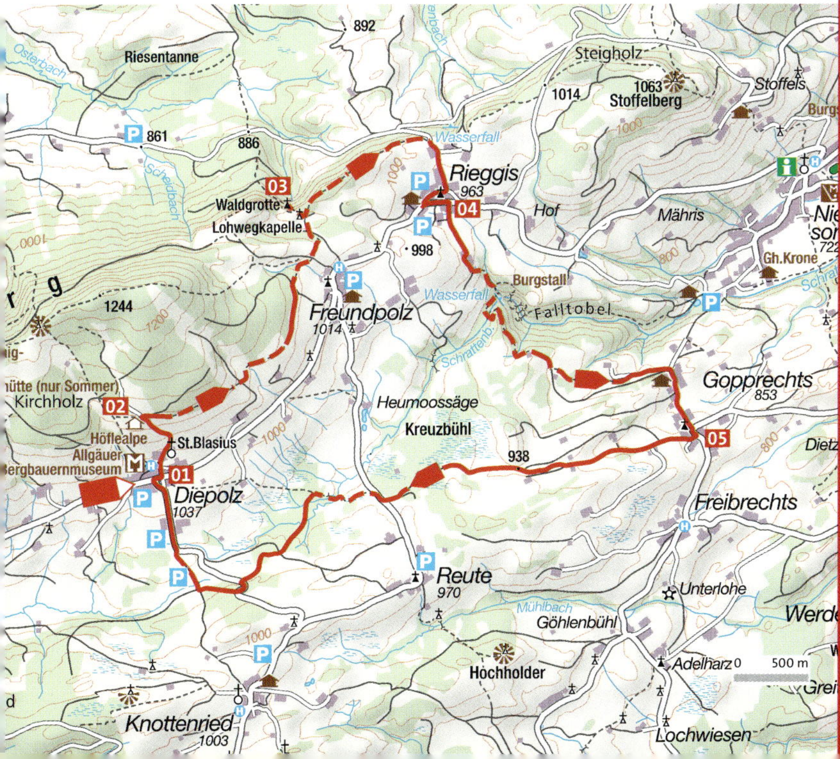

ALPSEE-RUNDWANDERWEG

Um den größten Natursee des Allgäus

  11,5 km 3:15 h  200 hm  200 hm 3

START | Bühl (Stadt Immenstadt), Bushaltestelle, Parkplatz beim See.
[GPS: UTM Zone 32 x: 589.750 m y: 5.269.150 m]
CHARAKTER | Kleine Steigungen, vorbildlich beschilderte Wander- und Feldwege, Pfade und Anliegersträßchen.

Alpsee mit Waldschopf-Duo Immenstädter und Gschwender Horn.

▶ Unser Genießerausflug beginnt an der Bushaltestelle in **Bühl** 01 auf dem Gehweg der Rieder Steige. Am Ortsende weist das Schild „Ergelweg n. Rieder" zu einem ansprechenden Wanderweg.

Dieser begleitet den Dorfrand und steigt in ein paar Windungen über dem Alpsee durch Buchenwald nach Rieder. Dort halten wir uns in Richtung Gschwend und folgen gleich darauf einem flachen Fahrweg. Später zieht sich ein Pfad durch den Mischwald zum Wasserfall, der über zwei hohe Felsstufen in eine Tobelkerbe prasselt. Ein Treppenanstieg bringt uns nach **Gschwend** 02.

Das Sträßchen Richtung Hintersee verläuft nun an einer Kapelle vorbei zu einem Einödhof. Dort lenkt die Eisvogel-Markierung des Alpsee-Rundwanderwegs auf einen Feldweg. Beim nächsten Einzelanwesen beginnt ein Waldpfad, der in reizvoller Anlage über zwei Bachstege und Stufen zum Weiler **Hintersee** 03 am Ende des Alpsees führt. Etwas oberhalb der Queralpenstraße und des Teufelssees wandern wir, zwischendurch kurz auf einem Alpweg, nach **Ratholz** 04.

Beim Gasthof Hornstub'n sind am Fuß des Ratholzer Tobels nochmals zwei Bachquerungen zum Gasthof Jägerhaus fällig, wo es an der Sommerrodelbahn durch die B 308-Unterführung geht.

Teils auf einem Feldweg, teils auf einem Pfad, gelangen wir über die Konstanzer-Ach-Brücke zum Alpsee und nach **Trieblings** 05. Nach dem Bahnübergang spazieren wir auf dem uferbegleitenden Anliegersträßchen an der Einöde Alpseewies vorbei, bis die stimmungsvolle Seepromenade durch eine enge Bahnunterführung nach **See** 06 leitet. Bald treffen wir auf der Kirchsteige wieder in **Bühl** 01 ein.

Blick über den Alpsee nach Bühl und in die Allgäuer Alpen.

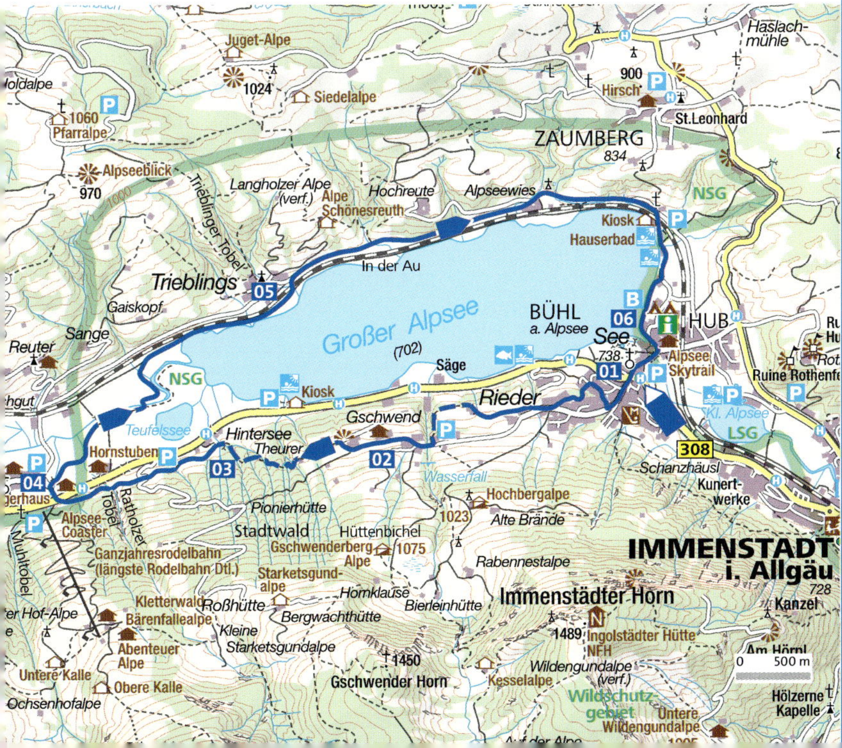

7 BERGGASTHOF KRANZEGG

Lachsalven auf dem Witz-Wanderweg

  5,25 km  1:45 h  278 hm  278 hm 2

START | Rettenberg/Kranzegg, Bushaltestelle am westlichen Ortsrand, 855 m; Parkplatz am Grüntenlift, außerhalb des Dorfes.
[GPS: UTM Zone 32 x: 599.399 m y: 5.270.800 m]
CHARAKTER | Kurzer, mäßig steiler Aufstieg. Gut bezeichnete Steige und Pfade, kurz Feldweg und Pfadspuren, zuletzt Alpweg.

Neugierig-verschämtes Kleeblatt auf der Bergweide.

Auf den meisten Wanderwegen werden bekanntlich nur wenige Muskelpartien trainiert. Ganz anders auf vorliegendem kleinen Ausflug. Nein, nicht die Oberarme sind gemeint. Die Skistöcke kann man angesichts der recht einfachen Routenführung getrost zu Hause lassen.

Heute geht es ausnahmsweise mal um Muskelstränge, die im arbeitsreichen Alltagsleben ohnehin von der Kümmernis bedroht sind: die Lachmuskeln. Unzählige Bild- und Texttafeln erheitern den lesefreudigen Geher auf „Oberallgäus lustigem Wanderweg" am laufenden Band.

 Wir benützen in **Kranzegg 01** vom westlichen Dorfrand aus den Gehsteig zum Alpengasthof Kreuz. Dort nehmen wir dann den Fußgängerweg an einem Bach bergauf und lassen uns vom Täfelchen „Oberallgäus lustiger Wanderweg"

den Kurs zeigen. Die unterhaltsame Runde folgt in der ersten Kurve dem mit „Haus Kranzegg" beschilderten, mäßig steilen Tobelweg, einem spannenden Waldsteig.

An der nächsten Gabelung quert der Witzkurs den Wildbach und passiert einen kleinen Wasserfall. Auf einem Forstweg kreuzen wir einen Quellarm dieses Bachlaufs und gelangen auf einem Pfad unter dem Hochbehälter vorbei zum **Berggasthof Kranzegg 02**, der zu einer gemütlichen Einkehr verlockt.

Bei der anschließenden Privathütte weist das Schild „Alpe Kammeregg" auf eine kurze Weidespur, die unter zwei Skiliften hindurch zur Schwarzalp leitet. Dort kreuzt die Witzroute ein Alpsträßchen. An der darauffolgenden Ruhebank genießt man einen hübschen Ausblick vom Hauchenberg über den langen Rottachberg – dahinter grüßt der Blenderturm – zum Rottachsee.

Ein kaum mehr steigender Feldweg hält nun auf den Grünten zu und bringt uns zur betagten **Geißalp 03**, dem höchsten Punkt der Tour.

Nun zeigen sich auch Mittag, Steineberg und Immenstädter Horn. Ein kleines Stück später verläuft ein Pfad über Weidehänge bergab Richtung Kranzegg. Bald nimmt uns ein geteerter Alpweg auf, der talwärts nochmals unter den beiden Skiliften hindurch führt.

Zuletzt geht's an der hölzernen Asante-Christus-Kapelle und dem **Berghof Riesen 04** vorbei nach **Kranzegg 01**.

Im Rettenberger Filialort Kranzegg startet der Witz-Wanderweg.

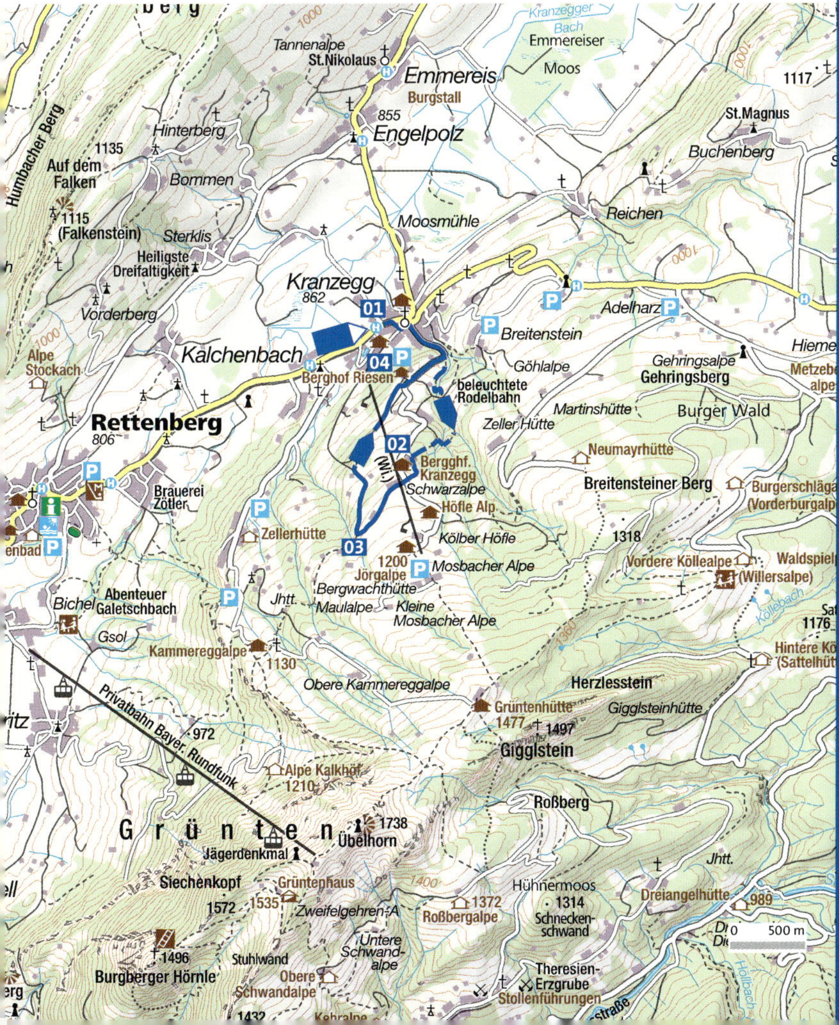

8 ELLEGGHÖHE • 1136 m

Malerisches Seenland und ein „Grüner Pfad"

  15 km  4:15 h  298 hm  298 hm 3

START | Wertach, Bushaltestelle beim Verkehrsamt, Parkplatz.
[GPS: UTM Zone 32 x: 606.240 m y: 5.273.050 m]
CHARAKTER | Einfache Steigungen, meist gut beschilderte Wirtschafts- und Forstwege, Pfade und Pfadspuren, stille Sträßchen.

▶ Die Genießertour beginnt beim Verkehrsamt in **Wertach** 01. Ein Schild weist uns an einem skurrilen Erosionsgebilde vorbei zur Sennerei im Kramerweg.

Nach Queren der Marktstraße steigt bei der Bäckerei eine Sackgasse an zur Kirche. Auf dem Panoramaweg geht's an der Hauptschule vorbei. Den Wanderwegweiser „Wolfsgrube" beachtend, schlendern wir auf einem Feldweg am Hang entlang und halten uns an einer Gabelung geradeaus. Die blaue Markierung lenkt zum Campingplatz. Beim Spielplatz queren wir den Peterlesbach. Richtung Grüntensee passieren wir im weiteren Verlauf auf einer Wiesenspur einen Feldstadel und überschreiten dann einen weiteren Bachlauf. Ein Pfad schwingt sich am Waldrand kurz bergan.

Nach einem kleinen Waldstück stoßen wir vor dem Kolpingheim auf einen Wirtschaftsweg. Dieser bringt uns zum Weiler **Hinterschneid** 02. Der über dem Grüntensee entlang der Ellegghöhe verlaufende, aussichtsreiche Kurs nach **Faistenoy** 03 verschmälert sich für eine Weile zum Pfad. Wir wandern oberhalb der Kirche vorbei und folgen links der Brunnenstraße. Das Täfelchen „Oberellegg" weist am Ortsende auf den Schwäbisch-Allgäuer-Wanderweg, einen Wirtschaftsweg. An der Gabelung, im Anschluss an einen Aufschwung, wechselt der Kurs in einen Forstweg, der zwischendurch deutlich ansteigend zur **Ellegghöhe** 04 mit den Höfen von Schray leitet.

Auf dem verkehrsfreien Höhensträßchen über Wiesenhänge nach **Oberellegg** 05 und auf den Grünten zu nach Gereute mit betagter Kapelle kommt man an einer Panoramatafel vorbei.

Bei den Höfen von **Binzeler** 06 begeben wir uns – nach einem Ausblick zum Rottachsee und übers Illertal – links auf einen talwärts führenden Feldweg, vor uns die Tannheimer Felszinnen. Kurz nach einer Gabelung geht's auf höchst einsamer Pfadspur über eine Reihe von Viehweiden. Auf einem als „Grüner Pfad" eingerichteten, zuletzt geteerten Wirtschaftsweg kehren wir zurück nach **Wertach** 01 und erfahren dabei noch so manches über Land- und Forstwirtschaft.

Während des Abstiegs nach Wertach zeigt sich der Grünten.

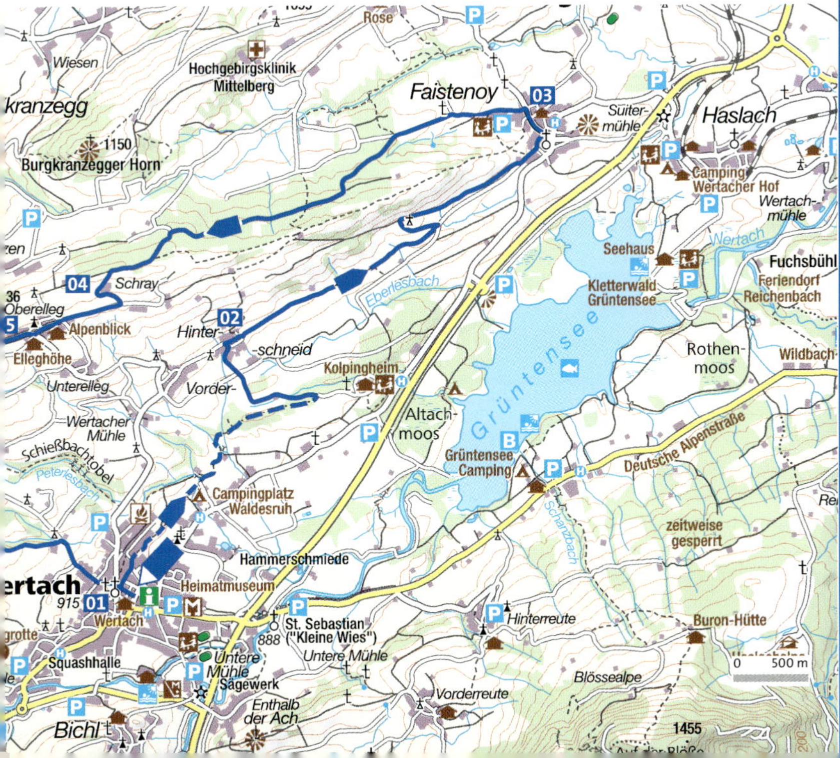

9 FAISTENOYER BACH UND MITTELBERGER RÜCKEN

Informativer Dorf-Spaziergang

  7 km  2:15 h  153 hm  153 hm 188

START | Oy/Bahnhof, Parkplatz.
[GPS: UTM Zone 32 x: 609.470 m y: 5.278.040 m]
CHARAKTER | Leichte Anstiege, gut beschilderte Wirtschaftswege und Pfade (kurze Pfadspuren), ruhige Sträßchen.

▶ Beginnen wir die kleine Erlebnisrunde am Bahnhof in **Oy** 01. Vom Parkplatz steigt ein Fußgängerweg an der Kneippanlage vorbei zur Dorfmitte. Wir nehmen links die Gehsteige der Hauptstraße und Wertacher Straße, bis am Verkehrsamt das Täfelchen „Faistenoy" auf einen talwärts leitenden Wirtschaftsweg lenkt. Das Zeichen des Schwäbisch-Allgäuer-Wanderwegs dirigiert uns über ein wegloses Wiesenstück. Danach gehen wir auf einem Pfad bergab zum **Faistenoyer Bach** 02, queren die zum gleichnamigen Ort führende Straße und folgen auf dem vergnüglichen Mühlbachweg, dreimal das Ufer wechselnd, dem bewaldeten Wasserlauf.

Nach dem Kreuzen der Straße von Faistenoy bleiben wir Richtung Horn dem Bachpfad treu. An der Gabelung – nach einem weiteren Steg – richten wir uns nach dem Schild „Mittelberg" und bummeln an einem murmelnden Seitenbächlein bergauf.

An einer Verzweigung halten wir uns an die Oyer Route und treffen in Kürze im hoch gelegenen Filialort **Mittelberg** 03 mit seinen bewahrten alten Höfen ein.

Der Steinlehrpfad, ein Feldweg und später eine kurz fallende Wiesenspur, bringt uns mit Blick in die Ammergauer Alpen – daneben imponiert die Zugspitze – zum Pestfriedhof. Zuvor erläutert eine Tafel auf dem Moränenwall am Rand des einstigen Lechgletschers Wissenswertes über die Gestaltung des Alpenvorlandes während der letzten Eiszeit. Es bedarf einiger Phantasie, sich vorzustellen, dass der Illergletscher gut 200 m den Standort der Mittelberger Kirche überragt hatte.

Nach dem Pestfriedhof mit Denkmal an den Schwarzen Tod, gehen wir entlang der Steinmeile ein Stück auf der Straße und dann zwischen Gehölzstreifen auf einem Wirtschaftsweg an einem Bachgraben bergab in Richtung Rottachschlucht. Von der nächsten Kreuzung geht es bald auf einem Sträßchen hinauf zum Weiler **Kressen** 04 mit betagtem Einfirst-Haus und zurück nach **Oy** 01.

Oyer Steinlehrpfad

Wer dem naturkundlich-geschichtlichen Lehrpfad in seiner gesamten Länge nachspüren möchte, der kann sich anhand der Übersichtskarte beim Mittelberger Pestfriedhof ein Bild über den Routenverlauf machen.
Die 8 Kilometer lange so genannte Steinmeile zwischen Oy und Mittelberg informiert anschaulich auf insgesamt sieben Tafeln über das erdgeschichtliche Werden des Mittelberger Rückens sowie über Geschichte und Kultur der Gemeinde. Die vortreffliche Gestaltung hat kein Geringerer als der Kempter Geologe Dr. Herbert Scholz vorgenommen.

Das einladende Dörfchen Mittelberg.

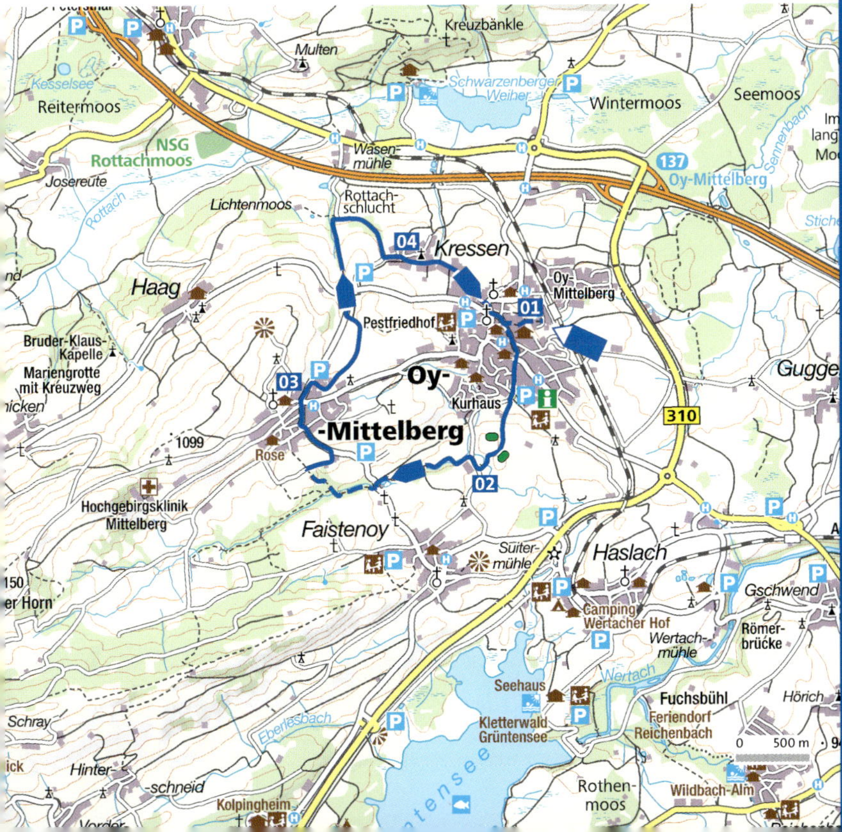

10 SPECKBACH-WASSERFALL

Berg- und Talkurs für passionierte Pfadfinder

 8 km 2:00 h 169 hm 169 hm 187

START | Weitnau/Hellengerst, Gasthof Goldenes Kreuz, Parkplatz.
[GPS: UTM Zone 32 x: 590.300 m y: 5.279.340 m]
CHARAKTER | Einfache Steigungen, dürftig bezeichnete Wirtschaftswege und meist verkehrsfreie Sträßchen, kurze Fahr- und Pfadspuren, mehrere weglose Abschnitte, zuletzt Radweg. Orientierungssinn erforderlich.

Bei Eisenbolz.

Wegen der wiederholt neckisch weglosen Einlagen ist diese kurzweilige Unternehmung über dem Weitnauer Tal als mittelschwer einzustufen. Es handelt sich dabei wohlgemerkt nicht um eine willkürliche Schikane, sondern um spannende offizielle Wanderrouten, die selten begangen werden.

▶ Das Täfelchen „Fuchsmühle" weist beim Gasthof Goldenes Kreuz in **Hellengerst** 01 an der Kirche bergab zum letzten Haus. Die Bezeichnung Weg ist für die erste Etappe allerdings leicht übertrieben. Zwei Schilder erleichtern zumindest die Orientierung über eine größere spurlose Wiese. Auf einem kurzzeitig von einem Zufahrtssträßchen unterbrochenen Feldweg leitet der Talkurs an einem Engelwarzer Einödhof vorbei. In der Talsohle begleitet uns der Fuchsbach, im weiteren Verlauf auf einem verkehrsfreien Sträßchen, nach **Eisenbolz** 02.

Am Ortsanfang halten wir uns an den Wegweiser „Wasserfall" und wandern auf einem geteerten Wirtschaftsweg in einer Kehre bergwärts, zur Linken der bewaldete Hauchenberg. An einem Stadel dirigiert uns der Richtungszeiger „Hellengerst" auf eine Fahrspur. Nach kaum nennenswerter, wegloser Weidequerung gehen wir noch vor dem Einödhof **Kreut** 03 an einer mit der vereinzelt auftauchenden Markierung „9" bezeichneten Fichtenreihe hinauf zu einer Anhöhe.

Eine Pfadspur durchzieht anschließend einen kleinen dunklen Waldfleck, dann müssen wir uns Richtung Hellengerst am Waldrand entlang abermals mit einem weglosen Abschnitt begnügen. Wieder auf freier Weide behalten wir die Richtung bei und stoßen auf einen Wirtschaftsweg. Diesem folgen wir talwärts und schlendern zuletzt wieder ohne Weg am Waldsaum zum **Speckbach-Wasserfall** 04, der sich in diesem verschwiegenen Winkel über eine Felsstufe ergießt.

Nach einem Bachsteg spazieren wir rechts auf dem vom Weitnauer Tal sanft ansteigenden Radweg, der die Trasse des Isny-Bähnles benützt, unter dem Gestüt Osterhof vorbei zum ehemaligen Bahnhof **Hellengerst** 01 und zurück zum Ausgangspunkt.

11 HOHENKAPF • 1121 m

Versteckter Minigipfel am Eschacher Weiher

9,75 km   2:30 h   214 hm   214 hm   187

START | Buchenberg/Eschach, Bushaltestelle am Dorfende, Parkmöglichkeit am Straßenrand.
[GPS: UTM Zone 32 x: 590.250 m y: 5.284.260 m]
CHARAKTER | Kurzer Steilaufstieg zum Hohenkapf, meist beschilderte Feld- und Forstwege, Pfade und kleine Abschnitte auf Sträßchen. Ein wenig Orientierungssinn vorteilhaft.

Idyll aus Wasser und Wolken: der Eschacher Weiher.

Hohenkapf nennt sich die höchste Erhebung im reichgestaltigen Buchenberger Wald im Süden des Eschachtals.

Der recht selten besuchte Gipfel dieses unscheinbaren Waldschopfs über dem idyllisch gelegenen Eschacher Weiher mit seinen schützenswerten Hoch- und Übergangsmooren überragt sogar um ein paar Meter den wesentlich bekannteren und auch häufiger besuchten Schwarzen Grat.

▶ An der Kirche in **Eschach** 01 nehmen wir das Anliegersträßchen bergan Richtung **Eschacher Weiher** 02. Wenig später wechselt die Route in einen aussichtsreichen Feldweg. An der nächsten Verzweigung halten wir uns geradeaus und kommen auf einer flachen Fahrspur zum Wanderparkplatz über dem Badesee. Dort queren wir die Kreisstraße von Eschach und schlendern auf einem Wanderweg hinunter zum teils waldgesäumten, traumhaft gelegenen **Eschacher Weiher** 02 mit kleiner FKK-Insel. Links zum Ende des Sees spazierend, lenkt uns der Wegweiser „Brotzeitstube" auf einen sanft steigenden Wiesenpfad zu einem Aussichtspunkt. Die Blickspanne reicht vom Blender über das Illertal und Buchenberg, die Ammergauer und Allgäuer Alpen bis zu den Höhenzügen Hauchenberg und Sonneneck. Bei einem Anwesen leitet ein Feldweg bergab zur **Brotzeitstube** 03. Auf schmalem Sträßchen geht's weiter zu den Häusern von **Hochberg** 04.

Wir wählen nun den mit „Hoher Kapf" beschilderten Feldweg. Auch nach kleinem Höhenverlust beachten wir dasselbe Schild und gelangen auf einer Pfadabzweigung über den bewaldeten Einschnitt des Letzbachs. Bis auf eine deftige Einlage steigen wir schließlich ohne große Anstrengung hinauf zum **Hohenkapf** 05. Am Beginn eines Forstwegs bringt uns ein Waldwegabstecher zum leider aussichtslosen höchsten Punkt, der etwas östlich des topographischen Steins abseits des Weges liegt.

Nach einer entspannenden Rast auf dem einsamen Gipfelchen gehen wir kurz zurück und wandern auf dem Forstweg über eine Kuppe. Zuletzt treffen wir auf dem bekannten Sträßchen wieder beim Wanderparkplatz am Eschacher Weiher ein, wo wir es dann nicht mehr allzu weit hinunter nach **Eschach** 01 haben.

11

DURCHS LEUBASTAL NACH WILDPOLDSRIED

Auf Schleichwegen durch Feuchtgebiete

 12km 2:45 h 55 hm 55 hm 188

START | Betzigau, Bushaltestelle, Parkmöglichkeiten.
[GPS: UTM Zone 32 x: 599.960 m y: 5.286.440 m]
CHARAKTER | Einfache Steigungen. Überwiegend beschilderte Wirtschaftswege und ruhige Straßen, längerer Abschnitt auf etwas feuchter Pfadspur. Orientierungssinn ist vorteilhaft.

▶ Treffpunkt für diese einsame Genießertour ist die Bushaltestelle am Ortsanfang von **Betzigau 01**. Die Wagegger Straße wechselt nach dem Bahnübergang in einen Wirtschaftsweg, der den Betzigauer Bach begleitet.

An einer Gabelung mit Flurkreuz gehen wir rechts und unter der B 12 hindurch. Noch vor den Schrebergärten entscheiden wir uns für eine Abzweigung und schlendern erneut am Bach entlang. Der etwas ungepflegte Kurs entführt uns ins schweigende Betzigauer Moos mit weiten Feuchtwiesen, artenreichem Gehölz und reizvollen Schilfzonen.

Am Ende der letzten Eiszeit füllte dieses Becken noch ein riesiger Schmelzwassersee. Nach Überschreiten des Wasserlaufs mündet die Route in einen besseren Querweg. Anschließend trägt uns eine Brücke über den Leiterberger Bach. An der Gabelung vor der Leubasbrücke, unter der Wagegger Höhe, wandern wir nun rechts an der träge strömenden Leubas entlang. An einer Verzweigung links haltend, findet man nur noch eine etwas feuchte Wiesenspur vor, die weiter dem Flüsschen folgt und von den Wildpoldsriedern gerne zu Spaziergängen benutzt wird. Das Schild „Wildpoldsried" lassen wir unberücksichtigt.

Als nächstes ist der Ciprianbach zu queren. Vor einer weiteren Brücke folgen wir ebenfalls auf einer Pfadspur dem Klärkanal. Beim Sportplatz von **Wildpoldsried 02** schleichen wir durch die Fußgänger-Bahnunterführung zu den Tennisplätzen und streben der Dorfmitte zu, wo mehrere Einkehrmöglichkeiten zu einer Tourenunterbrechung verlocken. Nach der Kirche verlangen die Berg- und Burgstraße hinauf zu den Höfen der **Wolkenberger Einöde 03** erstmals ein bescheidenes Engagement ab. Doch in Richtung Burgruine Wolkenberg geht es schon wieder auf einem flachen, verkehrsfreien Sträßchen dahin. Nach der B 12-Unterführung bummeln wir über Straßberg und die Senke des Waldmannsbachs, zwischendurch auf einer Naturfahrbahn, nach **Leiterberg 04**, vor uns der Blender. Anfangs folgen wir dem Leiterberger Bach bergan durch das idyllische Örtchen. Auf einer wenig befahrenen Straße mit hübschem Bergblick kehren wir zurück nach **Betzigau 01**.

Unterwegs im naturbelassenen Leubastal.

13 VON HALDENWANG NACH GSCHLAVERS

Auf dem Oberallgäuer Rundwanderweg

  10,5 km  2:45 h  195 hm  195 hm 187

START | Haldenwang, Bushaltestelle an der Kirche, Parkplatz am Rathaus.
[GPS: UTM Zone 32 x: 600.880 m y: 5.295.070 m]
CHARAKTER | Leichte Steigungen, teilweise beschilderte Wald- und Feldwege (kurzzeitig undeutlich), ruhige Gemeindesträßchen und ganz kleiner Abschnitt auf Staatsstraße.

Dieser Abschnitt des Oberallgäuer Rundwanderwegs führt uns über dem weiten Illertal das einsame Bauernland zwischen den beiden Landkreisen Ober- und Ostallgäu vor Augen.

▶ Von der Kirche in **Haldenwang** `01` wandern wir das ruhige Sträßchen bergan zum Weiler **Steig** `02`. Gemütlich geht's daraufhin links zwischen Waldinseln hindurch. Auf leicht talwärts führenden Waldwegen entlang der Landkreisgrenze zum Ostallgäu lassen wir uns von der Beschilderung des kurzweiligen Oberallgäuer Rundwanderwegs die Richtung zeigen.

Nach einem kleinen Anstieg erreichen wir **Ösch** `03`. Der zweite Feldweg, der nach links abbiegt, bringt uns nach **Pfaffenhofen** `04`. Dort folgen wir ganz kurz der Staatsstraße bergab in Richtung Probstried, bis das schmale Sträßchen nach **Gschlavers** `05` abschwenkt. Der hoch gelegene Dietmannsrieder Weiler markiert unseren Umkehrpunkt. Nun leitet uns ein Hohlweg durch ein Waldstück wieder bergab und hinein nach **Probstried** `06`, wobei man die begeisternde Alpenkette auf sich wirken lassen kann.

An der Kirche entdecken wir einen Fußweg, der hinunter zur Querung der Hauptstraße und dann weiter über die Seebachbrücke zum Ortsteil Haslach führt.

Das Schild „Rundwanderweg" dirigiert uns auf einen Wirtschaftsweg. Wir passieren einen Waldflecken und kommen zu einem von Rohrkolben umkränzten Tümpel. Auf anfangs undeutlichem Feldweg spazieren wir über das sanft gewellte Moränenland, an einer Kreuzung links, zum Weiler **Bischlags** `07`.

Ein letztes Bergpanorama zeichnet das Finale rechts über den Ortsteil Hojen nach **Haldenwang** `01`.

Verstecktes Feuchtbiotop beim Probstrieder Ortsteil Haslach.

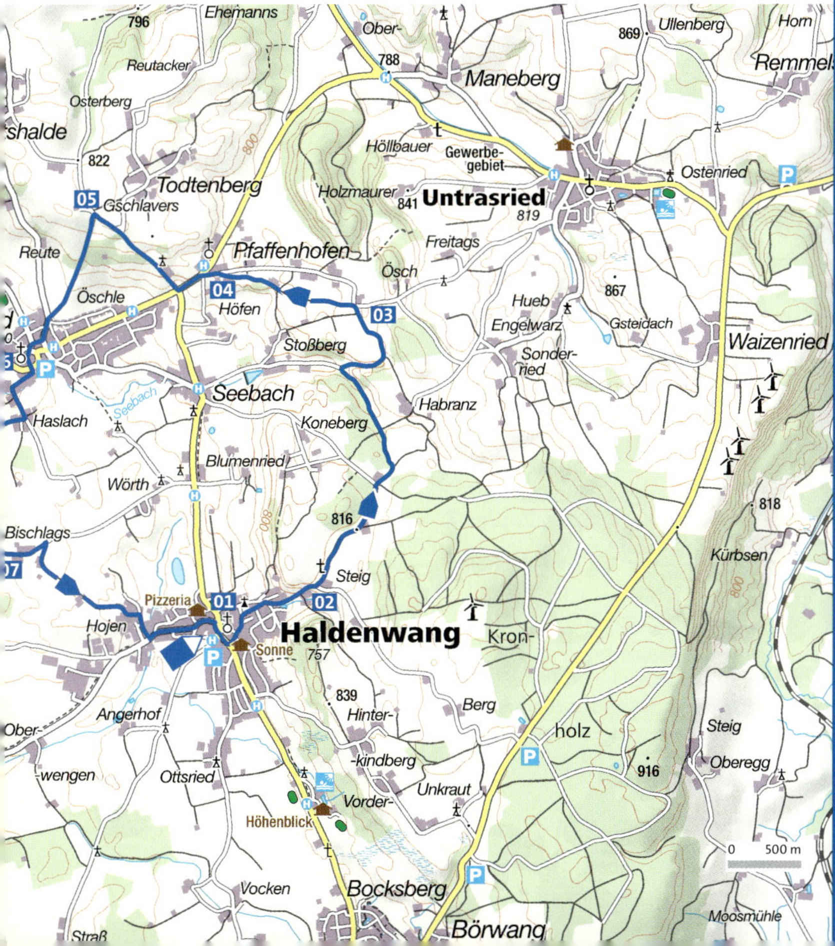

14 WALLFAHRTSKIRCHE GSCHNAIDT

In der Nordwestecke des Oberallgäus

9,5 km　3:15 h　224 hm　224 hm　187

START | Altusried/Kimratshofen, Bushaltestelle, Parkplatz am Sportplatz.
[GPS: UTM Zone 32 x: 586.630 m y: 5.294.460 m]
CHARAKTER | Zum Teil unbezeichnete Feld- und Wanderwege, mit Steigungen, mitunter schwach ausgeprägte Fahrspuren und Pfade, kurze weglose Abschnitte, teils stille Sträßchen. Orientierungssinn!

Unsere „Pilgertour" zu dem recht hoch gelegenen Wallfahrtsort bei Maggmannshofen startet an der Bushaltestelle in **Kimratshofen** 01. Ein Fußgängerweg steigt neben der Straße Richtung Leutkirch zum Ortsende. Gleich darauf beachten wir den Wanderwegweiser „Hohentann".

Nach einem Feldwegabschnitt über eine Waldkuppe geht's kurz weglos an zwei markierten Telefonmasten vorbei. Hinter dem Steg, auf dem wir im Wiesental des **Holzmüllerbachs** 02 das Ufer wechseln, setzt sich die witzige Pfadfinderei an einem uralten Zaun entlang fort, bis wir im Wald auf eine steile Fahrspur stoßen. Wir kreuzen den folgenden Waldweg und kommen auf einem undeutlichen Pfad nach **Hohentann** 03.

Direkt vor dem Einödhof beginnt rechts ein Feldweg. An der nächsten Verzweigung lassen wir uns vom Schild „Wendelins" den Kurs zeigen. Nach der Überschreitung eines Bächleins schaltet sich über eine Wiese eine längere schwach ausgeprägte Fahrspur ein, die uns zum Weiler **Wendelins** 04 bringt. Das Sträßchen der Gschnaidter Route wird wenig später von einem Waldweg abgelöst. An der ersten Gabelung halten wir uns rechts, an der zweiten links und ab dem Wegende am Waldrand bergauf. Zuletzt gelangen wir geradeaus auf einem recht verwachsenen Pfadstück und an einer Hecke entlang in den Wallfahrtsort **Gschnaidt** 05.

Nach einem Besuch der Kirche – nebenan steht eine Kapelle mit einer Sammlung Sterbekreuzchen aus nah und fern – wird man beim Wirt gerne eine schmackhafte Brotzeit bestellen, bevor man sich auf den Weiterweg macht.

Über **Lendraß** 06, Richtung Hohentann, finden wir ein verkehrsfreies Sträßchen vor. Bald zweigt ein mit „Holzmühle" ausgeschilderter Feldweg ab. Nach einer kurzen Wiesenspur leitet ein Waldpfad durch ein Mischgehölz bergab nach **Holzmühle** 07. Dort trägt uns ein Holzsteg über den bekannten Holzmüllerbach und anschließend ein Feldweg über eine Anhöhe zurück nach **Kimratshofen** 01, wobei der Bauernhof Mühlengat rechts liegen bleibt.

Wie in einem alten Bilderbuch: der Kimratshofer Weiler Holzmühle.

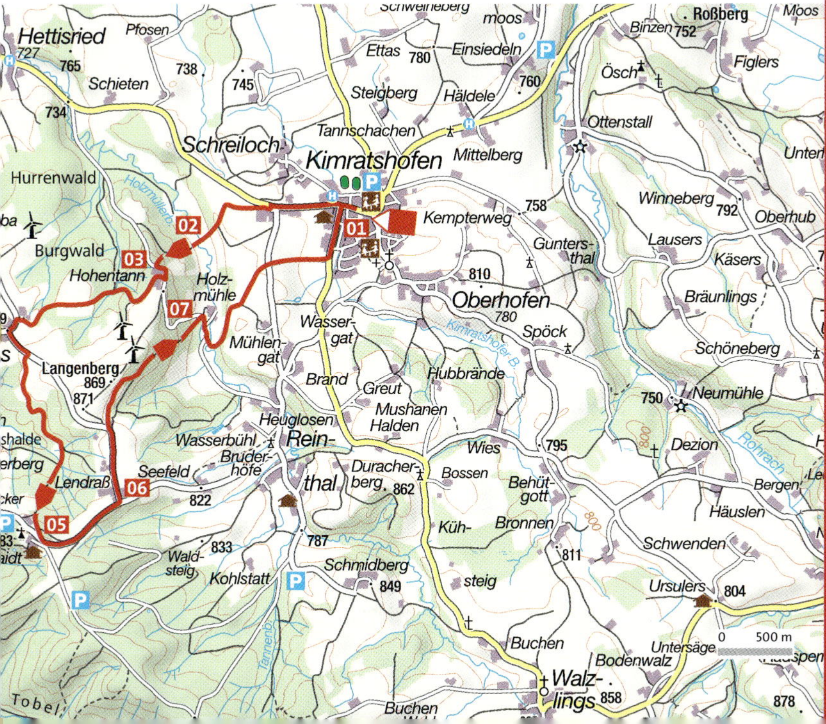

15 MÜNSTER-LECH-RUNDWEG

Wanderung durch die Lechebene

 10,3 km 2:30 h 30 hm 30 hm 162

START | Sportplatz östlich von Ellgau.
[GPS: UTM Zone 32 x: 638.347 m y: 5.384.717 m]
CHARAKTER | Einfache Tour auf fast durchgängig geschotterten Wegen, in Abschnitten durch Auwald. Markierung: Münster-Lech-Rundweg.

Das Neue Schloss Hemerten.

Der Lech prägte über Jahrhunderte den Ort Ellgau – im Guten wie im Schlechten. Nahezu jährlich kam es zu verheerenden Überschwemmungen, die erst mit der Flussregulierung nach dem großen Hochwasser 1910 und dem Kraftwerksbau 1950 Geschichte waren. Andererseits hatte der Lech immer eine große wirtschaftliche Bedeutung – Fischerei und Flößerei bescherten der Bevölkerung ein willkommenes Einkommen. In Hochzeiten legten bis zu 20 Flöße mit bis zu 100 Mann an und kehrten im heute noch bestehenden „Gasthaus zum Floß" ein. Einkehren kann man unterwegs auch in der Gaststätte zum Kirchenwirt in Münster.

▶ Vom **Parkplatz** 01 auf der Straße „Zum Lech" gehen wir zunächst nach Osten zum Werksgelände der Lech-Staustufe, dort links der Gebäude über die Lech-Staustufe. Gleich nach der Überquerung halten wir uns links hinunter zum Lechufer. Nach wenigen Metern beginnt der Münster-Lech-Rundweg. Am Lech entlang geht es nun nach Norden, zunächst auf dem Damm, dann unterhalb des Damms. Eine erste Abzweigung nach rechts wird ignoriert.

Auf Höhe des **Stausees Münster** 02 biegen wir rechts ab, wandern zum See und an dessen Süd- und halben Ostufer entlang. Noch vor einer Baracke am See biegen wir rechts ab, queren den Damm schräg rechts und halten uns dann unterhalb des Damms links nach Osten. Eine Asphaltstraße leitet nach **Münster 03** , dabei queren wir unterwegs das Flüsschen Münsterer Alte. Bis zum Ortsrand von Münster ist man rund 1 Stunde unterwegs. Dort halten wir uns beim Sportfischervereinshaus rechts und wandern nun am Ortsrand entlang nach Süden. Nach den letzten Häusern von Münster geht es auf einem Schotterweg immer geradeaus zwischen Feldern hindurch zum rechts liegenden Waldrand. Dort halten wir uns an einer Weggabelung (Tanne, Kiefer) links bis zur folgenden Kreuzung. Hier rechts auf einem geschotterten Weg zum Waldrand und an diesem entlang weiter nach Süden. An der nun folgenden Weggabelung links einige Meter zu einem großen Strommasten, dann rechts nach Süden Richtung Altenbach/Ötz.

Abstecher Gut Hemerten
Wer möchte, kann vorher noch einen kurzen Abstecher zum **Gut Hemerten 04**. machen. Gut Hemerten gehört zur Gemeinde Münster und lohnt den Besuch wegen der beiden Schlösser und des Gutsverwalterhauses, die alle drei unter Denkmalschutz stehen. Die beiden Schlösser befinden sich im Besitz der freiherrlichen Familie Schnurbein und sind nicht öffentlich zugänglich. Anschließend zurück zur Kreuzung (20 Min., 1,4 km) und links auf der **Teerstraße Richtung Altenbach/Ötz 05**. Am Ortseingang ignorieren wir den rechts abzweigenden „Holunderweg". An der nächsten Weggabelung halten wir uns rechts und wandern auf der Hemeter Straße in den Ort hinein. An der nun folgenden Kreuzung beim Weiher geht es geradeaus weiter.

Am Ortsende halten wir uns an der T-Kreuzung rechts und folgen der Thierhaupter Straße, bis links ein Pfad abbiegt. Wir queren nochmals die Münsterer Alte und erreichen dann den Damm. Wir folgen für 30 m rechts dem Lechdamm und zweigen dann links in den Auwald ab. Am Ufer des Lechs halten wir uns links und wandern auf bekanntem Weg über die Staustufe zurück zum **Parkplatz 01**.

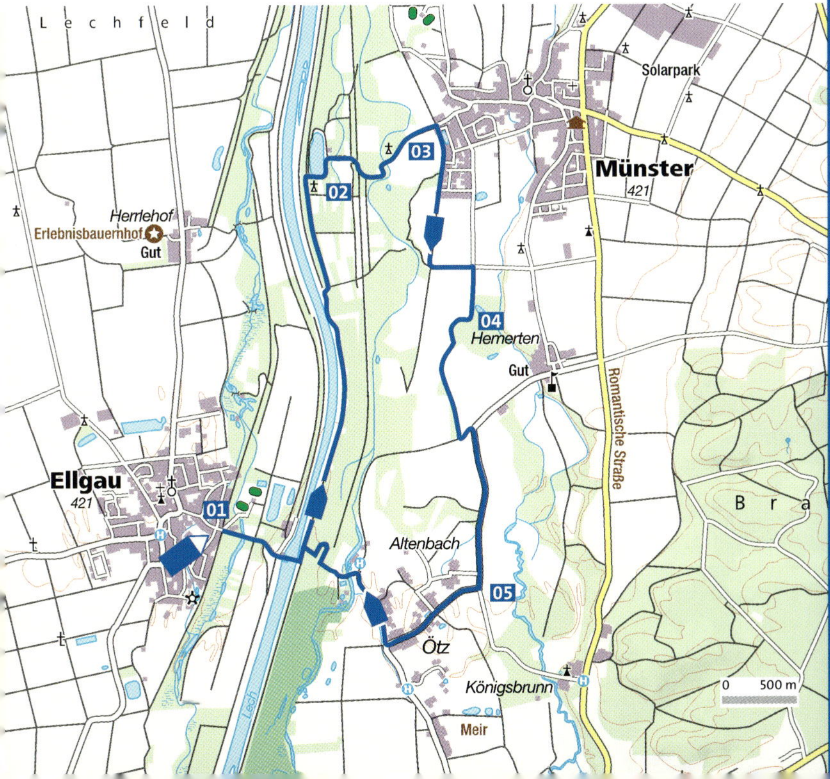

16 SCHNALZ • 901 m

An der Ammerleite

  10,8 km 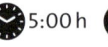 5:00 h  570 hm 570 hm 179

START | Peiting, Parkplatz Schnalz.
[GPS: UTM Zone 32 x: 646.098 m y: 5.293.442 m]
CHARAKTER | Wer sich diese abenteuerliche Rundwanderung zutraut, muss trittsicher und schwindelfrei sein, denn es sind etliche ausgesetzte Stellen zu bewältigen (Absturzgefahr!). Zudem macht feuchter Lehm das Vorwärtskommen schwer, vor allem bei nassem Wetter.

Der Kalkofensteg.

Das Ammertal südöstlich von Peiting wird Schnalz genannt. Aber auch ein kleiner Aussichtsbuckel nordwestlich von Böbing trägt diesen Namen, und das sind nicht die einzigen Verwirrungen auf dieser Rundtour. Bei der langen Wanderung kommt man in „Teufels Küche". So heißt nämlich die Hauptattraktion in einer langen Reihe von Sandsteingrotten an den Steilhängen der Ammerleite.

▶ Vom **Parkplatz Schnalz** 01 folgen wir einer anfangs breiten Promenade, die sich bald etwas verjüngt und ins Naturschutzgebiet hineinführt. Dann dreht der Weg ein wenig links ab, führt an der Hangkante entlang und verzweigt sich neben einer Quelle bei einem Wasserrad. Dort links weiter und zu einem Treppensteg, der relativ steil zur Ammer abfällt und kurz vor dem Kalkofensteg an interessanten **Kalksinterterrassen** 02 vorbeiführt. Dann queren wir auf dem überdachten **Kalkofensteg** 03 die wilde Ammer. Am jenseitigen Ufer der Ammer kurz flussaufwärts weiter und schon bald auf einem Pfad nach links in den Auwald einbiegen und einen Kanal queren. Gleich dahinter zweigen nach links ein paar Pfadspuren ab. Dort auf die erste **Spur** 04 einbiegen und nach Norden hinauf. Unbequem einen Bachgraben queren und rechts abdrehend dem streckenweise schwer zu findenden Pfad am steilen Waldhang hinauf folgen. Der mit alten Markierungszeichen versehene Steig macht es dem Wanderer nicht immer leicht, im nassen und feuchten Laub und über umgestürzte Bäume vorwärts zu kommen.

Beim alten Wegweiser nach **Böbing** 05 verlassen wir den Bergpfad und biegen auf eine schwer erkennbare, alte Wegspur direkt in den Hangwald hinein ab. Weiter oben finden sich sogar rote Markierungspunkte, die eine Hangrippe an ihrem oberen Rand queren und eine Pfadspur anzeigen, die gering abfallend am Hang entlangführt. Dann geht es ein wenig nach rechts und am stark abbrechenden Hang sehr schmal und ausgesetzt entlang, bis wir auf die markanten Sandsteinfelsen treffen, neben denen wir bis zur wilden **Teufelsküche 06** gehen.

Hinter den interessanten Felsen und Grotten zweigt an schwer zu sehender Stelle, noch bevor der Pfad am Hang wieder abfällt, nach links eine undeutliche **Wegspur 07** ab. Anfangs ist sie ziemlich steil und verwegen. Wir folgen ihr nach links hinauf, und schon bald wird der Aufstieg ziemlich einfach. Er führt über einen langen Treppenweg hinauf und auf eine Waldrippe, über die man relativ bequem durch den Wald weiter aufsteigen kann.

Bei einer beschilderten **Wegverzweigung 08** geht es schräg nach rechts weiter, dem Wegweiser zum Schnalzberggipfel folgend. Wieder kommen wir auf einen langen Treppensteig, der an alten Grenzsteinen entlang über einen scharfen Gratrücken ansteigt und bei einem **Rast- und Aussichtsplatz 09** vorbeiführt.

Hinter dem Rastplatz gehen wir auf dem gut beschilderten und markierten Wanderweg in den Hochwald hinein und stoßen auf eine **Forststraße 10**. Auf sie rechts einbiegen, bei der folgenden, beschilderten Verzweigung links und gleich darauf geradeaus weiter, bis man an den Rand einer ausgedehnten Wiese kommt. Kurz vor dem Ende der Schotterstraße nach rechts in den Wald hinein, ein paar Meter bis zur Hangkante und ihr entlang bis zum Markierungsstein des höchsten Punkts. Von ihm auf einem Wiesenweg weiter, bei der Panoramatafel links abdrehen und zum Gipfelkreuz auf der **Schnalz 11** weiter. Bis zur Wegverzweigung entlang der Aufstiegsroute. Dort links abdrehen und auf einem Asphaltsträßchen nach **Holzleithen 12** hinab. Im Bauerndorf neben dem Wegkreuz rechts abbiegen und beim Stallgebäude nach Südwesten aus dem Ort hinaus. Auf einer Fahrspur zum Waldrand und dann rechts abdrehen. Rund 100 m weiter vorne zweigt nach links ein unbezeichneter **Pfad 13** ab. Er fällt im Wald gering ab und trifft weiter unten auf einen Querweg. Dort entgegen der roten Markierung rechts abbiegen und auf schmalem, lehmigen Pfad den steilen Ammerhängen entlang. Vor allem bei nassem Wetter kommt man um eine Schlammschlacht nicht herum. Wir queren auf diesem langen Waldweg, der mehrmals auf und ab führt, etliche Bachrunsen, die dem alten Pfad mitunter hart zugesetzt haben.

Nach diesem langen, bisweilen zermürbenden Rückweg stoßen wir zu einer beschilderten **Wegeinmündung 14**, gehen geradeaus weiter, gleich darauf wieder geradeaus und kommen schließlich zum **Kalkofensteg 03** hinab, wo wir wieder die Aufstiegsroute erreichen. Auf ihr bis zum **Ausgangspunkt 01** zurück.

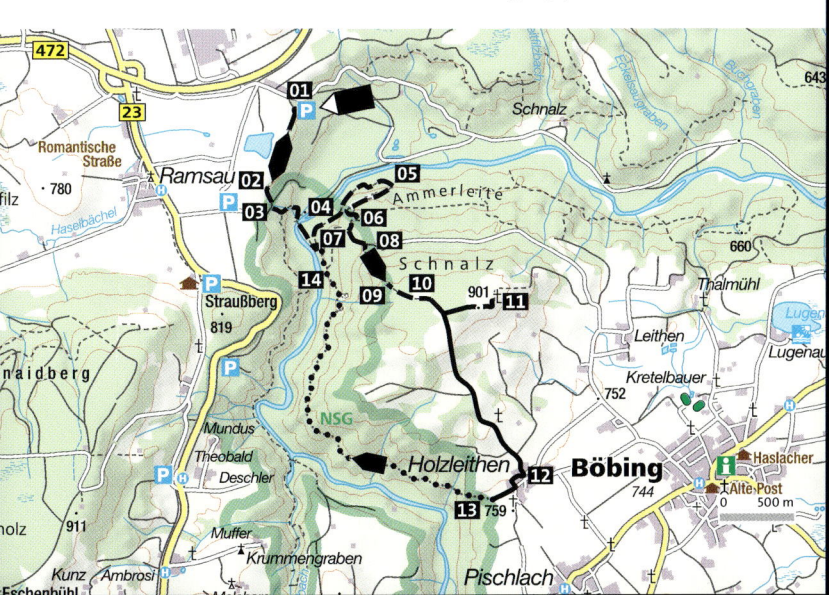

17 STEGEN – BREITBRUNN • 601 m

Zwischen Ammersee und Wörthsee

13,3 km | 4:30 h | 220 hm | 220 hm | 180

START | Stegen, Fischerwirt.
[GPS: UTM Zone 32 x: 659.098 m y: 5.327.077 m]
CHARAKTER | Interessante, unschwierige Rundwanderung mit längeren Waldetappen bis Breitbrunn und einem großartigen Seeuferweg zurück nach Stegen.

▶ Vom **Fischerwirt in Stegen** 01 geht es erst einmal auf der Landsberger Straße nach Südosten am Badegelände entlang. Wir folgen dem Seeuferweg, bis nach links die Bergstraße abzweigt. Auf ihr ziemlich steil nach Osten hinauf, bei der Kreuzung auf der Scheitelstrecke schräg links abbiegen, in einem Rechtsbogen auf der Schornstraße zum Sportzentrum hinab und weiter zur Staatsstraße 2067. Diese queren wir beim Supermarkt und folgen der Straße „Obere Mühle", von der wir hinter der Brücke rechts abbiegen. Wir wählen den linken der beiden Kieswege, der auf einem Hang ansteigt. Wir kommen an einem kleinen Waldweiher vorbei und halten uns bei der Einmündung auf freiem Feld rechts. Dann geht es auf einem Steg über den kristallklaren Inninger Bach, in den Wald hinein und zu einem Sträßchen. Dieses queren wir schräg rechts und folgen einem Wurzelweg nach links zum Kühberg. Bei der folgenden Kreuzung auf einem flachen Wegstück geradeaus weiter und auf einem Forststräßchen nach Süden dahin.

Auf dem **Kühberg** 02 geht es am Waldrand entlang zur Staatsstraße 2070. Wir biegen unmittelbar vor der Straße links ab und gehen auf der Wallerstraße gegen Osten bis zum südlichen Ortsrand von **Bachern** 03.

Bei der Bushaltestelle biegen wir links ab, folgen nur kurz der Asphaltstra-

Blick von Breitbrunn über den Ammersee nach Schondorf.

ße und gehen dann scharf nach rechts in die Aitelstraße. Vom Straßenende auf einem Waldweg zum Erholungsgebiet am **Wörthsee** 04 weiter. Nun der Länge nach durch das Badegelände, in den Wiesen nach rechts auf einen Kiesweg einbiegen und beim Parkplatz zur Autostraße hinaus.

Diese vorsichtig queren, in den Wald hinein und auf einer Forststraße bis zur Einmündung am Waldrand. Dort muss man scharf rechts abbiegen, im Schlagenhofer Buchet zur Verzweigung neben der Wasserfassung und dort die rechte Fahrspur wählen, die sogleich zu einem großen Holzplatz führt.

Dort biegen wir links ein, folgen der langen Fahrspur über den Jaudesberg und kommen durch eine Rechtskurve nach **Breitbrunn** 05 hinab.

Im Ort auf der Jaudesbergstraße bis zur Münchner Straße. Auf sie links einbiegen, etwas abwärts und nach rechts auf den Franz-Utz-Weg, den wir aber gleich wieder verlassen, um nach rechts auf einen Fuß- und Radweg einzubiegen. Anschließend halten wir uns links auf die Seeleite, von der wir bei der Seglervereinigung Breitbrunn nach links in Richtung Fußweg nach Buch abbiegen. Am Ammerseeufer rechts halten, um auf einem schmalen, stellenweise sehr nassen, aber abwechslungsreichen Wanderweg nach Osten, am **Campingplatz** 06 vorbei weiterzugehen. Hinter Buch wird der Weg noch enger und dann muss man an beschilderter Stelle das Ufer verlassen. Es geht ein wenig nach rechts hinauf und dann nach links auf schönem **Wanderweg** 07 in mehrmaligem Auf und Ab und über etliche Stege bis **Stegen** 01 zurück.

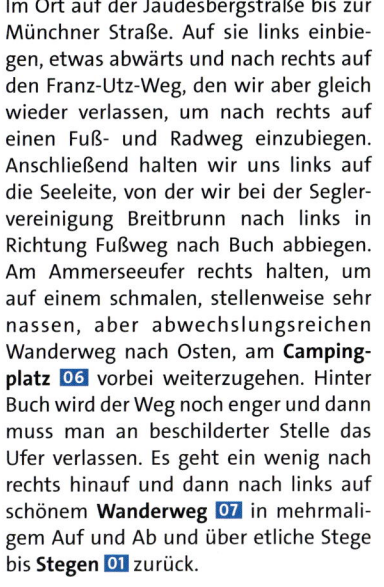

18 ILKAHÖHE • 726 m

Ungewöhnliche Route von Oberhirschberg

  16,3 km  4:15 h  300 hm  300 hm 180

START | Waldparkplatz, 700 m östlich von Oberhirschberg.
[GPS: UTM Zone 32 x: 664.566 m y: 5.308.032 m]
CHARAKTER | Weite und aussichtsreiche Rundwanderung.

Normalerweise beginnen Besuche auf der Ilkahöhe direkt beim Parkplatz in Oberzeismering oder an der S-Bahn in Tutzing. Hier ist eine ungewöhnliche, aber schöne Route vorgestellt, die neben der Ilkahöhe einen Moorweiher zum Baden und eine lange Waldwanderung als Highlights zu bieten hat. Wer die Strecke von 16 km mit dem Fahrrad abstrampeln möchte, kann bis auf ein kurzes Stück in Oberzeismering alles gut im Sattel bewältigen.

▶ Vom großen **Waldparkplatz** 01 folgt man einer Forststraße im Wesentlichen nach Süden hinab, hält sich beim Holzplatz links und gleich darauf ist man am **Maistättenweiher** 02. Der schönste Badeplatz lässt sich am südöstlichen Ufer finden.

Anschließend auf dem Fahrweg nach Osten weiter, durch Wald und über freie Wiesen, bis die Fahrstraße nördlich von Diemendorf erreicht ist. Auf ihr geht es nun rund 500 m weit nach Süden, dann neben einem Stadel nach links auf einen Fahrweg in den Wald hinein und nach Nordosten weiter.

Nach längerer, schnurgerader Steigungsstrecke wird bei der Stromleitung ein Querweg erreicht, dem man nach links folgt. Hinter dem Rechtsbogen weiterhin stramm bergauf und bei der Verzweigung geradeaus weiter. Schließlich kommt man auf einem weitgehend freien Aussichtsrücken neben einem Tümpel zu einem Kreuzungssystem. Dort zuerst links halten, sofort darauf nach rechts und auf dem Fußweg zur **Ilkahöhe** 03 hinauf. Der Länge nach gegen Norden über die aussichtsreiche Ilkahöhe, rechts auf eine Straße einbiegen und zum Parkplatz hinab. Dort rechts herum und eine Etage tiefer wieder nach Süden zurück. Vor der Einfahrt zum landwirtschaftlichen Gutshof links halten und zur kleinen Kirche und dem **Forsthaus Ilkahöhe** 04.

Am Gasthaus links vorbei, einem schmalen Weg steil in den Wald hinab folgen, durch einen Bachgraben und im Rechtsbogen wieder zu einer Straße hinauf. Auf ihr nach rechts und ein paar Meter zum südlichen Eingang des **Guts** 05, wo man sich links hält und gleich darauf wieder nach links auf eine Schlepperspur abzweigt. Sie steigt über einen langen Wiesenhang an, führt über eine Kuppe und fällt im **Großholz** 06 nach Westen ab. Bei der ersten Verzweigung rechts herum, sogleich nach links und bei der Stromleitung nahe an den Hinweg heran.

Anschließend nach Westen weiter und bei der ersten Möglichkeit links herum. Nun geht es lange auf einem Fahrweg, der immer schmäler und schlechter wird, südlich des Gräbenbachs durch Wald und über freie Wiesen zur Kreuzung kurz vor einem **Stadel** 07. Dort rechts, wieder über eine Wiesenkuppe und dahinter auf deutlich besserem Weg durch den Wald zum Kinschbach hinunter.

Unmittelbar hinter dem Bach biegt man rechts ab und kommt nach **Diemendorf** 08 hinein. Auf der Hauptstraße nach links, beim Kriegerdenkmal rechts herum Richtung Weilheim und unmittelbar vor dem Bahnübergang rechts abzweigen. Eine lange Schotterstraße führt nun neben der Bahnstrecke zum malerisch gelegenen **Gut Rößlberg** 09, hinter dem man in einer Rechtskurve

Kirche in Oberzeismering auf der Ilkahöhe.

einen Abstecher von ein paar Metern nach links zur Heseloher Säule einlegen kann. Die Säule wurde im Jahr 1483 zum Gedenken an den Landrichter und Volksdichter Hans Heseloher errichtet.

Die weitere Route fällt wieder zum Kinschbach ab und nach rechts zu einer schmalen Forststraße. Bei der Verzweigung links, und dann auf dem Hauptweg bleibend (also rechts) lange mühsam aufwärts, bis sich unmittelbar bei der **Herrgottsrast 10** der Fahrweg verzweigt.

Beim Rastplatz hält man sich links, geht weiter aufwärts und kommt schließlich zum Hinweg, dem man zum **Ausgangspunkt 01** hinauf folgt.

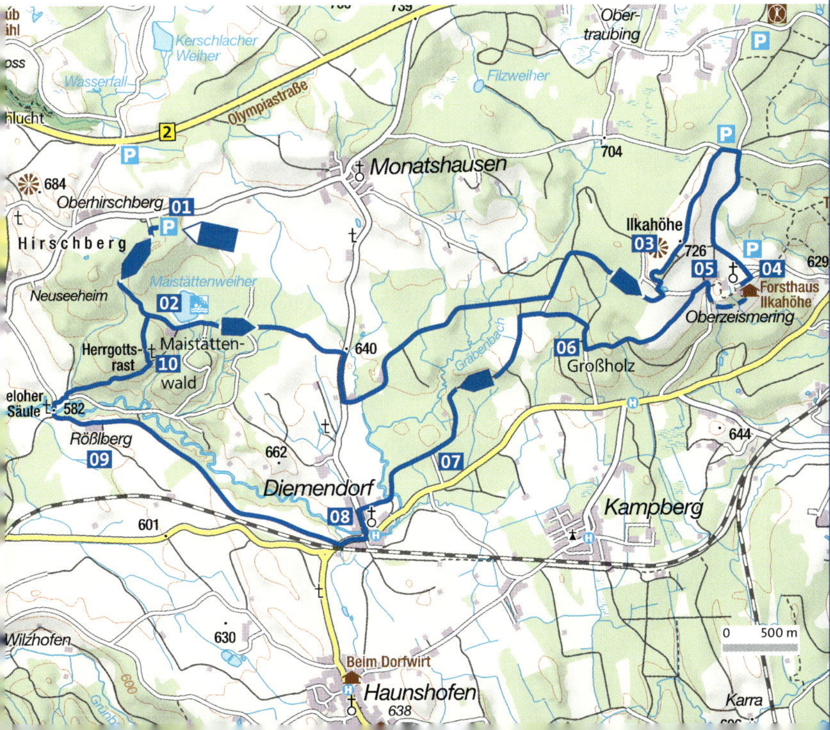

19 BERNRIEDER PARK • 631 m

Rundtour am Starnberger See

 10,5 km 2:45 h 60 hm 60 hm 180

START | Bahnhof Bernried.
[GPS: UTM Zone 32 x: 670.823 m y: 5.303.418 m]
CHARAKTER | Schöne Rundtour durch den Bernrieder Park mit Badegelegenheit im Starnberger See.

▶ Auf der Bahnhofstraße gehen wir vom **Bahnhof Bernried** 01 zuerst nach Nordosten hinab, biegen nach rechts in die Straße „Am Grundweiher" ein und schwenken mit einer Straßenkurve links herum, um unmittelbar vor dem Feuerwehrhaus nach rechts in den Stiftungspark der Wilhelmina-Bush-Woods-Stiftung hineinzugehen.

Nun geht es geradeaus durch den Park, bei der **Verzweigung rechts** 02 und lange in der gleichen Richtung bis auf einen Wiesenweg. Hinter ihm kommen wir wieder auf einen breiten Kiesweg und folgen ihm weiterhin nach Süden.

Nach links zweigt ein Fußweg ab, wir aber bleiben auf dem Sträßchen, das zur Staatsstraße 2063 führt. Auf ihr kurz bis Seeseiten nach links, und unmittelbar vor dem **Gasthof-Café Seeseiten** 03 zweigt ein Weg zum **Freizeitgelände Seeseiten** 04 ab. Wir kommen an der Kapelle vorbei, und wer mag, kann nach rechts auf ein Bad zum See hinunter gehen.

Ein schöner Wanderweg biegt unmittelbar hinter der Kapelle nach links ab, quert auf einem Steg einen Bach und führt über freie Wiesen, Schilf und Buschwerk am Schloss vorbei und schließlich in schattigen Wald hinein.

Wieder kommen wir auf ein Sträßchen, gehen bei der Verzweigung rechts und bei der nächsten Verzweigung am Rand einer großen Lichtung abermals rechts. Nun folgen wir dem Wegweiser nach Bernried zum Ufer hinab, gehen ans Seeufer heran und an etlichen kleinen, aber feinen Badeplätzen vorbei.

In einer Steigungsstrecke zweigt nach rechts ein **Weg** 05 ab, auf dem wir nach Bernried und zur östlichen Klostermauer am Seeufer hinuntergehen. Am Mauerende nach links hinauf, zur Pfarrkirche **St. Martin** 06 und links haltend bis zum Feuerwehrhaus, wo der Hinweg wieder erreicht wird, dem wir bis zum **Bahnhof** 01 folgen.

Pferdekutsche im Bernrieder Park.

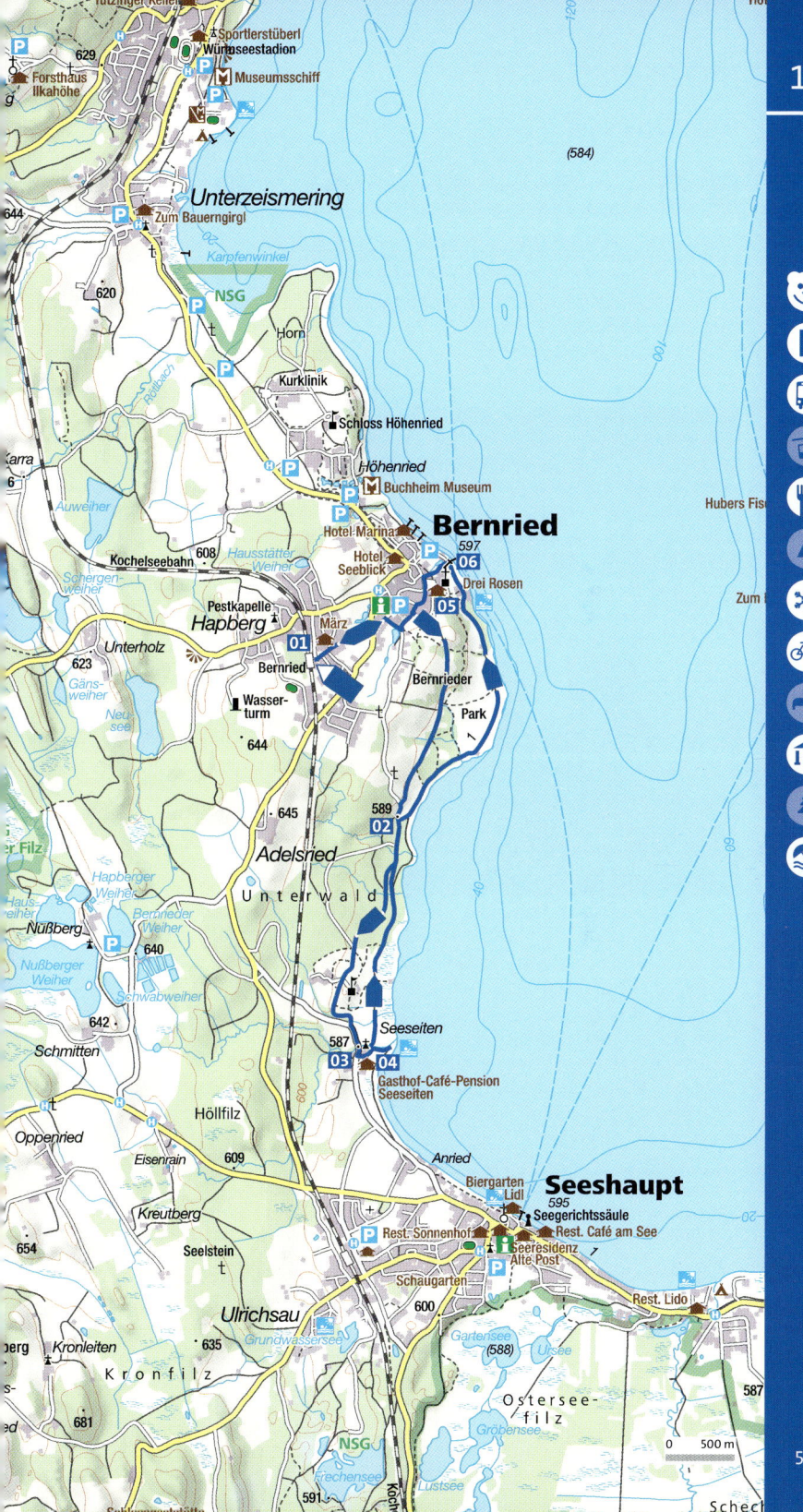

20 MOOSWEG • 631 m

Im Loisachmoor

 10 km 3:00 h 20 hm 20 hm 182

START | Parkplatz beim Kloster in Benediktbeuern.
[GPS: UTM Zone 32 x: 679.978 m y: 5.286.739 m]
CHARAKTER | Sehr einfache Rundwanderung mit Attraktionen auf den Themenwegen direkt neben der Route.

Auf einem Floß am Hochmoorweg bei Benediktbeuern.

▶ Vom großen **Parkplatz beim Kloster Benediktbeuern** 01 folgen wir dem Moosweg anfangs nach Westen, dann nach Nordwesten und biegen an beschilderter Stelle nach rechts auf den **Klangweg** 02 ein. Dort kann man verschiedene Möglichkeiten, Klänge zu erzeugen, ausprobieren.

Nach dem kurzen Abstecher erreichen wir wieder den Moosweg und gehen auf ihm zur Moosmühle, wo der Weg kurz im Zickzack weiterführt. Hinter der Moosmühle geht es dann ein längeres Stück nach Westen weiter, bis nach rechts der **Hochmoorweg** 03 abzweigt.

Er führt ins Moos hinein. Vorsicht! Damit man nicht in eines der Moorlöcher fällt, muss man unbedingt auf der Route bleiben. Auch die ist spannend, denn sie verläuft anfangs am Geländer auf Baumstämmen, dann auf Knüppelpfaden und mittels eines Floßes am Seilzug ca. 50 m weit durch einen Tümpel.

Nach dem **Hochmoorweg** 03 erreichen wir wieder den Moosweg, biegen links ab und gehen neben der Loisach lange nach Süden weiter. Schließlich **zweigt** neben dem Lainbach nach links der **Moosweg 1a ab** 04 und führt nach Nordosten über freies Feld zum **Bahngleis** 05.

Noch vor der Bahnstrecke links abzweigen und neben den Schienen nach **Benediktbeuern** 01 zurück. Dort kann man nach links einen kurzen Abstecher zur alten Fraunhofer Glashütte machen und dann nach Norden zum Klosterbräustüberl am Ende der Wanderung gehen, wo dieser Spaziergang endet.

Klosterkirche St. Benedikt in Benediktbeuern.

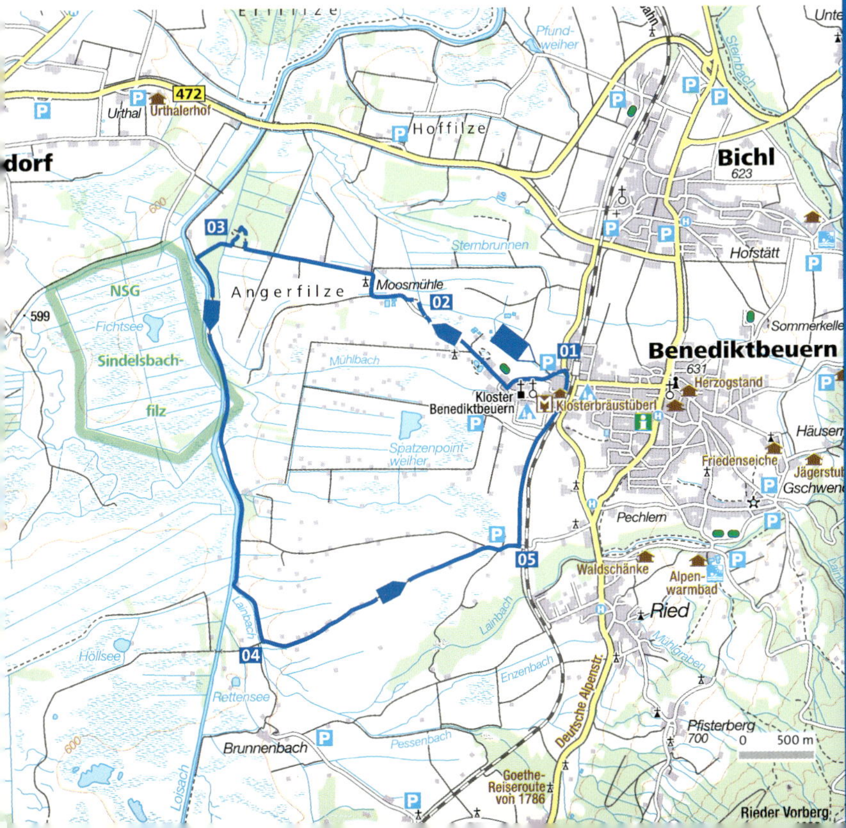

21 EIBSEEUMRUNDUNG • 1016 m

Panoramarundweg

  6,8 km  1:30 h  70 hm  70 hm 5

START | Eibseehotel.
[GPS: UTM Zone 32 x: 650.099 m y: 5.257.925 m]
CHARAKTER | Leichte Rundwanderung ohne Schwierigkeiten.

Eibseezufluss am Westufer.

Der Eibsee, zu Füßen der Zugspitze gelegen, ist eine besondere Attraktion. Immer wieder zeigen sich auf dem leichten Spaziergang neue, eindrucksvolle Ausblicke, und auch die unmittelbare Umgebung des Sees ist staunenswert. Sie ist geprägt von schütterem Wald, bizarren Felsen und immer wieder kleinen Seeaugen, die unvermittelt im Wald auftauchen. Wer der hier vorgeschlagenen Richtung folgt, wird anfangs, vom südlichen Seeufer aus, vornehmlich in die Ammergauer Alpen schauen, die sich im kristallklaren Wasser spiegeln. Am Rückweg, der dann auf der Nordseite des Sees überwiegend durch schütteren Wald führt, dominieren die Blicke zur markanten Zugspitze. Übrigens: Wenn die Tage arg heiß sind, kann man im Eibsee natürlich baden. Also das Badezeug nicht vergessen!

▶ Vom Parkplatz (oder der Bushaltestelle) gehen wir auf einem Sträßchen am **Eibseehotel** 01 vorbei und zum See hinab. Bei der Wasserwachthütte endet die Asphaltdecke, und gleich dahinter gabelt sich die Route.

Der Rundweg führt nach rechts, am Seeufer entlang, und schon bald erreichen wir den **Frillensee** 02, der sich vor der Kulisse der scharf geschnittenen Waxensteine im dunklen Wald ausbreitet. Gleich dahinter kommen wir zum Freibad. Anschließend verlässt der breite Spazierweg das Seeufer und steigt im Wald spürbar an. Dann schlängelt er sich durch ein paar breite Gräben, fällt etwas ab, steigt wieder an und erreicht die höchste Stelle der Wanderung auf rund 1020 m Höhe. In sehr geringem Gefälle kommen wir schließlich wieder zum Seeufer hinab und erreichen die westlichste Stelle des **Uferweges** 03. Dort plätschert ein munteres Bächlein über einen kleinen Wasserfall herab und strömt dem See entgegen. Es ist der einzige bedeutende Zufluss des Eibsees.

Der Rundweg verläuft nun im Wald nach Osten weiter und gibt immer wieder schöne Blicke auf das stille Wasser frei, in dem sich nun die wilden Felsen der Nordabstürze der Zugspitze, der Riffelwandspitzen, der Riffelspitzen und der Waxensteine spiegeln. Auch kommen wir beim Rückweg an den sieben kleinen Inseln im Eibsee vorbei.

Am Braxensee führt unser Spazierweg nahe an eine eindrucksvolle Bucht heran, dann geht es in den Wald hinein und abermals zu einer Bucht, bis die Promenade beim **Untersee** 04 auf einer schmalen Brücke eine Engstelle des Sees überspannt und nach einem geringen Anstieg wieder am **Ausgangspunkt** 01 endet.

Die tiefstehende Wintersonne glitzert auf der Eisfläche des Eibsees.

PARTNACHALM DURCH DIE PARTNACHKLAMM • 983 m

Durch die Partnachklamm

  7 km  2:15 h  260 hm  260 hm 5

START | Skistadion in Garmisch-Partenkirchen.
[GPS: UTM Zone 32 x: 659.630 m y: 5.260.934 m]
CHARAKTER | Leichte Wanderung.

Wenn Väterchen Frost das Wasser, das vom oberen Rand der Partnachklamm in die tiefe Schlucht heruntertropft zu gigantischen Eiszapfen erstarren lässt, ist die Partnachklamm am schönsten. Sie ist den ganzen Winter über geöffnet und diese Jahreszeit verzaubert die Klamm in eine bizarre Märchenwelt, die man erleben muss. Schön ist die Klamm natürlich auch im Sommer, wenn das tosende Wasser durch die enge Schlucht donnert, dass es nur so zischt und rauscht.

▶ Vom **Skistadion 01** in Garmisch-Partenkirchen geht man auf der Wildenauer Straße nach Süden, am **Kraftwerk 02** vorbei und zum **Klammeingang 03**.

Schon beginnt das Abenteuer. Der aufwendige Klammsteig führt oberhalb des tosenden Laufs der Partnach durch die enge Felsenschlucht und präsentiert gewaltige Blicke in den Abgrund und in Schwindel erregende Höhen. Man wird aus dem Staunen nicht herauskommen, bis man am **Südende 04** die Klamm verlässt.

Nun folgt man dem guten, im Winter meist geräumten Wanderweg nach Süden und geht bei der Abzweigung zum Graseck geradeaus, bis nach rechts der Wanderweg zur Partnachalm abzweigt. Er bringt uns über die Partnach, steigt in lichtem Wald gering und in ausholenden Kehren nach Nordwesten an, und erreicht direkt bei der Berggaststätte **Partnachalm 05** ein Sträßchen, das im Winter als Rodelbahn genutzt wird.

In der Partnachalm kann man im Winter einen Schlitten ausleihen und in flotter Fahrt hinunterrodeln. Oder man steigt zu Fuß auf dem streckenweise steilen Fahrweg nach Norden bis zum **Kraftwerk 02** ab, wo die Partnach wieder erreicht wird.

Dort muss man links abbiegen und zum **Ausgangspunkt 01** zurückgehen.

In der tosenden Partnachklamm.

Die Wanderung zur Partnachalm ist im Winter besonders reizvoll.

ETTALER MANNDL • 1633 m

Auf dem Manndlweg

  5,7 km 3:00 h 760 hm 760 hm 5

START | Ettal.
[GPS: UTM Zone 32 x: 657.735 m y: 5.270.436 m]
CHARAKTER | Luftiger, aber grundsolider Klettersteig für sportliche Alpinisten; gute Kondition, Trittsicherheit und Schwindelfreiheit sind notwendig.

Auf dem Ettaler Manndl.

Man kann mit der Seilbahn von Oberammergau zum Laberjoch auffahren und gemütlich in kaum einer halben Stunde zum Gipfelfuß des Ettaler Manndls hinüberspazieren. Wanderer mit etwas mehr Ehrgeiz kommen zu Fuß aus dem Tal, also von Ettal herauf. Der Anstieg führt überwiegend durch dichten Wald und gibt kaum Ausblicke frei. Erst am markanten Doppelgipfel (das Ettaler Manndl hat nämlich auch ein Weibl) öffnet sich ein staunenswertes Panorama.

▶ Von **Ettal** 01 neben der östlichen Klostermauer am Manndlweg zum Parkplatz und dann auf dem breiten, markierten Manndlweg anfangs eben nach Nordosten.

Später steigt der Bergweg deutlich an und führt durch eine tief eingeschnittene Bachschlucht zur Tiefental-Diensthütte. Von ihr in Kehren nach Norden weiter und zum Wanderweg, der vom Laberjoch herüberkommt.

Von dort ist es nicht mehr weit zum steilen Gipfelfelsen des Ettaler Manndls. Nach links zweigt der vorbildlich ausgebaute Klettersteig ab, der sich in atemberaubender Ausgesetztheit bis knapp vor das Ettaler Weibl hinaufschlängelt. Von dort durch eine kurze, felsige Senke und zum **Gipfelkreuz** 02 hinauf.

Normalerweise steigt man entlang der Aufstiegsroute ab. Möglich ist es auch, unter dem Klettersteig auf einem Wanderweg zum Soilesee weiterzugehen und an der Soilealm vorbei nach Norden, später Westen bis Oberammergau hinauszuwandern. Nur wer es ganz bequem will, schaukelt mit der Seilbahn vom Laber nach Oberammergau hinab.

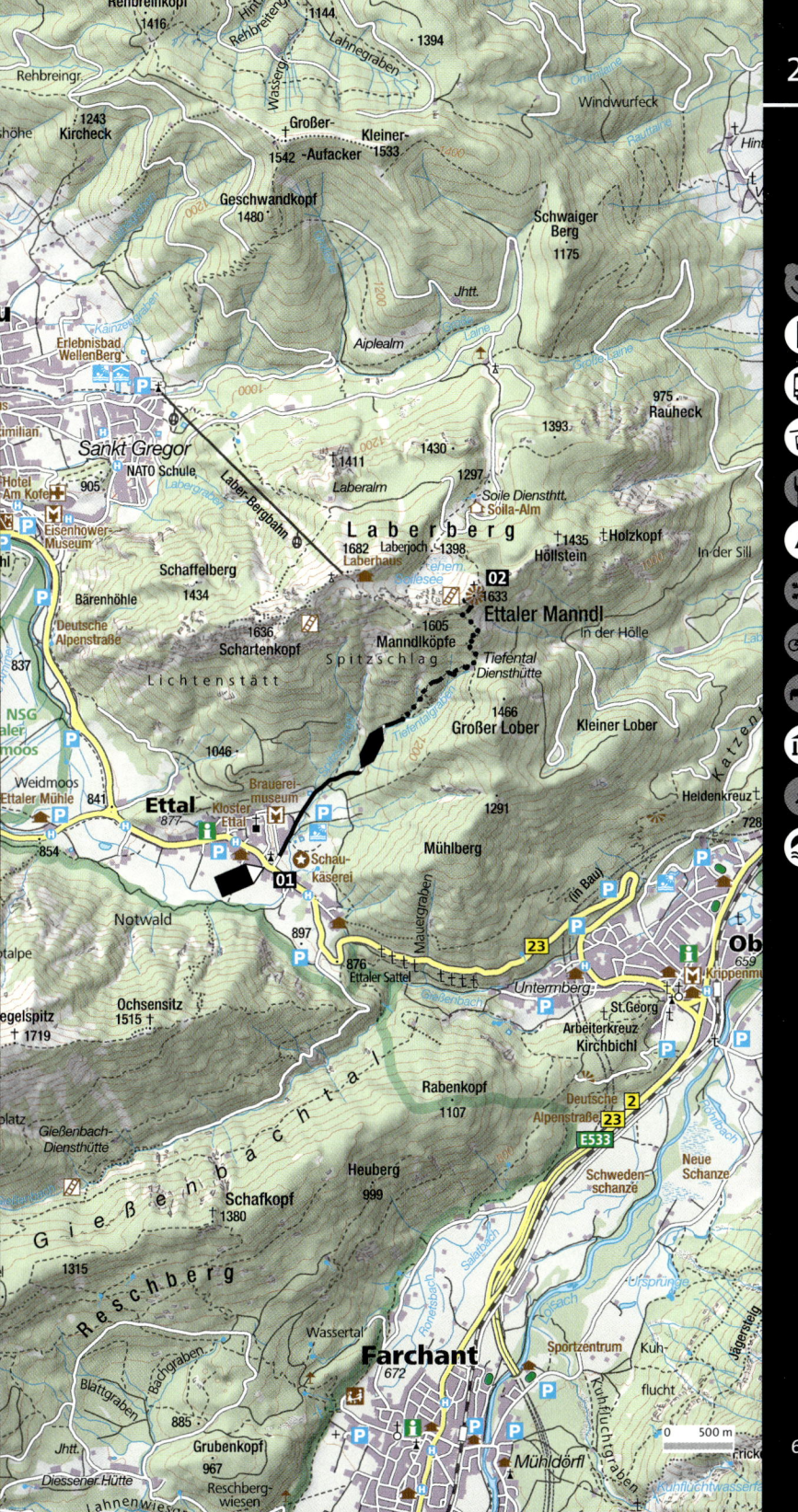

24 SIMETSBERG • 1840 m

Panoramagipfel über dem Walchensee

 11,2 km 4:15 h 1030 hm 1030 hm 5

START | Einsiedel am Walchensee.
[GPS: UTM Zone 32 x: 672.826 m y: 5.270945 m]
CHARAKTER | Einfache Vorgebirgswanderung, die keine Schwierigkeiten erwarten lässt.

Beschauliche Bergwanderung mit langer Fahrwegetappe und freien, panoramareichen Gipfelhängen.

▶ Vom großen Parkplatz auf der Westseite der **Bundesstraße** 01 folgen wir einem breiten Fahrweg nach Westen durch den Wald hinauf. Bei den folgenden Abzweigungen gehen wir links auf der langen Simetsbergstraße nach Süden weiter, bis nach rechts ein beschilderter Bergpfad **abzweigt** 02.

Gleich hinter der Abzweigung gibt es einen schönen Rastplatz. Das Weglein führt nun im Wald moderat bergauf und vereint sich mit einem Bergpfad. Wir gehen auch dort in der gleichen Richtung weiter, halten uns weiter oben bei der Abzweigung links, bis sich der Wald lichtet und der von Wallgau heraufkommende Weg in unsere Route mündet.

Anschließend steigt der Bergweg in einer breiten Lichtung deutlich steiler zur **Simetsberg-Diensthütte** 03 an, wo der ideale Platz für eine ausgedehnte Rast ist, denn nun hat man eine schöne Aussicht. Zum Walchensee hinunter ist sie besonders schön. Und es lässt sich der weitere Anstieg einigermaßen überblicken. Er steigt auf freien Wiesenhängen in weitem Bogen von West nach Nord an, und das letzte Stück unter dem Gipfel zieht er sich durch Latschengebüsch hin, bis schließlich das **Gipfelkreuz** 04 erreicht ist. Zurück gehen wir auf der Aufstiegsroute.

Sonnenaufgang über dem Walchensee.

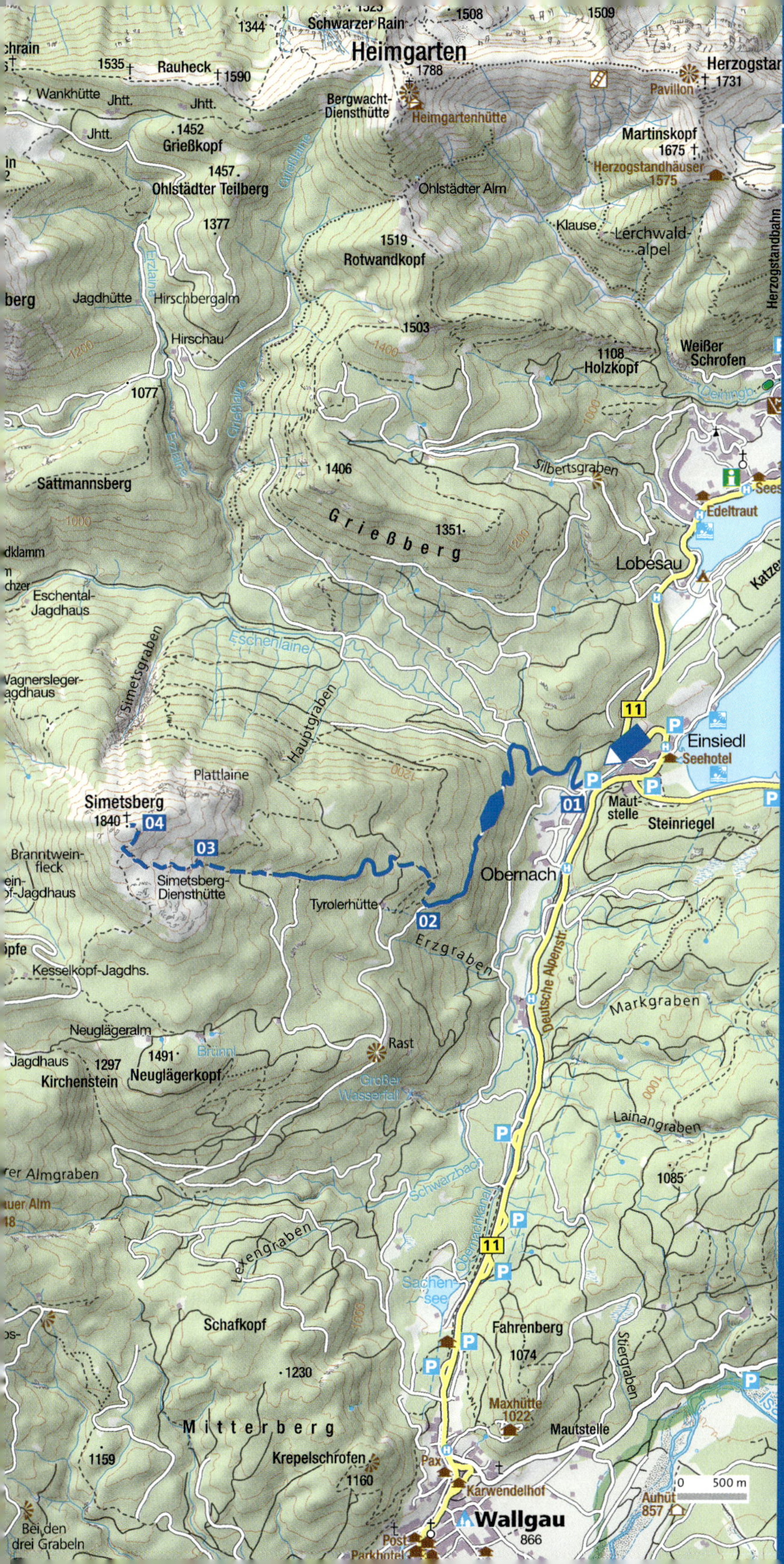

1344
Schwarzer Rain
1508
1509
Heimgarten
1788
Herzogstand
1731
Pavillon
Rauheck
1535
1590
Wankhütte
Jhtt.
Bergwacht-Diensthütte
Heimgartenhütte
Jhtt.
1452
Grießkopf
Martinskopf
1675
Herzogstandhäuser
1575
1457
Ohlstädter Teilberg
Grießlaine
Ohlstädter Alm
1377
Klause
Lerchwald-alpel
1519
Rotwandkopf
Herzogstandbahn
Erzlaine
Jagdhütte
Hirschbergalm
1503
Hirschau
1400
1108
Holzkopf
Weißer Schrofen
1200
1077
Grießlaine
Erzlaine
1000
Silbertsgraben
1406
Edeltraut
Sattmannsberg
1000
1351
Grießberg
1200
Lobesau
Eschental-Jagdhaus
Eschenlaine
Katzen
Simetsgraben
Hauptgraben
Wagnersleger-Jagdhaus
11
Einsiedl
Seehotel
Plattlaine
1200
Simetsberg
1840
04
01
Maut-stelle
Steinriegel
03
Branntwein-fleck
Simetsberg-Diensthütte
Obernach
Tyrolerhütte
02
Erzgraben
Kesselkopf-Jagdhs.
Deutsche Alpenstr.
Markgraben
Neuglägeralm
Brünnl
Rast
1491
1297
Jagdhaus
Kirchenstein
Neuglägerkopf
Großer Wasserfall
1000
Lainangraben
1085
Almgraben
Schwarzbach
Obernachkanal
Lexengraben
11
Sachen-see
Schafkopf
Fahrenberg
1074
1000
Stiergraben
1230
Maxhütte
1022
Mitterberg
Mautstelle
Krepelschrofen
1159
1160
Pax
Karwendelhof
0
500 m
Auhüt
857
Bei den drei Grabeln
Wallgau
866
Post
Parkhotel

25 GUGLHÖR-RUNDWEG • 745 m

Abwechslungsreiche Wanderung mit Bergsicht

  8 km  3:00 h  150 hm  150 hm 7

START | Von Kochel zur Autobahnausfahrt Murnau/Kochel, weiter Richtung Murnau bis zum Abzweig Hagen/Mühlhagen am Nordrand des Loisachtals (bei anhaltend starken Regenfällen häufig überschwemmt!) und auf einem Sträßchen hoch nach Hagen. Parken an der Straße (wochentags auch Gästeparkplatz Gh. Heimgarten).
[GPS: UTM Zone 32 x: 667.440 m y: 5.282.830 m]
CHARAKTER | Durchs Örtchen Hagen geht es anfangs eine Teerstraße hinab (bei umgekehrter Runde abschließend hinauf), per Fahrweg lange eben an der Loisach dahin, auf anspruchsvolleren Pfaden durch den Loisach-Bergwald hinauf zum staatlichen Zuchtbauernhof Guglhör und über einen aussichtsreichen Höhenzug zurück. Nur Hohlweg und Abkürzer beim Aufstieg erfordern etwas festeres Schuhwerk, gut profilierte Trekkingsandalen reichen aber. Die Daten beziehen sich auf Variante B.

An der Loisach entlang.

Der bereits außerhalb des Tölzer Lands gelegene Guglhör-Rundweg gehört zu den lohnendsten Alpenvorland-Wanderungen mit Blick auf die Walchenseeberge – und das Werdenfelser Land. Er verbindet einen idyllischen, wenig begangenen Spaziergang an der Loisach mit dem hochgepressten Molassekamm des Murnauer Höhenzugs, dem vordersten Ausläufer der Alpen. Der Gang über Wiesenkämme mit Waldstücken, unter alten Walnussbäumen und Eichen wird gekrönt von der Einkehr im von Linden überschatteten Biergarten des Bauerngasthofs Guglhör mit seinen dunkel-wolligen Bergschafen. Vom Rabenkopf bis zum Heimgarten mit seinem Normalweg von Ohlstadt reicht hier oben die Voralpenszenerie, der sich im Süden entlang des Loisachtals das Werdenfelser Land mit Estergebirge, Zugspitzmassiv und dem Kramer anschließt. Im Sommer geht man diese Runde am besten nachmittags, um die im tiefstehenden Sonnenlicht herausziselierten Strukturen der Berge besser genießen zu können – besonders von der Bank auf dem Wiesenkamm aus. Viele Wanderer nehmen die Kurzversion und flanieren nicht an der Loisach, sondern in halber Höhe auf Teer- und Fahrweg zwischen den Häusern von Hagen und dem Guglhör dahin und mit wenig Höhenunterschied über den Höhenzug zurück (oder umgekehrt).

▶ An der **Kirche** 01 und dem Gasthaus Heimgarten (an Wochenenden einfach bewirtet, Biergarten) vorbei das heraufgefahrene Sträßchen südwärts hinab nach **Mühlhagen** 02 im Loisachtal. Links ein Stück an dem Gelände der ehemaligen Getreidemühle vorbei, rechts auf den Fahrweg zum Mühlkanal und ostwärts der Loisach teils direkt am Fluss, teils am Rand des weiten Hagener Mooses zu einer Kiesbank gegenüber einer vom Fluss erodierten Talflanke (hier lassen sich Steine bis zum anderen Ufer über Wasser hüpfen).

Nordostwärts auf zum Pfad schwindenden Fahrweg teils zwischen Schilf zu einer Bank am Ufer und per **Brücke** 03 über einen Entwässerungsbach in den Wald (den abzweigenden Pfad ignorieren). In einer Links-Rechts-Schleife durch einen feuchten Hohlweg mit versteinertem Molasse-Untergrund (einzige nicht radtaugliche Passage) insgesamt nordwärts den steilen Loisachhang hinauf, in Linksschleife eben um ein Tälchen und einen Fahrweg rechtshaltend aufwärts.

A) Offiziell auf diesem lang ostwärts leicht abfallend zu einer Kehre folgen, die links aufwärts Richtung Guglhör führt.

B) Sinnvoller am Schild „Guglhör-Rundweg" nordwärts über einen wurzeligen Waldsteig hinauf abkürzen zum oberen Fahrweg (auch hier Schild) und auf diesem über Wiesen nordwestwärts aufwärts, zum Schluss rechts gerade hinauf zum **Gutshof Guglhör** 04 samt wiedereröffneter „Bergwirtschaft" mit sonnigem Aussichts-Biergarten.

Abstieg: Auf dem Fahrweg kurz westwärts an einigen Walnussbäumen vorbei zu einer Verzweigung in einem Waldstück (rechts hinab zum Riegsee).

A) Den linken Fahrweg über Wiesen abwärts zu einem Sträßchen und über dieses am Hang westwärts querend und durch ein Waldstück nach Hagen.

B) Schöner gerade westwärts über eine Wiese kurz hinauf zu einem Aussichtskamm, auf einem Pfad mit Zaundurchgängen in ein weiteres Waldstück, dort kurz den Weg nehmen und wieder kurz rechts aufwärts zum Wiesenkamm mit Bank. Auf dem Weg oder über den Kamm weiter, kurz auf einen nach rechts führenden Fahrweg (auch zum Riegsee), links wieder auf den **Wiesenkamm** 05 und linkshaltend hinab nach **Hagen** 01.

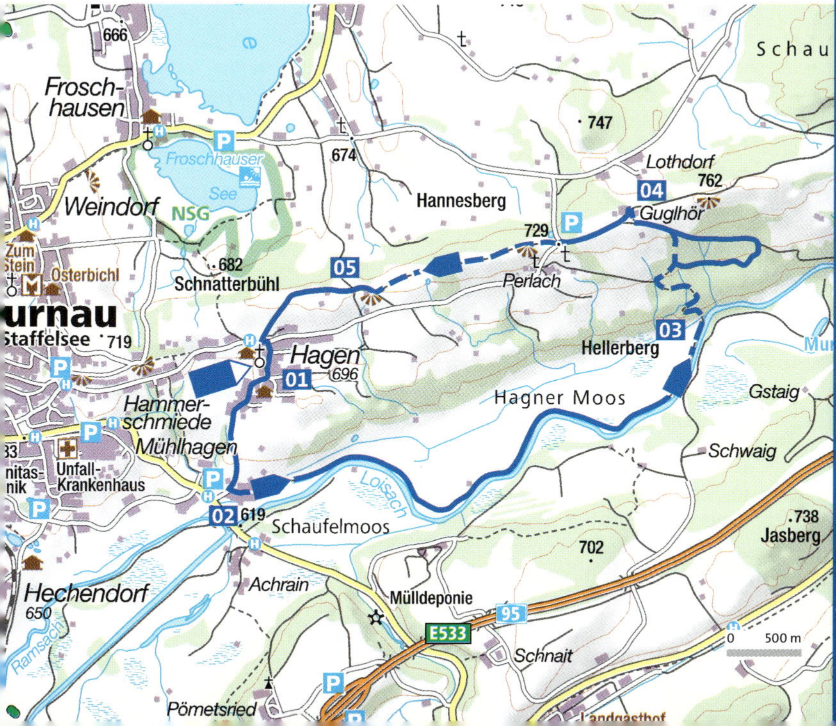

BLOMBERGHAUS • 1203 m

Die Tölzer Kur-Tour

  8 km  3:00 h  493 hm  493 hm 182

START | Westlich von Bad Tölz zum großen Parkplatz beidseitig der Straße an der Talstation des Blomberg-Sessellifts.
[GPS: UTM Zone 32 x: 688.610 m y: 5.291.330 m]
CHARAKTER | Die relativ steile, beliebte nordseitige Waldtour auf einem guten Fahrweg endet am bewirteten Blomberghaus mit Sicht auf die Benediktenwand und über das hintere Isartal. Bei dieser Bergtour sind ausnahmsweise weder besondere Ausrüstung noch besonderes Können nötig.

Diese Wanderung kann man das ganze Jahr über unternehmen. Im Winter empfiehlt es sich allerdings, über den deutlich längeren Abstiegsweg aufzusteigen, sonst kann man auf dem Eis ausrutschen oder von einem Schlittenfahrer über den Haufen gerodelt werden.

Das oben in der Sonne wartende Blomberghaus ist außer in der kurzen Zwischensaison am Übergang vom Herbst in den Winter stets bewirtschaftet.

Der laut Karte höchste Punkt des Blombergs im Wald hinterm Blomberghaus ist unzugänglich, da er von der Bundeswehr mit einer Richtfunkstation belegt ist. Zu dieser wurde der hier als Abstieg vorgeschlagene Fahrweg hinaufgelegt, der zu einer beliebten Mountainbike-Strecke geworden ist.

Zudem gibt es seit wenigen Jahren zwischen den Bäumen am Blomberghaus aufgespannt, einen weitläufigen „Klettergarten", sprich Hochseilgarten mit Drahtseilrutschen, Balancierbrücken und was sonst noch so dazugehört.

▶ Von der **Talstation** 01 südwestwärts auf dem „heilklimatischen" Wanderweg im Wald kurz aufwärts zu einer Verzweigung (der rechte Weg mit Rodel-Verbotsschild wird besser im Abstieg und im Winter genommen). Den gut beschilderten linken Fahrweg nehmen und insgesamt südwärts an den je nach Kondition er- oder entmutigenden Höhenmeter-Schildern sowie Kinderattraktionen wie Holz-Klangspiel, Baumstamm-Weg oder Bäume-Raten („Entdecker-Pfad") vorbei zügig hinauf auf teils neuer Fahrwegführung zur **Blombergbahn-Mittelstation** 02 (950 m).

Hier können die Roller-Bobs für die kurz darunter beginnende Sommerrodelbahn ausgeliehen werden.

An einem Brünnlein und an mit Baumstämmen für die winterlichen Schlittenfahrer gesicherten Serpentinen sowie einem (noch) freien Borkenkäferschlag vorbei geht es mit abschließender westwärts ansteigender Querung zu einem Sattel (hier links aufwärts zur Bergstation der Blombergbahn und dem eigentlichen Blomberg-Wiesengipfel) und geradeaus über freie Almwiesen in wenigen Minuten zum **Blomberghaus** 03.

Abstieg: Nach der Einkehr auf dem Fahrweg südwestwärts unterhalb des Blomberg-Waldgipfels (1248 m) flach weiter und hinter dem Wegabzweig zum Zwiesel in Nordostrichtung gemächlich abwärts.

Nach einer langen Ostquerung können Aspiranten der Sommerrodelbahn an einer Linkskehre rechts auf einem kurzen **Verbindungs-Karrenweg** 04 zum Aufstiegs-Fahrweg hinüberwechseln.

Wer nicht rodeln will, wandert auf der langen Forststraße weiter hinab zum **Ausgangspunkt** 01.

Das beliebte Blomberghaus am Blomberg.

Sommerrodelbahn

Im unteren Bereich des Abstiegs sollten Familien mit Kindern unbedingt die Sommerrodelbahn nehmen. Es lohnt sich! Die Bobs fahren auf Rollen mit einfachem Bremssystem in einer 1286 m langen Eternit-Bahn mit Steilkurven von der Mittelstation zur Talstation der Blombergbahn.

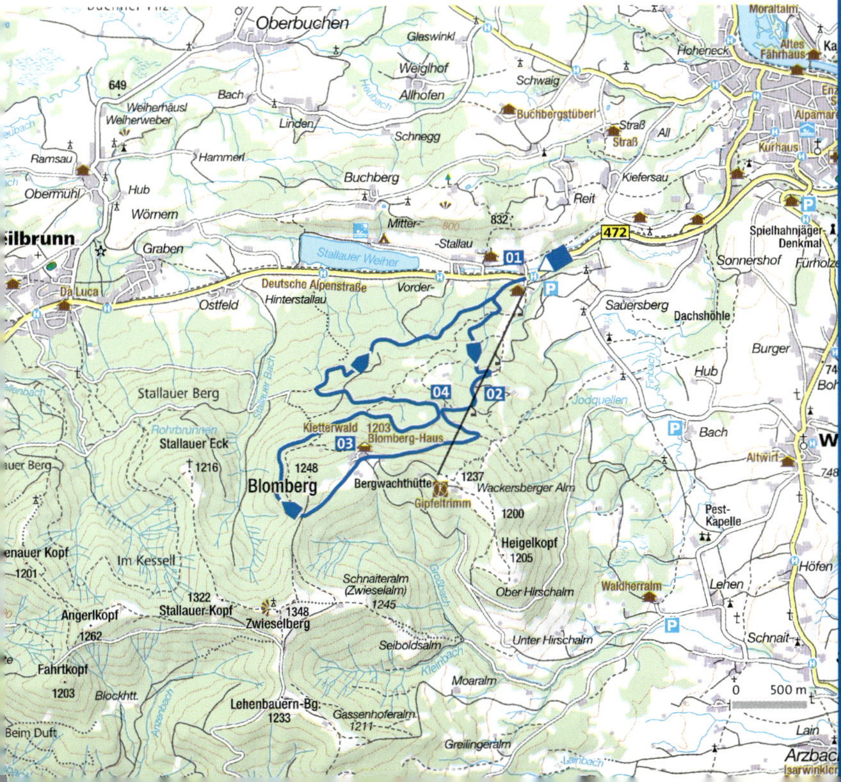

27 HIRSCHHÖRNLKOPF • 1514 m

Unscheinbarer Almrücken über steiler Flanke

  7,5 km  3:15 h  739 hm  739 hm 182

START | Durch die Jachenau bis in den Hauptort und rechts zum Parkplatz hinterm Schützenheim.
[GPS: UTM Zone 32 x: 682.860 m y: 5.275.400 m]
CHARAKTER | Die unten flache, mittig steile und oben über Almen führende, südseitige Tour auf Wald- und Almpfaden ist ideal für den Frühling oder Herbst.

Die Pfundalm ist der krönende Abschluss des auch im Herbst sonnigen Aufstiegs.

Der Hirschhörnlkopf ist irgendwie das Aschenputtel unter den Jachenauer Wanderbergen. Und das obwohl der unten neu gelegte flache Zustieg üppig gekennzeichnet ist. Eine Waldschneise durch Stauden aus rosa Alpendost und blühenden Pfefferminz-Stauden gewährt anfangs einen freien Blick auf die Jachenau, der Aufstieg führt in Serpentinen ziemlich direkt auf einen Aussichtskamm mit Almwiesen. Die Aussicht vom Gipfel ist tatsächlich nicht so spektakulär wie bei den nördlichen Nachbarbergen, aber der Isarwinkel winkt zum Greifen nah herüber, während man das wiesengrüne Tal des Jachen vom Walchensee bis zur Mündung in die Isar überblicken kann.

▶ Von **Jachenau** 01 geht es am Waldrand nordwestwärts entlang einer Wiese zu einem **Fahrwegsknotenpunkt** 02 im Wald (808 m).

Der mehr als reichlichen Beschilderung folgen wir zum Hirschhörnlkopf zuerst nach rechts (Nordosten) aufwärts zu einer Wiese, dann links (Norden) aufwärts durch nachwachsenden Jungwald und flach nordwestwärts, zwischen weit stehenden Bäumen zum Wald am **Ende des Fahrwegs** 03 (960 m).

Auf einem anfangs neuen Pfad rechts ab, durch Jungwald nordwärts aufwärts und in Serpentinen den steilen Kahlschlag-Hang hinauf. Eine kurze Rechtsquerung und steile, etwas mühsame Serpentinen führen anschließend durch Wald rechtshaltend zwischen Bärenhaupt und Pfundalm zu einer freien **Schulter** 04 (1360 m). Auf der Südseite des Kamms über Almwiesen westwärts unter der Pfundalm durchqueren zu einer breiten Verflachung (man kann auch weglos über den Aussichtskamm gehen) und über den Ostrücken dann hinauf zum **Gipfel** 05 (1514 m).

Abstieg über die Aufstiegsroute zum **Ausgangspunkt** 01.

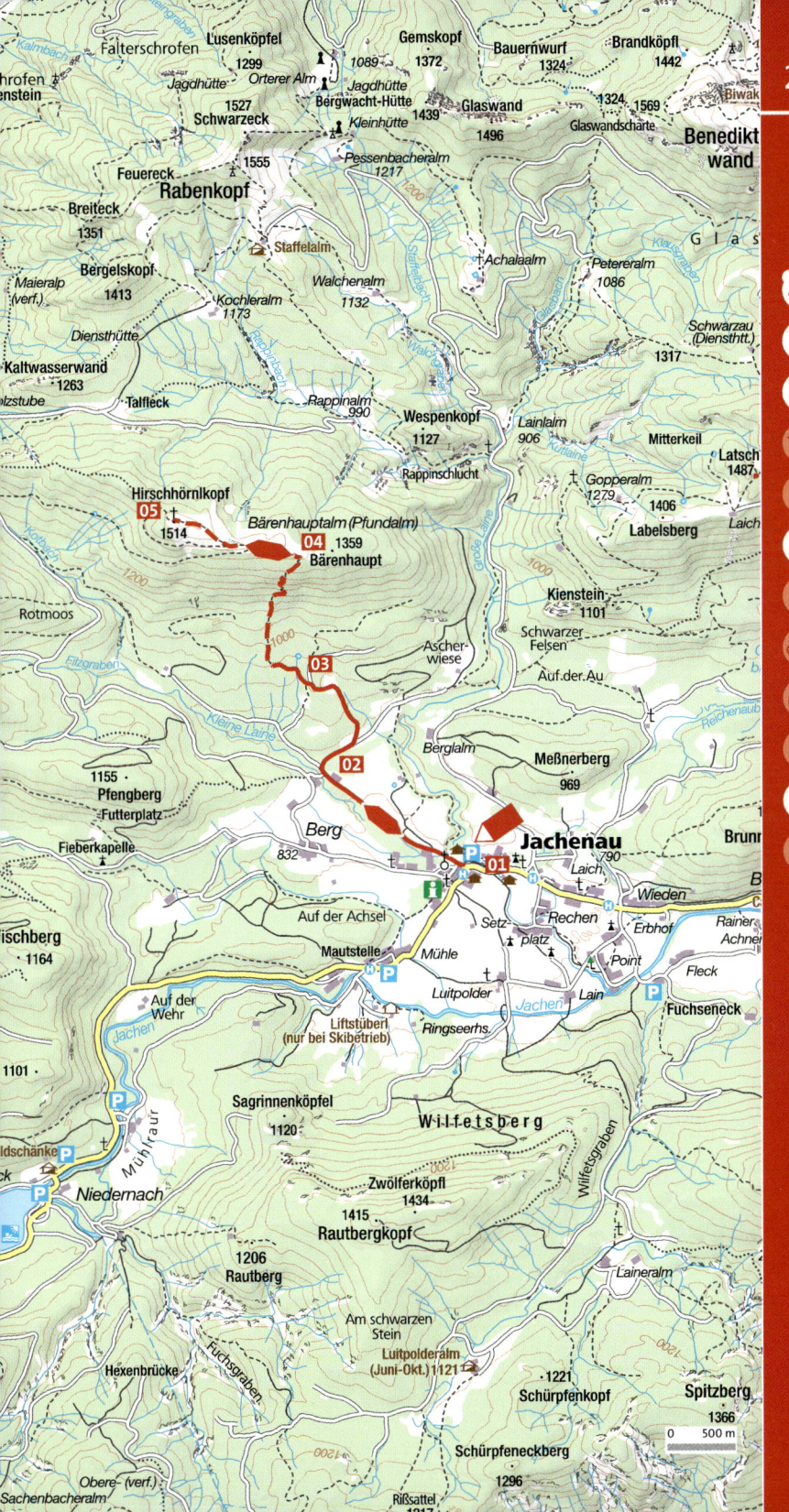

28 BLANKENSTEINSATTEL • 1692 m

Auf Wanderwegen um den Kletterzahn herum

  9,5 km  4:00 h  740 hm  740 hm 8

START | Parkplatz bzw. Bushalt Kistenwinterstube (ca. 950 m) an der Straße von Rottach-Egern zur Monialm.
[GPS: UTM Zone 32 x: 712.350 m y: 5.282.190 m]
CHARAKTER | Rundwanderung auf markierten Wegen, etwa halbe Wegstrecke Straße. Aufstieg zum Riederecksattel steil und steinig.

Hauptattraktion dieser Wanderrunde in den Tegernseer Bergen ist das schroffe Felsriff des Blankensteins (auch Plankenstein, 1768 m), ein beliebtes Trainingsgelände der Münchner Kletterzunft. Für Wanderer ist der Zahn tabu, auch die leichteste Route verläuft im II. Schwierigkeitsgrad, dazu ist der Fels von zahllosen Begehungen unangenehm glatt poliert.

▶ Recht glatt ist auch die Unterlage, auf der die Runde startet: Asphalt. Vom **Parkplatz** 01 an der Straße zur Monialm (Kistenwinterstube, ca. 950 m) folgt man ziemlich genau einen Kilometer weit der Zufahrt zur Röthensteinalm, verlässt sie dann nach links (Schild) und steigt auf zur **Sieblialm** 02 (1150 m). Hier wird aus der Straße ein schmaler Pfad, der durch den steinigen Siebligraben steil ansteigt zur hübsch gelegenen Riedereckalm (1470 m). Am **Riederecksattel** 03 (1534 m) kommt ganz unvermittelt der Blankenstein mit seinen senkrecht gestellten Felsschichten ins Blickfeld: Whow! Drunten in der Karmulde liegt still der kleine Riederecksee, dem nach trockenen Sommern schon mal das Wasser ausgehen kann.

Der Weiterweg führt ansteigend durch die Nordhänge des Risserkogels in den **Blankensteinsattel** 04 (1692 m), immer mit freier Sicht auf den Kletterzacken. Jenseits der Scharte geht's auf deutlicher Wegspur unter dem Röthenstein (1703 m) in den Wald. Links liegen in einer Geländemulde die beiden winzigen Röthensteiner Seen. Weiter zur **Röthensteinalm** 05 (1385 m; Getränke) mit Straßenanschluss. Auf Asphalt wandern wir dann hinab und hinaus zum **Parkplatz** 01 bzw. Bushalt Kistenwinterstube.

Risserkogel

Höher, aber leichter zu besteigen als der Blankenstein ist sein Nachbar, der Risserkogel (1826 m), markierter Abzweig am Weg vom Riedereck- zum Blankensteinsattel. Abstieg über den Westgrat und die nordseitigen Schrofen in den Blankensteinsattel; Zeitmehraufwand knapp 1 Std. Trittsicherheit und etwas Bergerfahrung unerlässlich!

Was für ein Kalkriff: der Blankenstein.

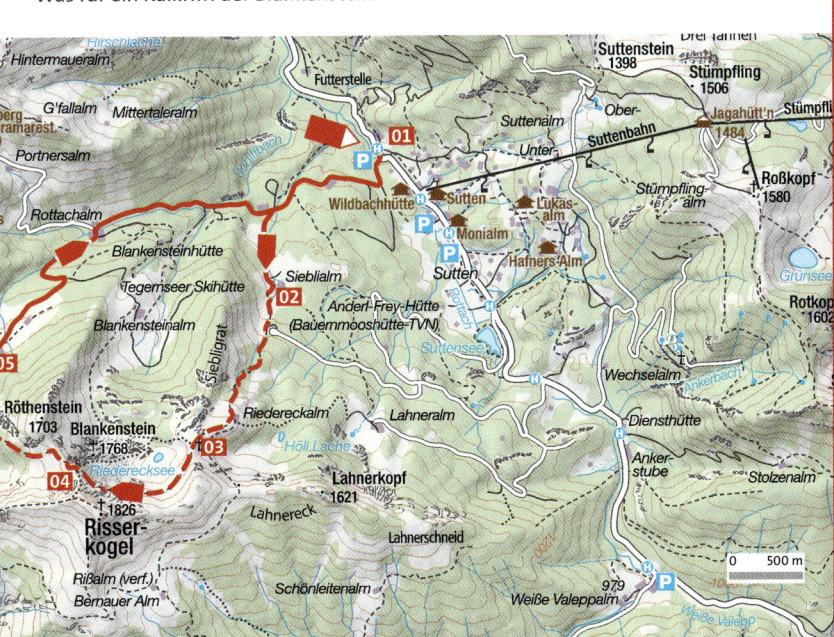

29 AUF DIE HOCHALM • 1427 m

Die Alm, die ein Gipfel ist

  8,5 km  3:15 h  500 hm  500 hm 8

START | Achenpass, Wanderparkplatz an der Bundesstraße.
[GPS: UTM Zone 32 x: 698.178 m y: 5.275.774 m]
CHARAKTER | Rundwanderung auf teilweise schmalen Pfaden, vom Gipfel hübsche Rundsicht.

Blick vom Wiesenplateau der Hochalm zum Rofan mit der Guffertspitze.

Der kürzeste und beliebteste Anstieg zur Hochalm hat seinen Ausgangspunkt im Walchental, an der Straße vom Sylvensteinsee nach Achenwald. Weniger stark frequentiert, fast noch ein Geheimtipp ist der Weg vom Achenpass zur Hölleialm, wo man auf den südseitigen Zustieg stößt. Für den Abstieg bietet sich dann der Weg durch das Tälchen der Großweißach an. Eine abwechslungsreiche Runde!

▶ Die kleine Gipfeltour startet bei der ehemaligen Zollsiedlung am **Achenpass 01** auf einer Sandstraße, die sanft zur Mündung des Stubengrabens ansteigt. An der Brücke geradeaus und auf schmalem Pfad durch die kleine Klamm aufwärts. Etwa 100 Meter höher mündet der Fußweg wieder in die breite Straße. Wir verlassen sie am Scheitelpunkt im Rücken des Guggenauer Köpfls nach rechts und folgen der eben verlaufenden Trasse, die den inneren Guggenauer Graben quert, bis ein gelber Wegzeiger unübersehbar nach rechts weist. Auf etwas undeutlicher Spur (ab und zu rote Punkte) im Wald bergan, dann über einen grasigen Hang mit freier Sicht auf das Vorkarwendel mit nur mehr leichtem Höhengewinn zur **Hölleialm 02** (1154 m). Nun auf schmalem Pfad durch die abschüssigen Westhänge des Brunstlahnerkopf, hinauf zum **Wiesensattel 03** (1285 m) in seinem Rücken (Schilder). Weiter in lichtem Wald zur Gipfelblöße und über sie zum höchsten Punkt der **Hochalm 04** (1427 m) mit Bank, Kreuz und herrlich freier Aussicht ins Isartal. Am südlichen Horizont stehen die Gipfelketten des Rofans und des Karwendels.

Zurück zur **Wiesensenke 03**, hier links steil hinunter in den Wald (Vorsicht: Erosionsschäden!) und über dem Graben der Großweißach, mehrere felsige Rinnen querend, talauswärts und hinab zum **Achenpass 01**.

Das Isartal von der Hochalm.

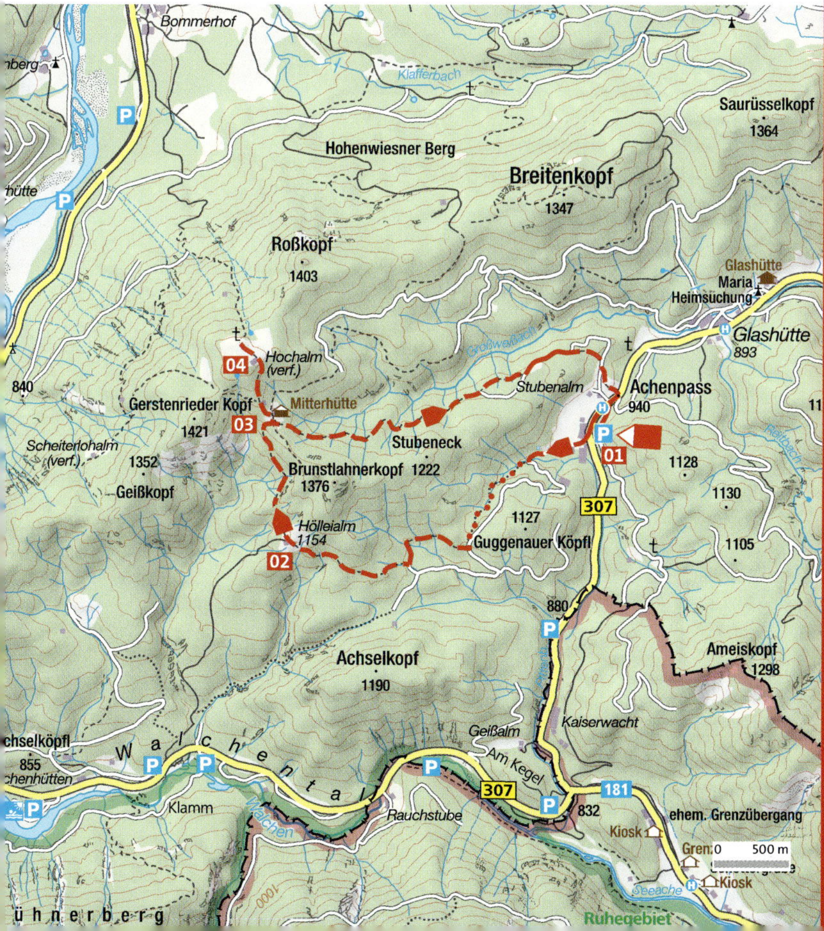

NEUREUTH • 1264 m

Der schönste Ausguck über dem Tegernsee

  7 km  2:30 h  510 hm 510 hm 8

START | Bahnhof Tegernsee, Parkplätze in unmittelbarer Nähe. [GPS: UTM Zone 32 x: 706.790 m y: 5.288.220 m]
CHARAKTER | Überwiegend schattiger Anstieg auf schönem Weg zur sonnigen Aussicht. Beliebte Halbtageswanderung.

Keine Frage, unter den Aussichtspunkten rund um den Tegernsee gebührt der Neureuth die Krone: Schöner zeigt sich der See von keiner anderen Stelle aus; überraschend weit ist der äußere Berghorizont, vom Wetterstein über das Karwendel und den Großvenediger bis zum Watzmann reichend. Viel näher sind die zahlreichen Wandergipfel des Mangfallgebirges: Ziele für mehr als nur einen Bergsommer!

▶ Vom **Bahnhof Tegernsee** 01 (760 m) folgen wir zunächst dem Tegernseer Höhenweg, der kurz ansteigt, dann unter dem markanten, doppeltürmigen Bau des Hotels Tegernsee (ehemals Bayern) hindurch läuft. An einer signalisierten Verzweigung (Schilder) verlassen wir ihn nach rechts, um gut hundert Meter weiter nochmals spitzwinklig rechts abzubiegen.

Der Bayernweg gewinnt in Serpentinen zügig an Höhe; Aussicht gibt's dabei keine, und der hässliche Fichtenstangenwald ist auch keine Augenweide. Höher am Hang verzweigt sich der Weg mehrfach; wir folgen den Hinweisen „Neureuth – Bayernweg". Weiter im Zickzack bergan bis zur Einmündung des Westerhofweges (Unterstand). Anschließend geht's flacher an dem Bergrücken entlang, bis wir – endlich! – hinaustreten auf offenes Gelände. Da zeigt sich auch schon das Wanderziel, nur noch ein paar Minuten weit. Dann ist der **Berggasthof Neureuth** 02 (1264 m) erreicht, dürfen wir uns auf der Terrasse niederlassen und den phänomenalen Ausblick genießen. Eine schmucke Panoramatafel gibt den Bergrücken, Zacken und Spitzen ihre Namen und Höhenkoten.

Beim Abstieg geht's zunächst auf dem Hinweg zurück, erst noch mit Aussicht (Bänke), bald wieder im Wald. An der ersten beschilderten Verzweigung nehmen wir den links abgehenden Westerhofweg, der in ein paar weiten Schleifen bei angenehmem Gefälle hinabzieht. An den beiden ersten Weggabelungen halten wir uns jeweils links, an der nächsten rechts. Über die drei Treppenwege – den oberen, mittleren und unteren – geht's direkt hinunter zum **Bahnhof Tegernsee** 01.

Einkehr mit schöner Aussicht: die Neureuth.

31 NEUHAUS – BRECHERSPITZ • 1683 m

Hoher Berggiebel über dem Schliersee

  12,5 km 4:45 h  900 hm  900 hm 8

START | Bahnhof Fischhausen-Neuhaus, Parkplatz.
[GPS: UTM Zone 32 x: 715.550 m y: 5.287.650 m]
CHARAKTER | Gipfelüberschreitung auf abschnittsweise recht rauen, steinigen Wegen, bis zur Ankelalm Fahrweg.
Vom Brecherspitz bemerkenswertes Panorama.

Felsskulptur am Grat zum Brecherspitz; im Tal der Schliersee.

Sein hoher, spitz zulaufender Gipfelgrat, schließt das Bergpanorama des Schliersees im Süden ab; um gut 900 Meter überragt der Brecherspitz den Seespiegel. Mit Startpunkt Neuhaus lässt sich seine Besteigung als abwechslungsreiche Runde realisieren, die viel Aussicht bietet und am Grat mit ein paar felsigen Passagen aufwartet. Hinterher, vor dem Abstieg in die Talniederungen, wird man gerne in der urbayrischen Ankelalm Rast machen, Brotzeit und Gipfelblick inklusive.

▶ Vom **Bahnhof Fischhausen-Neuhaus** 01 (801 m) spazieren wir durch die Waldschmidt- und Grünseestraße zum Bergfuß. Eine geschotterte Piste leitet – zunächst noch ohne Höhengewinn – hinüber zum Ankelgraben. Dahinter zweigt die Zufahrt zur Alm ab. Sie zieht in ein paar steilen Schleifen durch den Dürnbachwald hinauf zu der hübsch am Rand einer Talmulde gelegenen **Ankelalm** 02 (1290 m).

Knapp 200 Meter weiter, bei der kleinen Ehardhütte (1306 m) zweigt rechts eine dünne Wegspur ab, die über steinige Wiesen in die markante Scharte (1481 m) am westseitigen Grat hinaufzieht. Hier links und durch eine felsige Rinne in leichter Kraxelei hinauf zur winzigen **Freudenreich-Kapelle** 03 (1587 m), Baujahr 1909. Nun am Kamm weiter, dem deutlichen Weg folgend, zur Einmündung des von der Oberen Firstalm heraufkommenden Steigs. Er führt ostwärts über den felsigen Grat (Drahtseile) zum **Brecherspitz** 04 (1683 m).

Der Abstieg verläuft zunächst am Nordgrat über leichte Felsen und durch Latschengassen. Unmittelbar vor einer kleinen Kuppe (1433 m) knickt er links ab und läuft über den Wiesenhang hinunter zur **Ankelalm** 02. Auf dem Hinweg geht's zurück ins Tal und zum **Bahnhof Fischhausen-Neuhaus** 01.

Morgenstimmung am Brecherspitz; in der Bildmitte der Tegernsee.

JENBACHTAL – WENDELSTEIN • 1838 m

Große Gipfelrunde am Alpenrand

  17,75 km 7:15 h  1260 hm 1260 hm 8

START | Gebührenpflichtiger Parkplatz im Jenbachtal, knapp 6 km von Bad Feilnbach.
[GPS: UTM Zone 33 x: 276.380 m y: 5.291.530 m]
CHARAKTER | Lange und anstrengende Gipfelüberschreitung, abschnittsweise Straßen, überwiegend Bergwege, zum Gipfel hin komfortabler Weg (Asphalt) mit Geländer. Gesicherte Passage am Anstieg zur Hochsalwand.

Ein Blick ins Jenbachtal macht sehr schnell klar: Der Wendelstein ist hier der Größte. Sein felsig-markanter Gipfel überragt all die bewaldeten Höhen rundum, entsprechend beliebt ist er bei Wanderern als Tourenziel, trotz Zahnrad- und Luftseilbahn und allerlei Bauten am höchsten Punkt.

Bei einem Anstieg von Norden muss man sich das Gipfelglück allerdings redlich verdienen; der direkte Anstieg wartet mit etwa tausend Höhenmeter auf, und wer den (lohnenden) Umweg über die Hochsalwand nimmt, kommt mit dem Zwischenabstieg zur Reindleralm auf gut 200 Höhenmeter mehr.

Der Wendelstein ist weit mehr als ein erstklassiger Aussichtspunkt am Alpenrand mit entsprechend weitem Panorama. An ihm verkehrt die älteste Bergbahn Deutschlands (1912); in den 1940er-Jahren baute das Militär hier eine Sternwarte (die 2011 eine zweite Kuppel mit einem Zwei-Meter-Teleskop erhielt), 1951 wurde eine Wetterstation eingerichtet, und im Jahr 1971 ging die Bayrischzeller Seilschwebebahn in Betrieb. Mit dem großen Windrad (Durchmesser 15 Meter, inzwischen wieder abgebaut) und der Fotovoltaikanlage wurden zwei Versuchsanlagen errichtet, die grüne Energie liefern – unter alpinen Bedingungen.

▶ Vom **Parkplatz 01** (835 m) im Jenbachtal kurz abwärts zum Großen Jenbach, über die Brücke und an der folgenden Verzweigung rechts Richtung Hillsteineralm. Nach einer Bachquerung (Furt) verlassen wir den breiten Fahrweg und steigen über Wiesen auf zu einem Waldgürtel. Bei der nächsten Weggabelung rechts (Holzschild) und erst noch kräftig steigend, dann querend zur Antretteralm (1102 m). Nun auf der Sandstraße unter dem Mitterberg hindurch zur **Schuhbräualm 02** (1139 m), einer beliebten Einkehr.

Auf markierter Spur über den steinigen Wiesenhang zur Rampoldalm (1245 m), dann weiter steigend gegen die **Rampoldplatte 03** (1422 m), die man wahlweise rechts umgehen oder überschreiten kann. Der Weiterweg leitet über die Lechnerschneid in die Nordflanke der Hochsalwand. Drahtseile helfen durch eine felsige Rinne auf den Grat; links durch Latschengassen kurz zum Gipfelkreuz der **Hochsalwand 04** (1625 m) mit Prachtblick zum Wendelstein und die Trasse der Zahnradbahn in der Soinwand.

Der Zwischenabstieg folgt dem lang gestreckten Verbindungsgrat zur Haidwand westwärts und mündet dann auf die **Reindleralm 05** (1429 m). An der Wegspinne gleich dahinter heißt es nochmals: hinauf! Der Weg steigt steil an in das steinige Kar zwischen Wendelstein und Soinwand, tangiert dabei die Zeller Scharte (1611 m). Knapp unterhalb der Bahnstation zweigt rechts der Gipfelrundweg ab. Er leitet in die Nordflanke und zuletzt in ein paar Kehren zur Aussichtsplattform am **Wendelstein 06** (1838 m).

Südseitig auf dem asphaltierten, mit Geländern versehenen Serpentinensteig hinunter zum **Wendelsteinhaus 07** (1740 m). Von der Seilbahnstation im

Total verbaut: der Gipfel des Wendelsteins.

Zickzack (Holzstufen) bergab zu einer Weggabelung. Hier rechts und im Bogen weiter absteigend um die Westabstürze des Wendelsteins herum. Wir ignorieren die Abzweigung zur Durhamer Alm und folgen dem Weg Richtung Reindleralm noch gut 300 Meter weit. Dann links und parallel zur Weißen Wand in vielen Kehren hinunter ins innerste Jenbachtal. Der Fußweg mündet in einen breiten Güterweg, schließlich in die Talstraße. Auf ihr zurück zum **Parkplatz 01**, allerdings nicht, ohne im Garten der Wirtsalm (889 m) auf die tolle Tour anzustoßen.

KAMPENWAND • 1669 m

Die bequeme Variante auf den Chiemgauer Hausberg

  6,5 km 3:45 h 209 hm 1049 hm 10

START | Hohenaschau, Kampenwand-Bergstation.
[GPS (Talstation): UTM Zone 33 x: 299.600 m y: 5.293.700 m]
CHARAKTER | Der Gipfelanstieg auf die Kampenwand ist kurz, aber steil und felsig und anspruchsvoll, ansonsten schöne Wander- und Fahrwege.

Nahe der Bergstation lädt die Sonnenalm zur Einkehr ein.

Sicherlich der auffälligste Berggipfel der Chiemgauer Alpen ist der gezackte Felskamm der Kampenwand, der von fast allen Seiten als leicht erkennbarer Orientierungspunkt bei der Gipfelbestimmung dient.

▶ Von der **Bergstation 01** der Kampenwandbahn halten wir uns nach Norden und folgen den Markierungen zur Steinlingalm. Auf einem gut angelegten Wanderweg schlendern wir gemütlich den aussichtsreichen Weg hinüber.

Vorbei am Turm des Staffelsteins zur Linken und der zackigen Kampenwandspitzen zur Rechten geht es ohne Schwierigkeiten fast eben zur aussichtsreichen und vielbesuchten **Steinlingalm 02**. Nach einem kehrenreichen steilen Anstieg gelangen wir zu den Felsen und folgen den Markierungen durch die sog. Kaisersäle, eine beeindruckende Felslandschaft. Über eine drahtseilgesicherte Passage und zuletzt über eine Eisenbrücke gelangen wir schließlich zum riesigen Gipfelkreuz der **Kampenwand 03**.

Der Abstieg zur **Steinlingalm 02** verläuft auf dem Anstiegsweg und dann weiter auf dem Fahrweg, in Richtung **Schlechtenberger Alm 04** und **Gorialm 05**. Dann rechts über den Reitweg am Lifthäuschen vorbei und weiter auf dem Fahrweg in vielen Kehren durch Wald und über Wiesen nach unten. Pfadspuren zeigen uns Abkürzungsmöglichkeiten über die Skipisten an, so dass man auch bei gemütlichem Abwärtswandern in weniger als 2 Std. am Parkplatz bei der **Talstation 06** eintrifft.

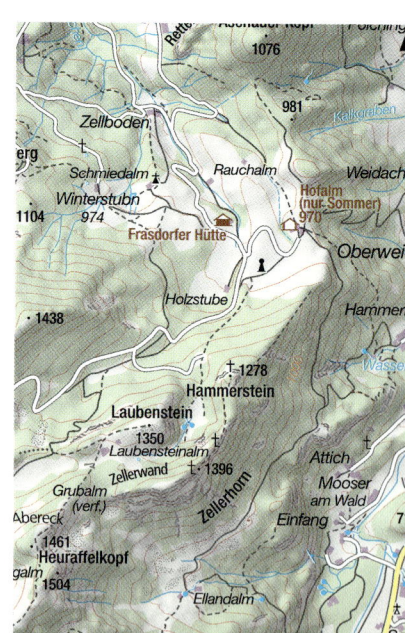

Das mächtige und weithin sichtbare Kampenwand-Gipfelkreuz.

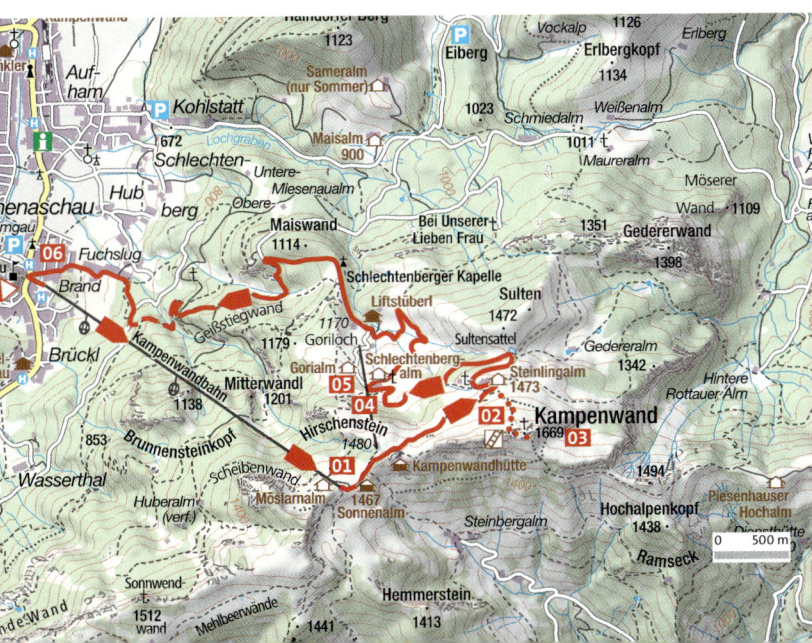

34 RUDERSBURG • 1434 m

Genussvolle Wanderung mit keckem Gipfelanstieg

  9 km  4:45 h  790 hm  790 hm 10

START | Ettenhausen, Talstation der Geigelsteinbahn (Parkplatz). [GPS: UTM Zone 33 x: 303.360 m y: 5.286.710 m]
CHARAKTER | Anfangs Forststraße, dann Pfad durch Wald und über Almgelände; im oberen Teil steiler und im Gipfelbereich felsiger – bei Nässe rutschig.

Blick über die Karalm zur Rudersburg.

Die Rudersburg, genau auf der Landesgrenze zwischen Deutschland und Österreich liegend, schließt das Geigelsteinmassiv nach Südosten ab und zeigt sich als kleine, aber felsige Gipfelgestalt.

▶ Wir starten vom großen Parkplatz bei der **Talstation** 01 der Geigelsteinbahn in Ettenhausen und wandern auf der breiten Forststraße los, die leicht ansteigend nach rechts in den Wald führt. Bei einem großen freien Platz führt ein Pfad etwas steiler geradeaus und wir folgen der Markierung Rudersburg, bis wir freies Almgelände erreichen. Das hier am Boden liegende Grenzschild symbolisiert die heute lockere Grenzsituation.

Kurz danach ist die Verzweigung zur Karalm (40 Min.) und zum Breitenstein (1:30 Std.) ausgeschildert und der **Fahrweg** 02 endet hier. Wir halten uns links (Rudersburg Mark. 88), überqueren eine etwas sumpfige Passage auf Holzbohlen, durchschreiten nur mäßig steigend eine freie Wiesenmulde und steigen am gegenüberliegenden Ende deutlich steiler und kehrenreich durch Latschen an.

Von hier aus ist links oben die Rudersburg sehr gut zu erkennen. Kurz vor Ende dieser Steilpassage nochmals eine Abzweigung (nach rechts via Breitenstein über die Karalm), die wir ignorieren. Wir gelangen auf eine Art Sattel (mit Blick zum Kaiser), stoßen auf den von Kössen hochkommenden Weg und schwenken nach links.

Durch den Wald wieder steiler ansteigend, teils ist der Wegverlauf schlecht zu erkennen, zu einem weiteren Flachstück im Wald und dann das letzte steilere und felsige Stück zum Gipfel der **Rudersburg** 03 hinauf. Der **Abstieg** verläuft über den Aufstiegsweg.

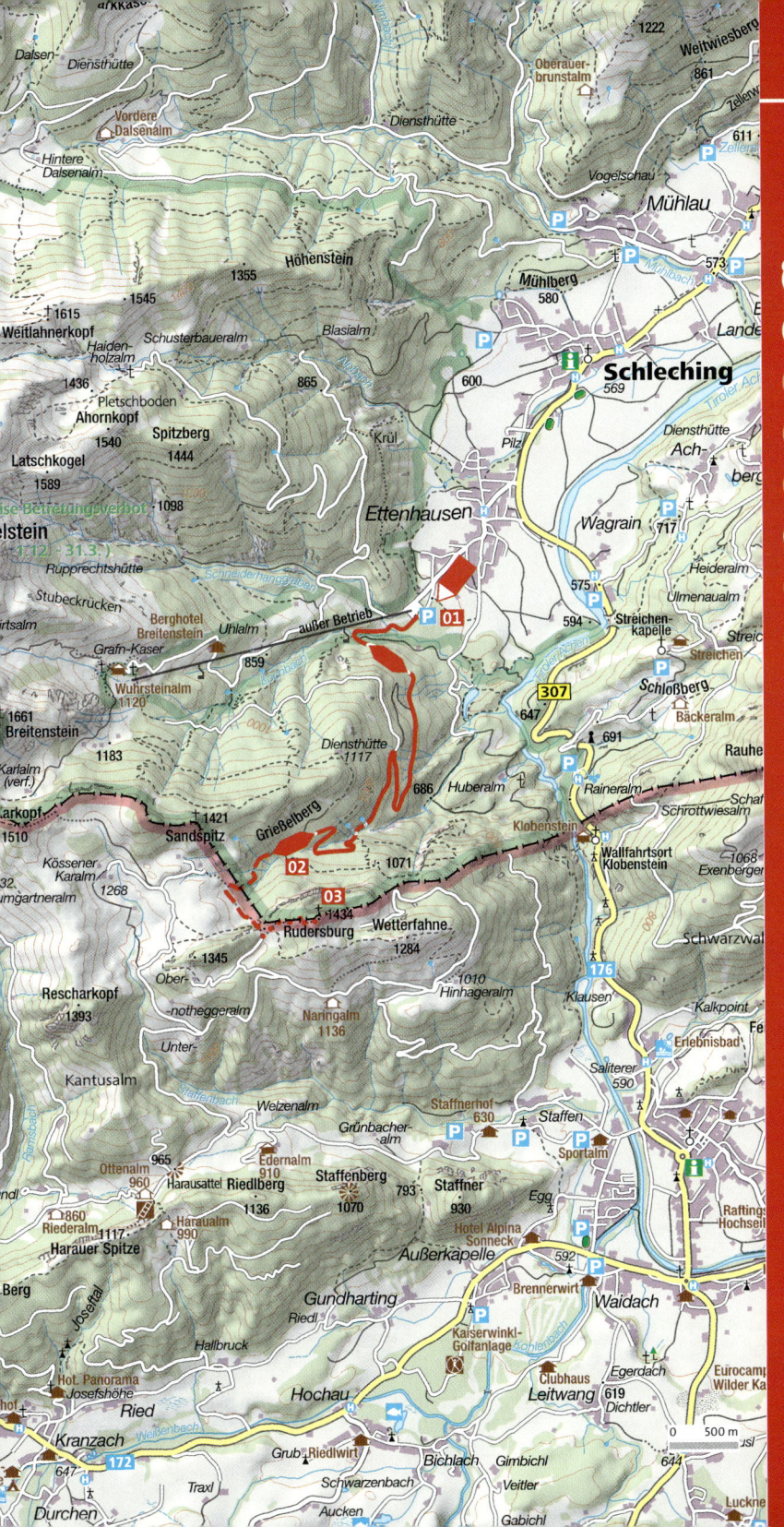

35 HAUSBACHFALL-KLETTERSTEIG

Der erste TÜV-geprüfte Klettersteig Deutschlands

  2,5 km  2:00 h 215 hm 215 hm 14

START | Reit im Winkl, Parkplatz bei der Festhalle, Tiroler Straße.
[GPS: UTM Zone 33 x: 309.800 m y: 5.283.390 m]
CHARAKTER | Schnell erreichbarer, kurzer und gut versicherter Klettersteig in der Hausbachschlucht mit interessanten Brücken- und Stegvarianten; viele Querungen, die etwas Kraft erfordern; schöner Abstiegsweg, der Einsicht in den Klettersteig bietet.

Die Einstiegsleiter zum Hausbachfall-Klettersteig.

Der 2013 eingerichtete, durchgängig gesicherte Klettersteig in unmittelbarer Nähe von Reit i.W. hat sich durch seinen kurzen Zustieg und seine überschaubare Länge zu einem echten Einsteigerziel für Klettersteiggeher entwickelt. Allerdings ist daran zu denken, dass der Routenverlauf durch die Nähe zum Wasserfall in der Hausbachschlucht bei Nässe und nach Regentagen entsprechend feuchte und rutschige Stellen aufweist.

▶ Vom Parkplatz bei der **Festhalle** **01** überqueren wir die Tiroler Straße und folgen der Markierung Richtung Hausbachklamm/Klettersteig. Wir halten uns rechts, wandern auf einem schmalen Fußweg an einem Bachlauf entlang (Ahornstraße), zunächst zwischen den Häusern hindurch. Nach dem Minigolfplatz biegen wir links ab in die Birnbacher Straße und schwenken beim Hotel Klausner rechts in den Seerosenweg.

Nach dem **Haus Seerose** **02** endet der Asphalt, wir marschieren auf einem Kiesweg durch den Barfußpark zur links oben sichtbaren Kriegergedächtniskapelle und einer Infotafel zum Klettersteig. Von hier hat man einen herrlichen Blick über Reit im Winkl. Vor der Kapelle geht es auf einem Fußpfad leicht abwärts und über eine Holzbrücke hinab zum **Einstieg** **03** in den Klettersteig. Über einen steilen Grashang gelangen wir zu den ersten Versicherungen, dann folgt die erste Eisenleiter. Wer die Anfangsmeter problemlos bewältigt, darf sich auf eine abwechslungsreiche Klettersteigtour freuen, mit etlichen ausgesetzten Traversen, Leitern und interessanten Steg- und Brückenkonstruktionen (Holzbalken, Seilbrücke...) und einer herrlichen Aussicht hinab nach Reit i.W. und zu den Wasserfällen in der Hausbachschlucht.

Über einen Balkensteg, oberhalb vom Wasserfall, erreichen wir den **Ausstieg 04** und steigen über einen schönen Wanderweg ab; anfangs sind noch etliche Stellen mit Treppenstufen und einem Drahtseil versehen. Der aussichtsreiche Fußweg – man hat ständig einen grandiosen Blick hinüber zum Verlauf des Klettersteigs und kann die einzelnen Stellen recht gut einsehen – bringt uns wieder hinab zur **Kriegergedächtniskapelle 05**. Über den Hinweg gelangen wir zurück nach Reit i.W. und zum Ausgangspunkt bei der **Festhalle 01**.

GURNWANDKOPF • 1691 m, HÖRNDLWAND • 1684 m

Über die Branderalm und durch das Ostertal

 11 km 6:00 h 1005 hm 1005 hm 14

START | Seehaus.
[GPS: UTM Zone 33 x: 321.650 m y: 5.286.960 m]
CHARAKTER | Der Weg durch das Ostertal kann heikle Passagen aufweisen, der Gipfelanstieg zur Hörndlwand ist felsig.

▶ Wir starten in **Seehaus** 01 und wandern am Ende des Parkplatzes auf der Forststraße in den Wald hinein. Wir folgen den weit ausholenden Kehren bergan und ignorieren die Abzweigung zum Wanderpfad Nr. 46, den wir später beim Abstieg benützen. So erreichen wir bequem die **Branderalm** 02, wo wir uns für den weiteren Aufstieg stärken können.

Bis zur nächsten Wegverzweigung Hörndlalm/Branderalm geht es im Wald steiler bergan, dann führt der Pfad zu Felsen, umrundet diese und in einer Linksquerung erreichen wir das sich steil nach oben ziehende Ostertal.

Bis weit ins Frühjahr weist das von den steilen Felsabbrüchen der Hörndlwand flankierte Ostertal noch tückische und steile Altschneefelder auf, die gequert werden müssen. Über etliche Kehren und mühselige Steilstufen gelangen wir unter die Felsen der Hörndlwand und dann weiter hoch auf das Hochplateau, das sich unterhalb der Hörndlwand und des Gurnwandkopfes erstreckt.

Wir steigen hoch, bis rechts die Abzweigung zur Gratscharte zwischen den beiden Gipfeln weist. Über die Scharte erreichen wir nach links den Gipfel des **Gurnwandkopfes** 03 und wieder zurück und dann nach rechts den Gipfel der **Hörndlwand** 04.

Der **Abstieg** verläuft über den Anstiegsweg. Nach der Branderalm kürzen wir mit Weg Nr. 46 ab.

Abstiegsvariante

Vom Gipfel der Hörndlwand führt ein direkter Abstiegsweg durch die Latschen sehr steil hinab ins Ostertal, wobei am Schluss eine steile Felsstufe abzuklettern ist, die etwas Geschicklichkeit verlangt. (Ungeübte nehmen besser den Normalweg zurück zur Scharte.)

Gipfelkreuz-Parade auf der Hörndlwand.

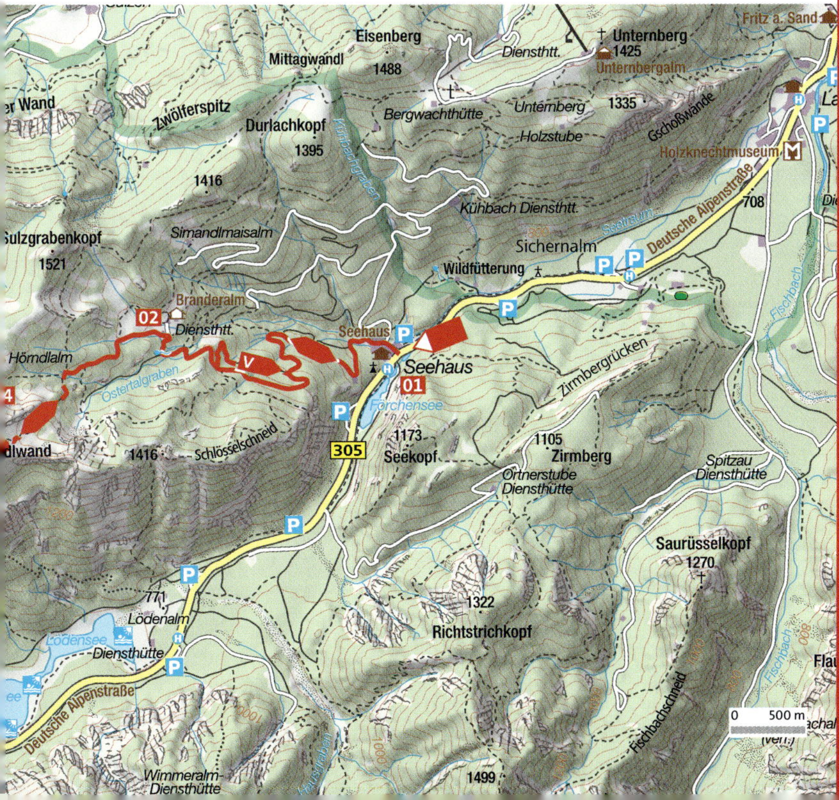

HERRENCHIEMSEE

Auf der Herreninsel, der größten Chiemsee-Insel

 15,5 km 4:45 h 31 hm 31 hm 10

START | Prien/Stock, Parkplatz der Chiemseeschifffahrt.
[GPS: UTM Zone 33 x: 344.015 m y: 5.274.244 m]
CHARAKTER | Leichter Spaziergang auf sehr guten Sandstraßen, immer wieder Ausblicke über den See; im Süden Steilküste. Leider hört man den Lärm der Autobahn.

Schloss Herrenchiemsee.

▶ Wir beginnen unseren Spaziergang auf der Herreninsel am Hauptsteg der **Anlegestelle** 01, wenden uns nach links und haben gleich einen sehr schönen Blick auf die Fraueninsel, eingerahmt von Laubbäumen. Rechts über uns steht das alte Schloss mit seinen Gartenanlagen. Bald kommen wir in den Waldbereich der Insel; eine breite, sehr gute Sandstraße.

Nach kurzer Zeit passieren wir die Allee der historischen Schlossauffahrt. Bäume überdachen unseren Wanderweg, wir gehen wie in einem Tunnel. Sein Ende kündigt sich an durch die spiegelnde, glitzernde Seeoberfläche vor uns. Wir erreichen „**Pauls Ruh**" 02 und damit einen Logenplatz für einen Blick auf die Chiemgauer Berge.

Der Rundweg biegt hier nach Westen ab und führt stetig bergauf. Schließlich wandern wir an einer Steilküste entlang. Am Ostende der Insel angekommen betreten wir „**Ottos Ruh**" 03. Der Platz befindet sich hoch über dem Seespiegel und bietet einen schönen Ausblick auf die Südwestseite des Sees.

Anschließend folgen wir dem Weg ins Innere der Insel. Es geht etwas bergab und bald fällt uns zu unserer Rechten ein Wall auf. Auf einem Pfosten wird er als keltische **Ringwallanlage** 04 bezeichnet. Ein kurzes Stück noch durch den Wald und dann bemerken wir eine Allee. Wir haben jetzt die Anlagen des Schlossparks erreicht.

Es besteht die Möglichkeit, entlang des großen Kanals in Richtung See zu schlendern oder zum **Schloss Herrenchiemsee** 05 und dort im Café einzukehren.

Setzen wir unseren Weg fort, wandern wir durch landwirtschaftlich genutztes Gelände auf das **Alte Schloss** 06 zu und schließen damit unsere Runde ab.

Wer wohnt denn im Königsschloss?

Im Dachstuhl des „neuen" Schlosses haben sich 15 verschiedene Arten von Fledermäusen angesiedelt. Ausführliche Informationen dazu liefert eine interessante Ausstellung. Die Fledermäuse können sogar beobachtet werden, da die installierten Kameras Bilder der Tiere liefern.

„Ottos Ruh", ein Rastplatz, der einen sehr schönen Ausblick bietet.

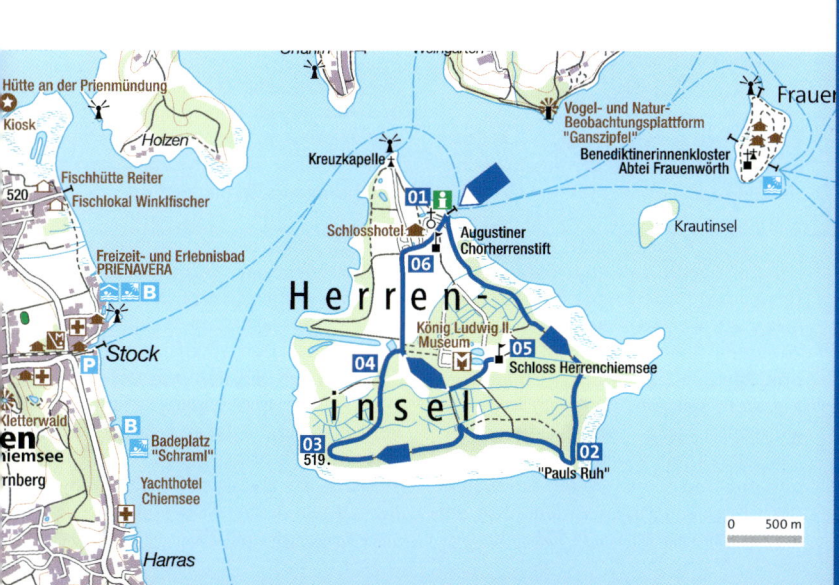

DÖTZENKOPF • 1001 m

Eine kleine, aber feine Aussichtswanderung

  8,25 km 2:45 h  656 hm  656 hm 14

START | Bad Reichenhall, Festplatz/Gasthaus Schießstätte.
[GPS: UTM Zone 33 x: 340.560 m y: 5.286.960 m]
CHARAKTER | Gut angelegter und teilweise versicherter Steig, etliche Holzleitern, Brücken und Drahtseile. Bei Nässe nicht zu empfehlen, da einige steilere Waldpassagen.

Die Bildstöcklkapelle.

▶ Wir folgen am Festplatz beim **Gasthaus Schießstätte** 01 der Beschilderung „Dötzenkopf".

Ein breiter Kiesweg führt schattig am Waldrand hoch und bringt uns zum Aussichtspunkt **Stadtkanzel** 02. Ein paar Meter weiter passieren wir die Wegverzweigung, die links zum Wanderzentrum Bayrisch Gmain ausgeschildert ist (unserem späteren Rückweg). Wir steigen weiter rechts hoch, teils über steilere Kehren, bis wir nach einer Rechtsquerung und einem großen Linksbogen über einen schattigen Waldpfad zu der kleinen **Bildstöcklkapelle** 03 gelangen.

Schöne Aussicht zum Staufen hinüber. Kurz zurück zur Verzweigung und weiter Richtung **Türmereck**, das wir über teils steilere Kehren (Eisengeländer) und eine Rechtstraverse auf schmalem Pfad erreichen. Blick hinauf zur Bergstation der Predigtstuhlbahn und hinunter zum Saalachsee.

Oberhalb der Aussichtsstelle folgen wir dem Pfad und wandern meist der Hangkante entlang mit Tiefblick nach Bad Reichenhall. Wir queren felsige Rinnen, wo der Weg durch Hangrutsche teils etwas abschüssig, aber mit Eisenbrücken und Drahtseilen ausreichend gesichert ist.

Einen Felssporn umgehend sehen wir dann den Dötzenkopf links vorne. Nachdem wir eine Rinne gequert haben, sehen wir von einem Aussichtspunkt, wie sich der Weiterweg elegant hinüber zum **Dötzenkopf** 04 schlängelt.

Der **Abstieg** verläuft zunächst sehr steil und kehrenreich über wurzelige Stufen und Felsabsätze, bis bei einer Flachpassage links hoch die kleine Hochfläche des **Wappachkopfs** 05 markiert ist.

Es geht weiter bergab und nach einem großen Linksbogen erreichen wir das Waldende. Wir stoßen auf Asphalt und eine Verzweigung, die rechts zum Wanderzentrum und links zum Dötzenkopf weist. Über den Schanzenweg und den **Wappachweg** 06 gehen wir am Bach entlang Richtung Bad Reichenhall und nehmen kurz nach einer Holzbrücke die Abzweigung links zum Bildstöckl. Bei der **Stadtkanzel** treffen wir wieder auf den Anstiegsweg und steigen ab zum **Ausgangspunkt** 01.

Der Dötzenkopf, ein herrlicher Aussichtsberg.

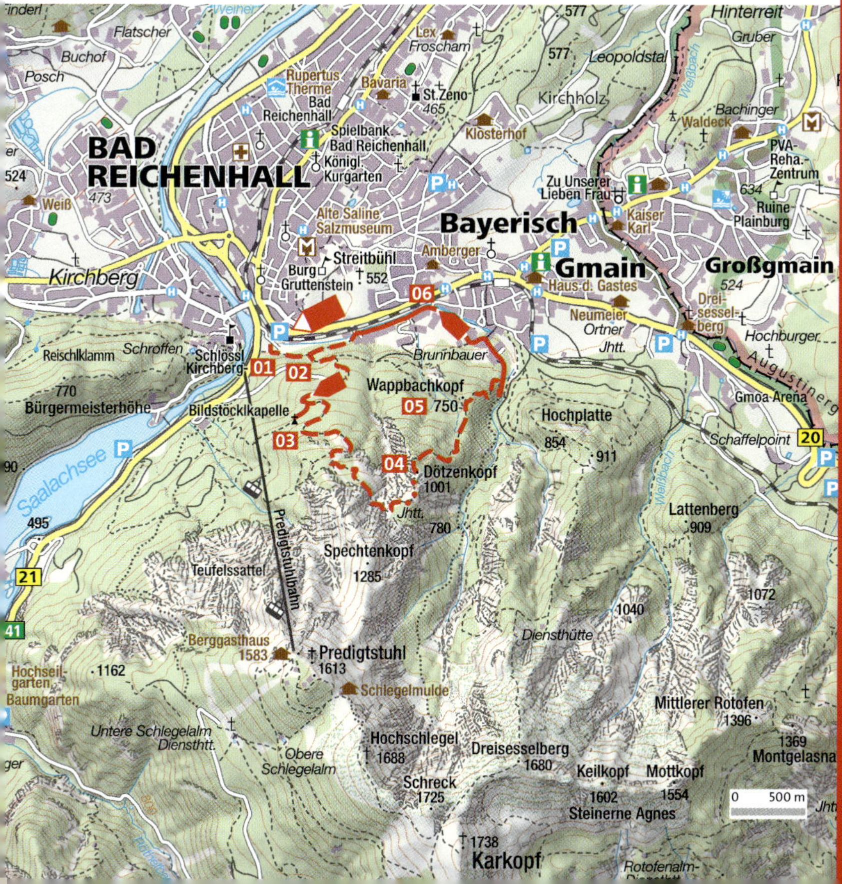

TONI-LENZ-HÜTTE • 1450 m

Zur größten erschlossenen Eishöhle Deutschlands

 11 km 5:15 h 1090 hm 1090 hm 14

START | Marktschellenberg/Paßthurm, Parkplatz neben der Straße.
[GPS: UTM Zone 33 x: 352.880 m y: 5.285.420 m]
CHARAKTER | Schön angelegter, fast gleichmäßig steiler Steig, mit felsigen Passagen; für den Eishöhlenbesuch empfiehlt sich warme Kleidung.

Toni-Lenz-Hütte.

Schellenberger Eishöhle

Höhlenforscher bezeichnen die Schellenberger Eishöhle als statisch bewetterte Sackhöhle. Sie ist luftdicht nach unten abgeschlossen und hat den Eingang oben. Die kalte Luft sinkt nach unten und bleibt als Kaltluftsee stehen. Mit jedem Schritt abwärts wird es kälter, bis man unten bei 0° C auf einer 30 cm dicken Eisschicht steht. Eindrucksvolle Eishallen und bizarre Eisgebilde sind zu bestaunen.

▶ Wir starten in **Paßthurm** 01 auf Asphalt, dann – gleich ziemlich steil – auf Kies, folgen den Hinweisschildern zur Toni-Lenz-Hütte und dem schattigen Waldpfad, bis man nach etwa anderthalb Stunden wieder freie Sicht gewinnt.

Der jetzt sonnige Pfad ist felsiger und steiler, aber auch erheblich aussichtsreicher und führt uns zur 1450 m hochgelegenen **Toni-Lenz-Hütte** 02, dem oft stark frequentierten Ausgangspunkt für Besucher der **Eishöhle** 03 (20 Min. zum Sammelplatz, jede volle Stunde Führung bis gegen 17 Uhr).

Auf dem Weg zum Sammelplatz passieren wir bei der Verzweigung mit dem Weiterweg zur Mittagscharte links, bei einem kleinen Eisenkreuz, einen wunderschönen Aussichtspunkt.

Wem der Eishöhlenbesuch zu wenig, der Weiterweg über den Salzburger Hochthron zum Geiereck (Talfahrt mit der Untersbergbahn möglich) aber zu weit ist, sollte sich wenigstens einen kleinen Ausflug über den **Thomas-Eder-Steig** zur **Mittagsscharte** leisten.

Ein gut angelegter, mit Drahtseilen und Holztreppen versicherter Steig führt teilweise am Fels entlang und teilweise im Berg steil nach oben.

Es ist immer ausreichend hell, manchmal etwas feucht und (bei Gegenverkehr) eng. Dieser von der Eishöhle aus etwa 45-minütige Abstecher lohnt in jedem Fall.

Der **Rückweg** verläuft über den bereits bekannten Anstiegsweg.

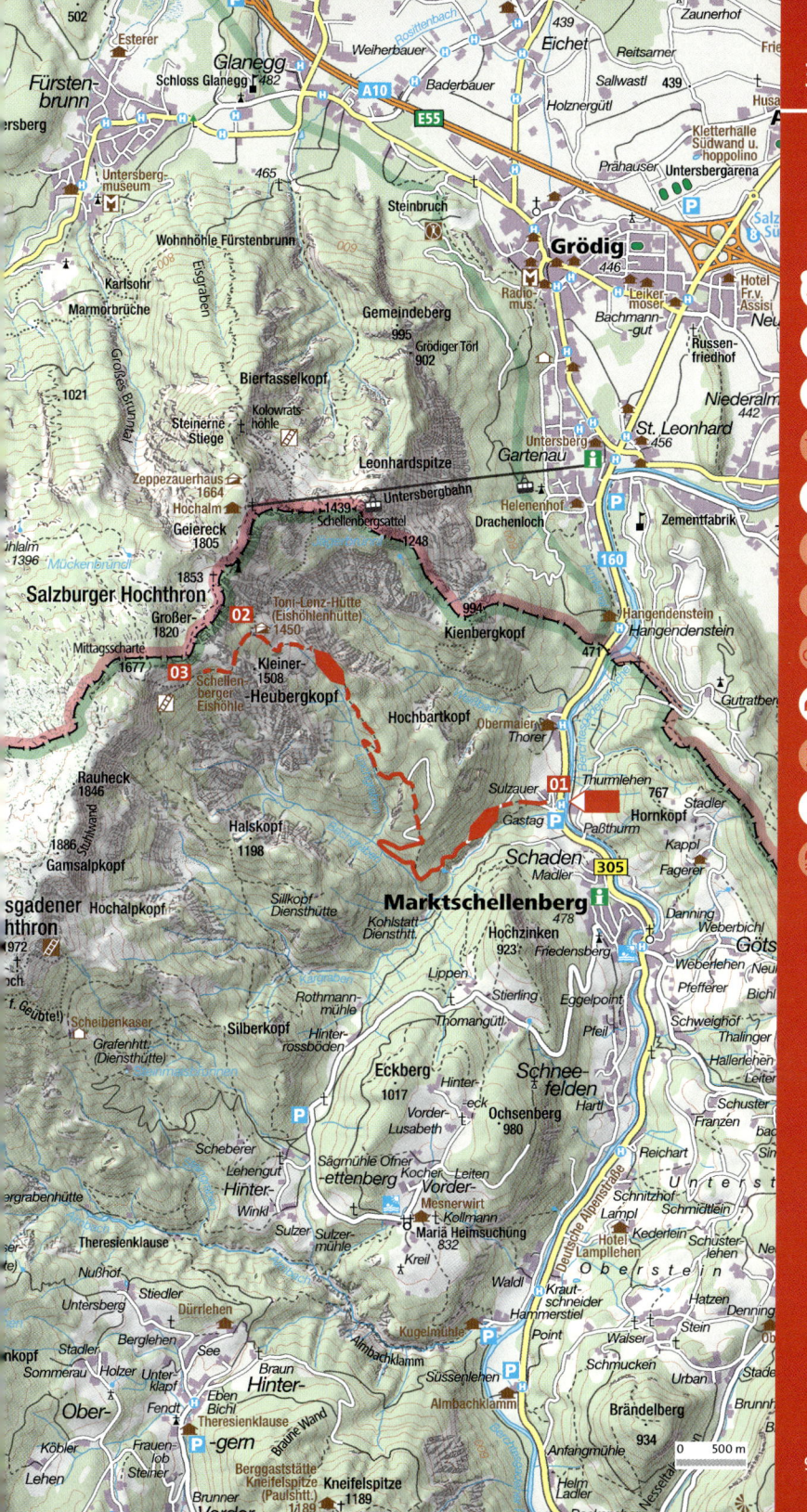

HOCHECK • 2651 m, WATZMANN-MITTELSPITZE • 2713 m

Am höchsten Grat in den Berchtesgadener Alpen

 7 km 5:00 h 805 hm 805 hm 14

START | Watzmannhaus (in 6,5 Stunden von Ramsau aus zu erwandern).
[GPS: UTM Zone 33 x: 344.610 m y: 5.270.720 m]
CHARAKTER | Bis zum Hocheck guter Bergsteig mit drahtseilversicherten Stellen im Schlussbereich. Zur Mittelspitze sehr ausgesetzte und luftige Gratkletterei (Drahtseile und Tritthilfen). Schwindelfreiheit und Trittsicherheit werden vorausgesetzt.

Der felsige Watzmanngrat verlangt schon etwas alpine Erfahrung.

Ein landschaftlich beeindruckendes und großartiges Unternehmen auf Deutschlands zweithöchstem Grat. Dank der Nähe des Watzmannhauses und der angebrachten Drahtseilsicherungen bleibt der höchste Punkt des berühmten Watzmanns aber auch dem normalen Berggeher nicht verschlossen.

▶ Vom **Watzmannhaus 01** geht es auf einem gut markierten, von der Hütte aus sichtbaren Weg in weiten Spitzkehren nach oben. Wenn sich der breite Bergrücken verengt wird der Weg schmaler und steiler und bringt uns über Schrofen zur ersten drahtseilversicherten Stelle. Künstlich angelegte Felsstufen erleichtern uns den Aufstieg. Beeindruckend die Tiefblicke ins Watzmannkar. Unschwierig folgen wir dem Gratverlauf und erreichen nach rund 2 Stunden die kleine, offene Unterstandshütte am **Hocheck 02**. Nun zuerst über eine schmale Stelle hinab, dann folgen wir den Markierungen auf der Grathöhe oder etwas unterhalb in der Westseite des Gratkammes. Mehrere ausgesetzte, aber durchwegs gut gesicherte Auf- und Abstiege bringen uns der **Mittelspitze 03** des Watzmanns näher. Das Gipfelkreuz erreichen wir schlussendlich über ein steiler ansteigendes, mit künstlichen Stufen versehenes Plattenband. Die Rundumsicht von diesem höchsten Berchtesgadener Aussichtspunkt aus ist faszinierend. Hochkalter, Hochkönig, Zugspitze und die Gletscher des Alpenhauptkammes präsentieren sich unseren Blicken. Wir genießen daher lieber diese Aussicht, anstatt die Gratwanderung zur nur 1 m niedrigeren Südspitze fortzusetzen; die uns hin und zurück zudem rund 2 1/2 Stunden kosten würde. Der Abstieg von dort über das Wimbachgries ist äußerst lang, mühsam und infolge von Orientierungsproblemen gerade im oberen Bereich nicht ungefährlich.

Abstieg: Wir steigen vom Mittelgipfel auf dem Anstiegsweg ab.

Das Gebirgsmassiv des Watzmanns ist wohl eines der am besten bekannten Motive der Berchtesgadener Alpen.

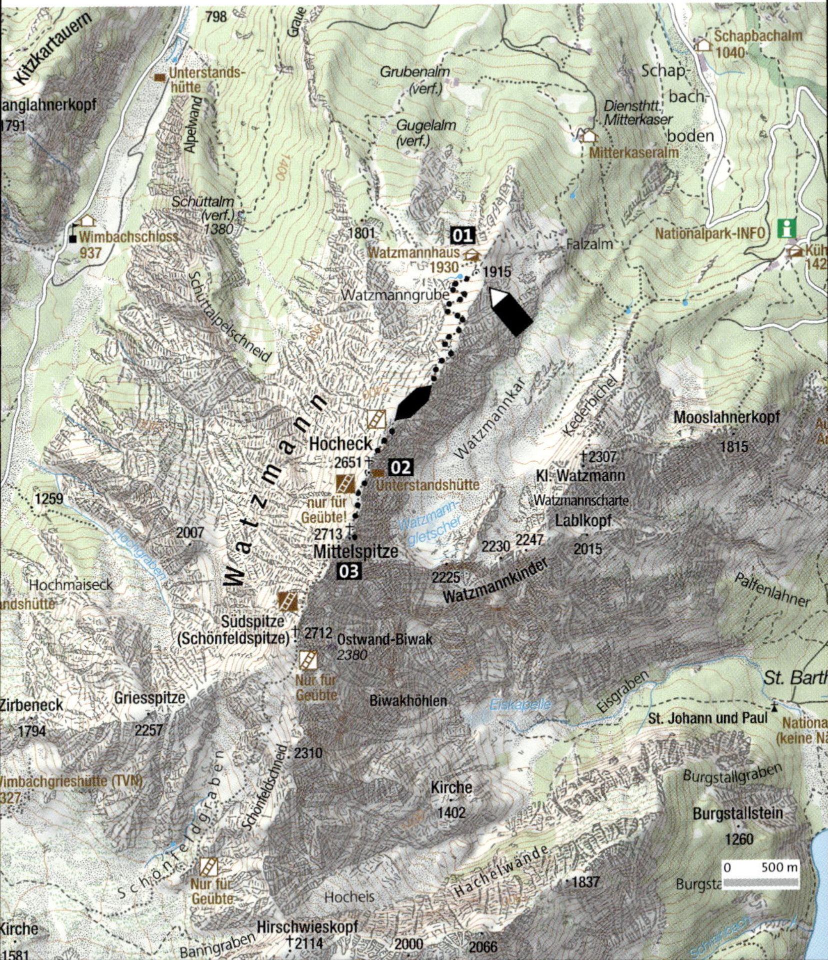

SCHÜTZENSTEIG

Klettersteigspaß am Kleinen Jenner

  1,5 km 1:45 h 232 hm 232 hm 794

START | Jenner Bergstation.
[GPS: UTM Zone 33 x: 351.450 m y: 5.271.080 m]
CHARAKTER | Kurzer und eher leichter Klettersteig, mit schnellem Zustieg; Helmpflicht und Klettersteigausrüstung.

Exponierte Stelle am Schützensteig.

Der leicht erreichbare, kurze und sehr gut gesicherte Schützensteig ist ideal für Einsteiger und auch für Kinder. Die Sicherungen sind für kleine Körpergrößen ausgerichtet und die Schwierigkeiten des seit Mai 2015 bestehenden Klettersteigs insgesamt eher mäßig.

▶ Von der **Jenner Bergstation** 01 (1802 m) steigen wir auf dem breiten Teerweg und über Treppenstufen bergab zu einer Verzweigung. Nach links ist der Schützensteig ausgeschildert. Weiter auf dem asphaltierten Weg, unter dem Lift hindurch, der von der Mitterkaseralm hochkommt. Der Asphaltweg geht in einen Kiesweg über, und nach links, beim **Startplatz** 02 (1680 m) der Gleitschirmflieger, ist der Zustieg zum Klettersteig markiert. Ein schmaler Pfad führt leicht bergab zu einer Sitzbank unterhalb des mit einem Kreuz versehenen Gipfel des Kleinen Jenners. Hier ist der Ausstieg des Schützensteigs.

Wir steigen auf einem schmalen Waldpfad in Serpentinen bergab, folgen der Beschilderung, passieren den Notausstieg und erreichen schließlich eine Infotafel am **Einstieg** 03 (1570 m) des Klettersteigs. Steil bergab folgt mit dem „Wampenschreck" eine enge und ausgesetzte Stelle, anschließend können Mutige mit der „Flying Fox" ein paar Meter über dem Abgrund baumeln. Wer sich das nicht zutraut, kann diese Stelle auch umgehen. Nach Überqueren der „Hängebrücke" geht es links hoch zum Notausstieg. Der Weiterweg führt gut gesichert an ausgesetzten Wandstellen vorbei zu steilen Holzstufen, luftigen Pfeilerstellen und schließlich zum Aufschwung am felsigen Gipfelgrat. Eine ausgesetzte Ruhebank, das „Bürgermeister-Bankerl", bietet knapp unter dem Gipfelkreuz des Kleinen Jenners eine fantastische, wenn auch etwas schwindlige Aussicht hinab zum Königssee und rechts hinüber zu den Berchtesgadener und Chiemgauer Bergen.

Über den Gipfel steigen wir am Drahtseil ab zur Sitzbank und über den Zustiegspfad wieder hoch zum Kiesweg, der uns an den Gleitschirmfliegern vorbei zurück zur **Jenner Bergstation** 01 führt.

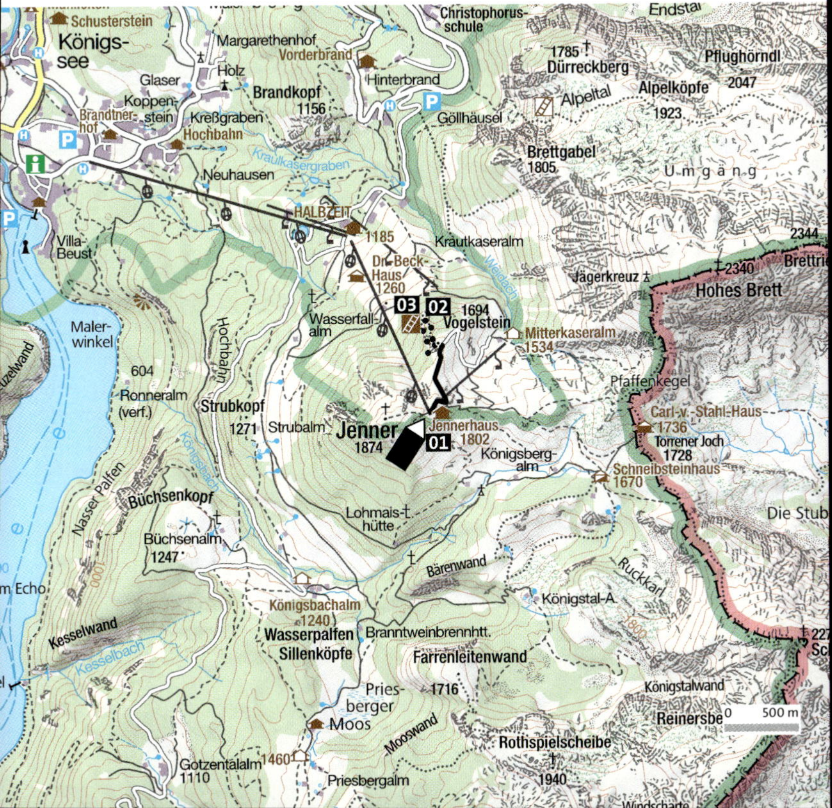

42 EIDENBERGER LUSENGIPFEL • 733 m

Auf dem Bärnlochrundweg und dem Otto-Able-Steig um den Lusen

5,8 km • 2:00 h • 262 hm • 262 hm • 198

START | Eidenberg, Wanderparkplatz am östlichen Ortsrand. [GPS: UTM Zone 33 x: 409.640 m y: 5.379.590 m]

CHARAKTER | Uferpfad und Waldwege, im Bereich des Eidenberger Lusen teilweise etwas steiler und wurzelig; kurze Asphaltpassage bei Monigottsöd.

Gipfelkreuz auf dem Eidenberger Lusen.

▶ Wir starten vom **Wanderparkplatz 01** in Eidenberg, hier endet der Asphalt und wir folgen dem Bärnlochrundweg mit der roten 1 über aussichtsreiches, freies Gelände in Richtung Wald. Bald hört man rechts unten den Osterbach rauschen und wir wandern abwärts, stoßen auf einen Pfad, den schmalen Bärnlochweg. Bei der nächsten Verzweigung folgen wir dem linken Pfad, der über einen Holzsteg führt. Kurz darauf stoßen wir wieder auf einen breiteren Kiesweg, der am Bach entlang verläuft, verlassen ihn aber bald wieder nach rechts, auf einen schmaleren, weichen Waldpfad. Kurz darauf, bei einer Wegteilung, bleiben wir bei einem kleinen Wasserfall (rote 1 am Baum) rechts, und erreichen die Infotafel zur Hinteren oder auch Juliussägemühle. An einer Unterstandshütte vorbei gelangen wir zu einem schönen Rastplatz mit Bank, direkt am Wasser; dann geht es ein paar Meter hoch und weiter auf einem kurvigen Wurzelpfad, der sich etwas oberhalb vom Bach durch den Wald schlängelt. Links oberhalb verläuft der breitere Kiesweg, auf den wir bald wieder stoßen und dem wir, leicht ansteigend, nach rechts folgen.

Wir kommen ans Waldende, passieren ein schönes Marterl, und wandern leicht ansteigend zu einer kreuzenden Asphaltstraße hoch. Rechts die Häuser von **Monigottsöd 02**. Wir folgen links dem weiter ansteigenden Asphaltsträßchen zu einer freien, aussichtsreichen Kuppe mit einem kleinen Parkplatz. Hier ist neben der roten 1 auch der Otto-Able-Steig ausgeschildert, dem wir links hoch zum Waldrand folgen. Es wird etwas steiler und der Weg führt nach einer deutlichen Linkskehre in Kurven zu einer Kuppe hoch, fällt dann leicht ab zu einer 1972/73 erbauten **Holzkapelle 03**.

Wir biegen rechts ab, vorbei an einem Stein mit Infotafel (zum Andenken an Otto Able), und steigen auf steiler und wurzeliger werdendem Pfad durch den Wald hoch zum Gipfel des **Eidenberger Lusen 04**. Das Gipfelkreuz stammt aus dem Turm der Wegscheider Pfarrkirche, die 1969 abgerissen werden musste.

Zurück zur **Kapelle 03** und rechts der Nr. 1 folgend, zunächst wieder leicht ansteigend, über eine Kuppe, und dann abwärts, mit stellenweise steileren Passagen, Kurz vor dem Waldende stoßen wir noch auf einen interessanten aus einem Baumstumpf gehauenen Holzstuhl.

Der Nr. 1 folgend gehts weiter abwärts, bis vor uns das Dorf auftaucht und Asphalt beginnt. Wir stoßen bei den Häusern auf die Autostraße, schwenken leicht abwärtsgehend nach links, und biegen bei der kleinen Kapelle erneut links ab, dem Schild nach zu unserem **Wanderparkplatz 01**.

Die kleine Kapelle unterhalb vom Eidenberger Lusen.

43 FREUDENSEE – STAFFELBERG • 789 m

Aussichtsreicher Naturerlebnispfad um Hauzenberg

 10 km  3:15 h 482 hm 482 hm 198

START | Hauzenberg, Parkplatz (Juliane-Ruck-Straße)
[GPS: UTM Zone 33 x: 398.640 m y: 5.389.420 m]
CHARAKTER | Natur- und Waldpfade mit steilerem Anstieg zum und teils weglosem Abstieg vom Staffelberg, asphaltierte Abschnitte im Ortsbereich Hauzenberg.

▶ Vom **Parkplatz** 01 gehen wir über die Pfarrstraße und die Marktstraße zur Ortsmitte, passieren das Rathaus, den barocken Marienbrunnen vor der Kirche, schwenken rechts durch einen Durchgang in die Straße Am Rathaus und gelangen über die Schulstraße und eine Unterführung in die Eckmühlstraße. Leicht abwärts wandern wir am Schulzentrum vorbei und folgen der Beschilderung Adalbert-Stifter-Halle rechts in die Straße Eckmühle. Nach dem Ortsendeschild biegen wir mit dem Schild Wanderweg 10 nach links ab Richtung Freudensee. Wir verlassen den Asphalt, überqueren einen kleinen Bach und stoßen auf eine Infotafel, die uns kundtut, dass wir uns auf dem **Naturerlebnispfad** 02 am Staffelbach befinden. Über einen Steg überqueren wir den Bachlauf, und es geht leicht ansteigend nach links den Wald hoch. Nach einem kurzen Asphaltstück taucht links ein eingezäunter See auf, wenige Meter später überqueren wir auf einer Brücke die Autostraße und schwenken abwärtsgehend nach rechts zum **Freudensee** 03 hinab.

Nach dem Hotel Seehof knicken wir rechts ab, unterqueren die Straße durch einen Röhrentunnel, und über eine kleine Brücke geht es auf freies Feld. Auf der nächsten kreuzenden Straße kurz links, und beim Ortsteilschild **Staffenöd** 04 wieder rechts am Waldrand entlang ansteigend der Nr. 10 folgen. Oberhalb der Häuser halten wir uns links und gelangen aussichtsreich, aber ordentlich ansteigend zum Waldrand, wo der Asphalt endet. Weiter, teils recht steil, erreichen wir nach einer deutlichen Rechtskehre bei einer Wegverzweigung den hölzernen Aussichtsturm und das Gipfelkreuz auf dem **Staffelberg** 05.

Unterhalb vom Turm führt ein schmaler Waldpfad in einem großen Linksbogen bergab, der sich über den gerodeten Waldhang auch abkürzen lässt. Nach der Waldschneise stoßen wir auf den Weg, gehen ein paar Meter links, um dann weiter nach rechts durch den Wald abzusteigen. Unten stoßen wir nach einem Rechtsbogen auf die **Schröckstraße** 06. Nach einem Pferdegestüt und kurz bevor es wieder in den Wald geht knicken wir scharf links ab, gehen abwärts an einer kleinen **Kapelle** 07 vorbei, überqueren den Staffelbach und halten uns links, am Bachlauf entlang. Das zunächst gekieste Weglein geht in Asphalt über, wir verlassen es nach links hinab zu einem kleinen Wehr, passieren Holzskulpturen und den **Seerosenteich** 08, bevor wir wieder auf eine Asphaltstraße treffen. Auf dem Gehweg neben der Stadionstraße wandern wir hoch zum Fußballplatz und scharf links. Über den steil ansteigenden Hopfgartenweg gelangen wir in die Bräugasse, schwenken rechts, kommen zur Vorfahrtsstraße und gehen links zur Straßenkreuzung, wo wir auf den Hinweg stoßen und nach wenigen Metern zurück am **Parkplatz** 01 sind.

Am Freudensee.

Auf dem Staffelberg.

44 KAROLIKAPELLE – SAUSSBACHKLAMM

Kapellentour rund um Waldkirchen

  8 km 2:15 h  292 hm  292 hm 198

START | Waldkirchen, Parkplatz beim Badepark.
[GPS: UTM Zone 33 x: 397.260 m y: 5.397.510 m]
CHARAKTER | Abwechslungsreich auf Wald- und Uferwegen sowie auf asphaltierten Gehwegen und Nebenstraßen.

Die schön gelegene Karolikapelle.

▶ Vom **Parkplatz** 01 beim Badepark folgen wir der Beschilderung Karolikapelle und Saußbachklamm 1, wandern auf der Asphaltstraße (Hauzenberger Straße) leicht abwärts, um nach ein paar Minuten links abzubiegen (Karolipark). Vorbei an einer faszinierenden Installation (eine Art Kristallvorhang) steigen wir auf Kies leicht an zur oben bereits sichtbaren **Karolikapelle** 02. Vor der um 1663 erbauten Kapelle knicken wir rechts ab, folgen dem Gartenschauweg 5 durch lichte, hohe Bäume nahe am Waldrand. Bei der Abzweigung zur Zwieselholzkapelle nach links, hier bleiben wir rechts auf dem unmarkierten Weg. An einer Lichtung vorbei stoßen wir auf einen kreuzenden Weg, halten uns leicht abwärtsgehend links und kommen auf dem breiten Waldweg zur Autostraße (Normannstraße) und einem Parkplatz. In der Straßenkurve biegen wir rechts ab (Saußbachklamm). Über eine Holzbrücke überqueren wir den Saußbach, schwenken sofort rechts auf einen schmalen Kiesweg.

Wir passieren eine Wehranlage, folgen weiter dem jetzt wurzeligen, felsigen Uferpfad, der sich am mit Steinen bestückten Bachlauf entlangschlängelt. Vorbei an der Brücke, die rechts zur direkt am anderen Ufer liegenden **Haller Alm** 03 (Juni bis September Fr.–So. geöffnet) hinüberführt. Kurz nach der nächsten Brücke taucht links der Karlsbrunnen auf, wir bleiben auf dem schönen felsigen Pfad, der dann etwas weicher und breiter wird, und nach einer weiteren Brücke, die wir ignorieren, erreichen wir zuletzt leicht ansteigend das Waldende, stoßen abwärtsgehend auf eine Asphaltstraße und schwenken nach rechts zur **Saußmühle** 04 (heute ein Bioladen).

Nach den Häusern rechts haltend am Waldrand entlang hoch, stoßen wir erneut auf eine Asphaltstraße und folgen ihr rechts. Am Seniorenheim und am Krankenhaus vorbei geht es auf asphaltiertem Gehweg leicht ansteigend zum **Museum Goldener Steig** 05.

Eingang zum Museum Goldener Steig in Waldkirchen.

Über den Marktplatz mit seinen interessanten Steinfiguren (der Radabweiser, der ewige Hochzeiter, der Säumer) durchqueren wir das sehenswerte Zentrum von Waldkirchen, treffen bei der **Magdalenenkapelle 06** auf die kreuzende Bahnhofstraße und biegen rechts ab in die Kapellenstraße.

Am Busbahnhof vorbei passieren wir bei der Abzweigung Marktmühlenweg nochmals eine kleine Kapelle und wandern auf abwärtsführendem gepflasterten Weg rechts in den Ratzinger Weg. Das schmale Asphaltsträßchen bringt uns bergab, über einen kleinen Bachlauf, wird breiter und steigt wieder an. Vorbei an der Polizeistation erreichen wir die Bannholzstraße, folgen ihr rechts, biegen dann rechts in die Jahnstraße ab und gehen abwärts Richtung Kurpark. Vor dem Schulzentrum halten wir uns links und wandern aufwärts auf der Schulstraße hoch zur Jandelsbrunner Straße. Wir überqueren sie, passieren die **Lourdeskapelle 07** auf der anderen Straßenseite, durchqueren den Kletterwald und folgen dem ansteigenden Kiesweg durch den Wald hoch. Über eine freie Hochfläche und einen kreuzenden Weg geht's wieder in Wald und linkshaltend zur **Karolikapelle 02**.

Auf dem Anstiegsweg wieder hinab zur Hauzenberger Straße und rechts hinauf zum **Parkplatz 01** am Badepark.

45 SCHROTTENBAUMMÜHLE – SCHLOSS FÜRSTENECK

Flusswanderung entlang der Oberen Ilz

 7 km 2:00 h 180 hm 180 hm 198

START | Schrottenbaummühle, Gasthaus, Campingplatz, Parkplatz.
[GPS: UTM Zone 33 x: 385.190 m y: 5.399.030 m]
CHARAKTER | Bequeme Uferwege und Waldpfade ohne große Höhenunterschiede.

Der Aumühlener Steg über die Ilz.

▶ Vom **Parkplatz** der **Schrottenbaummühle** 01 folgen wir dem Triftsteigschild nach links, überqueren die Fahrstraße vor der Ilzbrücke und bleiben links von der Ilz. Der breite Waldweg verläuft durch lichten, hochstämmigen Wald mal mehr, mal weniger dicht am Ufer der rechts plätschernden Ilz entlang. Nach einer knappen Dreiviertelstunde passieren wir die nächste Ilzbrücke (den **Poststeg** 02) und sind kurz darauf an der Einmündung der Wolfsteiner Ohe in die Ilz.

Wir halten uns links, an der Wolfsteiner Ohe und schönen Felsen vorbei. Auch die erste Abzweigung links, in der Rechtskurve von Bachlauf und Weg, in Richtung Schloss Fürsteneck, ignorieren wir und gehen weiter am Ufer entlang. Kurz nach der nächsten Abzweigung gelangen wir zu einem Holzsteg, rechts über die Wolfsteiner Ohe, den **Aumühlener Steg** 03.

Wir machen einen kleinen Abstecher hinüber zur **Aumühle** 04, überqueren nochmals einen Steg und kehren dann zurück zum **Aumühlener Steg** 03. Ein paar Meter links auf dem Hinweg zurück, dann biegen wir rechts auf den markierten Pfad Richtung Schloss Fürsteneck. Wir stoßen auf einen von links kommenden Pfad, halten uns rechts, überqueren einen kreuzenden Weg und wandern weiter auf dem Pfad zum **Schloss Fürsteneck** 05 hoch. Wir treffen auf einen schönen Picknickplatz, unmittelbar rechts neben dem Schlosseingang. Die Schlossgaststätte ist nicht nur eine willkommene Einkehrstätte, sondern fungiert auch als rühriger Event-Ort mit Hochzeiten, Tagungen, Spukgeister-Dinner und anderen Veranstaltungen.

Alternativ kann man vom Aumühlener Steg auch nach rechts geradeaus weitergehen, leicht ansteigend zu ei-

Eingang zum Schloss Fürsteneck.

nem Gebäude hoch und am Waldrand entlang. In einer scharfen Linkskehre knicken wir dann ab und gelangen auf einem Pfad ebenfalls hoch zum Schloss Fürsteneck. Vom Schloss gehen wir zunächst auf dem Hinweg zurück, überqueren wieder den ersten kreuzenden Weg, biegen dann aber bei der nächsten Wegverzweigung nicht links ab, sondern verlassen den Hinweg und wandern geradeaus. Wenig später erreichen wir unten wieder den Hinweg direkt am Ufer der Wolfsteiner Ohe. Nach dem Zusammenfluss von Ohe und Ilz gelangen wir zum **Poststeg 02**, überqueren die Ilz und anschließend einen kleinen Zulauf. Wir halten uns rechts, passieren eine kleine Unterstandshütte und wandern auf einem festen, breiten Naturweg. Vorbei an einem Steinbrunnen und der Abzweigung nach Ilzrettenbach kommen wir zu einer Infotafel, die uns über die Steinbrüche im Ilztal informiert.

Nach einem Picknickplatz, rechts unten direkt am Wasser, ist wenig später die Ilzbrücke erreicht, über die wir nach rechts auf den Hinweg stoßen. Kurz darauf sind wir wieder am **Parkplatz** der **Schrottenbaummühle 01**.

46 DREISESSELBERG/HOCHSTEIN • 1333 m

Zu den markanten Granitfelsen beim Dreisesselberghaus

  10,5 km 3:30 h 530 hm  530 hm 198

START | Frauenberg, Wanderparkplatz an der Ewigkeitsstraße, bei der Wasserscheide Elbe/Donau.
[GPS: UTM Zone 33 x: 408.810 m y: 5.404.950 m]
CHARAKTER | Forstwege und Waldpfade, mit steileren und steinig-wurzeligen Abschnitten vor dem Hochstein; im Bereich Frauenberg verkehrsarme Asphaltsträßchen.

Berggasthof Dreisessel – links der Dreisessel-Gipfelfelsen.

▶ Vom **Wanderparkplatz** 01 in Frauenberg, bei einem Stein, der die Wasserscheide Elbe/Donau markiert, wandern wir auf dem Gehweg an der St 2130 entlang kurz links, biegen dann rechts ab (Schild Loipenzentrum) und gelangen über einen schottrigen Waldweg zu einem Asphaltsträßchen, dem wir rechts leicht ansteigend folgen. Vorbei an der Jugendherberge bleiben wir auf der kurvigen Kanalstraße, biegen bei der nächsten kreuzenden Asphaltstraße links ab und verlassen diese kurze Zeit später nach rechts (Schild Dreisessel). Der Naturweg führt über die St 2130 und wir folgen weiter dem zunächst breiten, dann schmäler werdenden ansteigenden Forstweg durch den Wald hoch. Wir überqueren mehrere kreuzende Forstwege, dann passieren wir auf dem recht aussichtslosen Waldweg einen großen Felsklotz, überqueren ein Asphaltsträßchen und es geht auf zunächst breitem Kiesweg flach weiter. Aber Achtung! Kurz nach einer Linkskehre biegen wir rechts ab (Dreisessel) auf einen schmaleren Waldweg, der wieder ansteigt und ziemlich steinig wird. Geradeaus hoch und nach einem deutlichen Rechtsschwenk öffnet sich der Blick und der wurzelige Weg bringt uns zu einer beschilderten Verzweigung: Geradeaus hoch ist der lange Winterwanderweg zur Dreisesselalm, nach rechts der kurze Wanderweg über die Skipiste zur Dreisesselalm markiert. Geradeaus hoch, mit toller Aussicht über die niedrigen Tännchen, sehen wir wenig später das Gipfelkreuz. Über etliche Steinstufen gelangen wir hoch zum imposanten, geländergesicherten Aussichtspunkt am **Hochstein** 02 mit Orientierungstafel und Fernrohraussicht (nach Böhmen, Bayern und Österreich).

Wir überqueren das ebene Gipfelplateau auf einem angelegten Gipfelweg an mehreren interessanten Felsklippen vorbei, und stehen bald vor dem **Berggasthof Dreisessel** 03. Auch hier ist direkt neben der Gaststätte ein felsiger Aussichtspunkt mit Fernrohr.

Spektakuläre Felsformation auf dem Dreisesselberg.

Wir folgen dem asphaltierten Sträßchen bergab, machen eine Rechtskurve und gelangen zum ausgeschilderten Parkplatz. Vorbei an einem großen **Stein** 04 mit einem Adalbert-Stifter-Porträt und einer Tafel-Inschrift wandern wir auf dem Sträßchen abwärts, bis kurz vor einer Rechtskurve nach links ein Forstweg in den Wald hinein abzweigt (Richtung Frauenberg, Winterwanderweg). Zunächst leicht, dann stärker abfallend macht der Weg einen deutlichen Rechtsknick, wir überqueren mehrere Forstwege, es wird flacher und wir münden in einen Fahrweg ein. Vorbei an einem Spielplatz, ab hier wieder auf Asphalt, tauchen bald die ersten Häuser auf und wir stoßen auf die Vorfahrtsstraße. Wir halten uns rechts, passieren das Landhaus Frauenberg und wandern sachte abwärts zum bereits sichtbaren **Wanderparkplatz** 01.

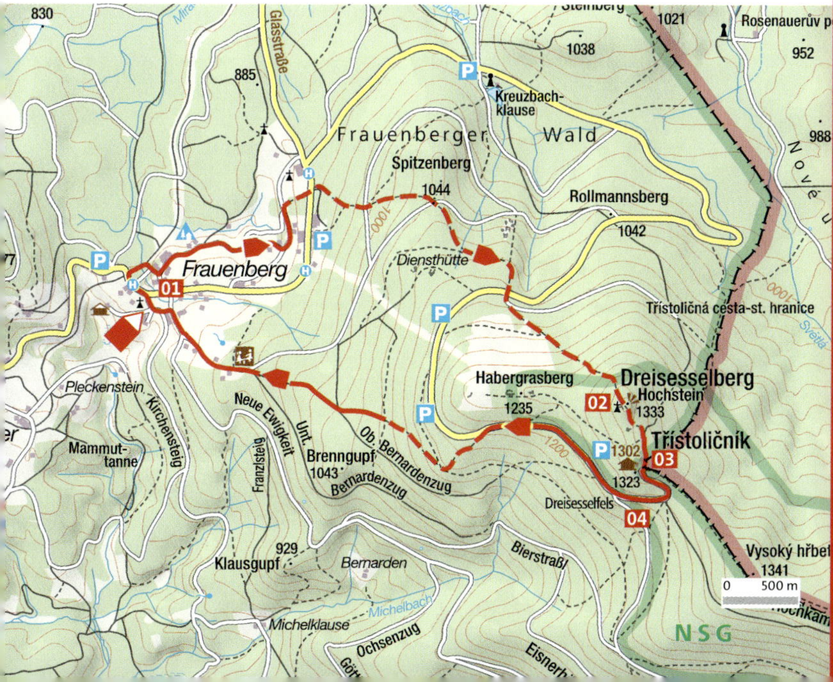

47 WILDBACHKLAMM BUCHBERGER LEITE – RUINE NEUBUCHBERG

Abwechslungsreich zwischen Wildwasser, Burgruine und Kapellen

  8,75 km 2:45 h  304 hm 304 hm 198

START | Parkplatz in der Grafenauer Straße, Ortseingang von Ringelai.
[GPS: UTM Zone 33 x: 387.720 m y: 5.408.100 m]
CHARAKTER | Felsig-wurzeliger Pfad entlang der Ohe, anschließend verkehrsarme Asphaltsträßchen sowie Wald- und Feldwege; steilerer, stellenweise etwas ausgesetzter Waldpfad zur Ruine Neubuchberg hoch.

▶ Vom **Parkplatz** in **Ringelai** **01** gehen wir rechts die Grafenauer Straße entlang, biegen rechts in den Kranzlweg ab, folgen dann links der Dorfstraße, bis wir am Ortsende links, leicht ansteigend, in den Leithenweg schwenken. Nach den letzten Häusern taucht rechts unten die Ohe auf, wir bleiben bei einer Verzweigung geradeaus („Buchberger Leite über Hängebrücke"), passieren ein Damwildgehege links und verlassen das Sträßchen in einer scharfen Linkskehre. Auf einem schmalen Waldweg tauchen wir in den Wald ein, es wird wurzeliger und felsiger, und bald wandern wir an einem Holzgeländer wenig oberhalb vom Bachlauf. Es geht stellenweise recht eng zwischen Felsenblöcken hindurch auf die **Hängebrücke** **02** zu. Auf der anderen Uferseite halten wir uns links und folgen weiter der Ohe auf einem felsig-wurzeligen Uferpfad. Der Weg wird stellenweise weicher, verläuft in leichtem Auf und Ab, wir verlassen kurzzeitig die Ohe etwas nach rechts und stoßen dann – zuletzt ein Stück aufwärtsgehend – auf die Gebäude des **Karbidwerkes** **03** und auf Asphalt.

Scharf links durch eine Unterführung unter den Gebäuden hindurch überqueren wir die Ohe auf einer Brücke und steigen das 27 % steile Asphaltsträßchen an. Schon vor dem ersten Haus machen wir rechts einen Abstecher zu den spärlichen, vom Wald überwucherten Ruinen

Die Hängebrücke über die Ohe.

In der Wildbachklamm Buchberger Leite.

von **Burg Neubuchberg** 04, die um 1390 erbaut, aber bereits im 17. Jahrhundert verfallen ist. Dieser Stichweg führt recht steil, anfangs an einem Geländer entlang am Waldhang hoch und ist stellenweise auch etwas ausgesetzt.

Zurück zur steilen Asphaltstraße gelangen wir rechts nach wenigen Schritten zum ersten Haus und machen einen zweiten Abstecher zur nahen **Erasmus-Kapelle** 05. Anschließend geht es auf der Straße weiter hoch, es wird flacher, an der nächsten Verzweigung halten wir uns links, folgen der Markierung Ringelai über Wolfersreut und erreichen das Ortsschild von **Buchberg** 06. Zunächst leicht abwärts, dann nach einer erneuten Linkskurve wieder bergauf, gelangen wir nach Bucheck, passieren eine kleine Kapelle und biegen beim letzten Haus rechts ab, verlassen den Asphalt, umrunden das Gebäude und folgen scharf links einem Feldweg über Wiesen in Richtung Wald. Nach einem letzten Waldstück stoßen wir abwärtsgehend auf die Autostraße und wandern links weiter bergab nach **Wolfersreut** 07.

Gegenüber vom Gasthaus Monika (mit Biergarten) bei einer kleinen Kapelle und einer Infotafel zum Naturpark biegen wir scharf links ab, durchqueren den Ort und kurven auf dem schmalen Asphaltsträßchen leicht abwärtsgehend durch Wiesen und Waldstücke bis zu den ersten Häusern von Ringelai. In der Lusenstraße wandern wir weiter leicht abwärts, stoßen nach einer Rechtskehre beim Hotel Groß auf die Grafenauer Straße, halten uns rechts und sind nach wenigen Schritten zurück am **Parkplatz** in **Ringelai** 01.

48 GROSSER RACHEL • 1452 m – RACHELSEE

Auf den zweithöchsten Gipfel des Bayerischen Waldes

 11,5 km 4:00 h 650 hm 650 hm 198

START | Wanderparkplatz Gfäll; zwischen 8 bis 18 Uhr nur mit dem Igelbus halbstündlich ab P+R-Parkplatz Spiegelau erreichbar. [GPS: UTM Zone 33 x: 381.010 m y: 5.424.360 m]
CHARAKTER | Breite Forstwege, im Gipfelbereich des Rachel und im Abstieg zur Rachelkapelle felsiger Steig.

Auf dem Großen Rachel.

▶ Vom **Wanderparkplatz Gfäll 01** folgen wir dem Auerhahnweg Richtung Waldschmidthaus, der gleich hinter dem Parkplatz auf breitem Kiesforstweg kontinuierlich ansteigt. In großen Kehren, zunächst recht aussichtslos, wandern wir im hochstämmigen Wald hoch, vorbei am Schustermarterl; stoßen auf die Einmündung des Klingenbrunner Rachelsteigs und stehen kurz darauf vor dem **Waldschmidthaus 02**. Eine Viertelstunde später haben wir über einen felsigen Steig das Gipfelkreuz und eine Hütte auf dem Gipfelplateau des **Großen Rachel 03** erreicht.

Neben der Diensthütte geht es links auf einem als „steiler Abstieg" angeschriebenen, felsigen Steig bergab. Nach dem ersten Steilhang folgt ein flacheres Stück, dann wird es nochmals ordentlich steil, über teils hohe Felsstufen führt der wurzelige Pfad durch Latschen zu einer Verzweigung hinab. Nach rechts ist Gfäll über Rachelkapelle, geradeaus der Rachelsee markiert. Wir folgen rechts dem Auerhahnweg und sind in wenigen Minuten bei der herrlich gelegenen kleinen **Rachelkapelle 04**, die einen wunderbaren Blick zum Rachelsee hinab bietet. Wir folgen dem flachen, steinigen Pfad, der vor der Kapelle weg nach links verläuft und gelangen kurz darauf auf den zum Rachelsee beschilderten Weg. Nach einem Holzbrunnen fällt der Weg wieder leicht ab, und nach einer Viertelstunde stoßen wir auf die Abzweigung rechts Richtung Felskanzel, Racheldiensthütte. Wir bleiben rechts und folgen weiter der Auerhahnmarkierung, passieren kurz darauf die Schutzhütte Rachelsee, halten uns bei der nächsten Verzweigung wieder rechts und gelangen nach ein paar Schritten zum idyllisch gelegenen **Rachelsee** 05.

Wieder zurück zur letzten Verzweigung gehen wir dann geradeaus mit der Auerhahnmarkierung Richtung Gfäll. Nach wenigen Metern überqueren wir den Seebach und wandern auf dem breiten, leicht abwärtsführenden Forstfahrweg, bis wir ihn nach rechts verlassen („Gfäll") und folgen einem sehr steinigen Waldweg, der zunächst leicht aufwärts in den Wald hineinführt (Auerhahn-Markierung). Der Weg wird flacher und zieht sich am mäßig geneigten Waldhang entlang. Wir passieren die **Schutzhütte Feistenberg** 06 und wandern weiter geradeaus auf dem stetig leicht abfallenden recht breiten Waldweg, der uns direkt zum **Wanderparkplatz Gfäll** 01 zurückführt.

Blick von der Rachelkapelle hinab zum Rachelsee.

49 MAUTH – GROSSE KANZEL

Zwischen Felswandergebiet und Steinbachtal

8,5 km 2:15 h 308 hm 308 hm 198

START | Mauth, Parkplatz Jägerstraßl; alternativ großer Parkplatz in der Reschbachstraße, kurz nach der Brücke über den Reschbach, oberhalb vom Badesee Mauth.
[GPS: UTM Zone 33 x: 395.600 m y: 5.415.860 m]
CHARAKTER | Forstwege und teils steile Waldpfade mit stellenweise felsigen Passagen, steile Steinstufen im Anstieg zur Kanzel (bei Nässe Vorsicht!), der Rückweg ab der Steinbachklause verläuft auf einem schönen Fußpfad entlang des Steinbachs.

Der felsige Gipfelkopf der Großen Kanzel.

▶ Vom Park- und Rastplatz **Jägerstraßl** 01 biegen wir am oberen Ende links vom Asphalt ab, und steigen auf einem Pfad in den Wald hoch. Wir überqueren eine Forstkiesstraße, es geht ordentlich steil hoch, wir kreuzen erneut einen Forstweg und folgen der Markierung Eisvogel. Nach einem flacheren Stück fällt der Weg ganz leicht ab und der schmale Waldpfad bringt uns zu den ersten Felsen. Anschließend geht es über Steinstufen sehr steil bergab. Wir halten uns bei einem kleinen Marterl mit den Markierungen Große Kanzel und dem Eisvogel links und biegen ein paar Meter später rechts ab, geradeaus führt der Weg weiter nach Glashütte. Der flach gewordene Weg steigt nun wieder kontinuierlich an, mit sonnigen und schattigen Abschnitten, bis wir unterhalb von großen Felsen auf eine nicht markierte Abzweigung stoßen. Eine steiler Aufstieg über felsige Stufen führt links hoch zum Kreuz auf der **Großen Kanzel** 02.

Zurück auf dem Hauptweg gehen wir links weiter, passieren eine weitere, markierte Abzweigung zur Großen Kanzel hoch, und wandern flach, dann sachte abwärts zu einer Verzweigung. Nach links ist das Felswandergebiet ausgeschildert, nach rechts die Sagwassersäge, Seefilz und die Steinbachklause. Wir schwenken nach rechts und erreichen eine Viertelstunde später bei einer großen Infotafel die Pos. **Seefilz** 03.

Auf schmalem Pfad kurven wir nach rechts durch hochstämmigen Wald zunächst nur leicht, dann spürbarer berg-

Der herrlich angelegte Badesee Mauth.

ab, überqueren einen geländerlosen Steg und anschließend eine breite Kiesforststraße. Der Weg wird dann wurzeliger und felsiger und fällt in engen Kehren nochmals stärker ab. Wir stoßen auf einen kleinen See und gelangen über eine Holzbrücke zur Schutzhütte **Steinbachklause** 04.

Vor der Hütte schwenken wir nach rechts und folgen dem Eisvogel- und dem Goldsteig-Zeichen auf einem schmalen fast ebenen Weg, rechts begleitet uns der plätschernde Steinbach. Nach teils sonnigen, teils schattigen Abschnitten überqueren wir das Bächlein, es folgen feuchte Wegstellen, die mit Bohlen ausgelegt sind, und wenige Minuten später erreichen wir die Pos. **Steinbach** 05. Hier ist nach links, über eine Brücke, der Siebensteinkopf und das Obere Reschbachtal markiert. Wir gehen rechts, weiter am Bachlauf entlang, Richtung Mauth (Goldsteig-Zeichen), nähern uns einer Autostraße, die man kurz links durch die Bäume sehen kann, und folgen dem breiter werdenden Weg, bis wir auf eine Asphaltstraße stoßen. Linkshaltend wandern wir ein paar Meter auf Asphalt abwärts und stoßen auf den Jägerstraßl-Brunnen rechts und den Park- und Rastplatz **Jägerstraßl** 01 links der Straße.

Wenn wir bis zur Vorfahrtsstraße abwärtsgehen, links abbiegen und über eine Brücke und vorbei am schön angelegten Badesee Mauth ein kurzes Stück entlang der Straße ansteigen, erreichen wir ebenfalls einen (großen) Parkplatz.

50 NATIONALPARKZENTRUM LUSEN

Erlebniswandern auf dem Tierfreigelände-Rundweg

 8,25 km 2:30 h 222 hm 222 hm 198

START | Großer Parkplatz beim Nationalparkzentrum; an der Kreuzung. [GPS: UTM Zone 33 x: 389.250 m y: 5.416.580 m]
CHARAKTER | Einfache, kinderwagen- und rollstuhltaugliche Wanderwege, die ganzjährig frei zugänglich sind; für Hunde gibt es Sperrzonen!

Der mächtige Wisent beeindruckt – und der starke Zaun beruhigt!

▶ Vom **Parkplatz** 01 beim **Hans-Eisenmann-Haus** und der Infostelle des Nationalparks folgen wir dem Tierfreigelände-Rundweg mit der Markierung „Hirsch/Luchs/Auerhahn" leicht abwärts durch hochstämmigen Wald. Nach wenigen Metern teilt sich der Weg, nach links ist der Rundweg über einen Bohlensteg ausgeschildert, geradeaus ist der Weg mit dem Tannensymbol markiert. Beide Wege vereinen sich wieder. Wir halten uns links, kommen zu einer Infotafel und machen kurz darauf links einen Abstecher zur Station **Auerhahn** 02. Vorbei an einer Station, in denen Kolkraben hausen, erreichen wir links vom Weg eine Holzbohlenplattform mit Blick zum **Biberteich**. Der Weg steigt leicht an, knickt dann links ab, wir passieren die Station **Kletterkünstler** 03 (Eichhörnchen, Marder) und kommen zum **Elchgehege**. Wir schwenken nach links, gehen durch eine überdachte Holzbrücke und der wieder leicht ansteigende Weg schlängelt sich durch hochstämmigen Wald und bringt uns zur Station **Greifvögel** und gleich anschließend können wir einen **Braunbären** 04 bei seiner Siesta bewundern.

Am Ende des weitläufigen Bärengeheges geht es in Kurven leicht abwärts zur Station **Käuze** 05 und zum für Hunde gesperrten Hirschgelände. Bei der Station **Rothirsch** 06 leicht aufwärts erreichen wir den Scheitelpunkt; links passieren wir die Abzweigung Richtung Spiegelau und Fredenbrücke; unser Rundweg geht nach rechts weiter, hier ist auch das Felswandergebiet ausgeschildert.

Bei der Station **Fischotter** 07 kann man durch Glasscheiben unter die Was-

Baumwipfelpfad

Der rund 1,3 km lange und bis zu 44 m hohe Baumwipfelpfad bietet ungewöhnliche Perspektiven und verschafft ganz neue Eindrücke in und über den Bayerischen Wald. Er startet direkt am Parkplatz, beim Hans-Eisenmann-Haus, in dem die informative Dauerausstellung „Wege in die Natur – eine Geschichte von Wald und Menschen" besucht werden kann. Eine spezielle „Kinderlinie" mit elf kindgerechten Hörstationen machen den Rundgang zu einem Erlebnis für die ganze Familie.

seroberfläche schauen, dann geht es weiter zu den **Wildschweinen** 08, denen man außergewöhnlich nahe kommen kann. Nach dem **Wildkatzengehege** und dem anderen Ende des Elchgeländes lohnt sich links ein Abstecher zum Ausguck ins **Wolfsrevier** 09. Nach der Station **Uhu** schwenken wir kurz rechts und besuchen den eindrucksvollen **Wisent** 10. Gleich daneben döst der **Luchs** 11 in seinem Gehege.

Unser Weg verläuft nun direkt neben einem Asphaltsträßchen und wir wandern, vorbei am Häuschen **„Vögel am Waldrand"** zurück zum **Parkplatz** 01.

Der Eingang zum Baumwipfelpfad.

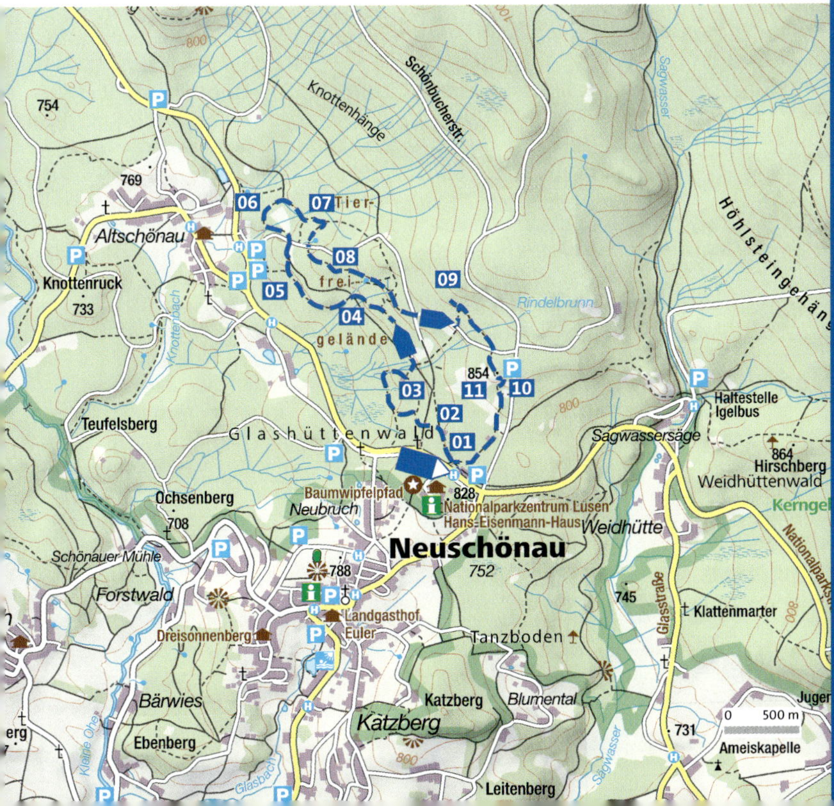

51 GEISSKOPF • 1097 m – TEUFELSTISCH

Aussichtsreicher Erlebnisberg und sagenhafte Felsformation

  14 km  4:30 h 600 hm 600 hm 198

START | Großer Parkplatz an der Talstation der Geißkopfbahn in Unterbreitenau, an der Straße Bischofsmais–Habischried.
[GPS: UTM Zone 33 x: 356.640 m y: 5.422.150 m]
CHARAKTER | Breite Forst- und Waldwege, schmale, teils steinige Waldpfade, im Bereich des Teufelstisches mit steileren und felsigen Passagen.

Der spektakuläre Teufelstisch.

▶ Vom **Parkplatz** 01 an der **Talstation** der **Geißkopfbahn** halten wir uns rechts und folgen dem Weg Nr. 4, an der Skipiste und einem Bogenparcours vorbei in den Wald. Dem breiten, ansteigenden Forstweg folgen wir in Richtung Oberbreitenau/Geißkopf, passieren die Abzweigung rechts nach Habischried und gelangen kurz darauf zu einer licht bewaldeten Kuppe hoch, wo wir links, auf einen ebenfalls breiten Forstweg abbiegen (Landshuter Haus, Geißkopf). Es geht stärker in den Wald, wir kommen an einer kleinen Unterstandshütte vorbei, überqueren freie Schneisen (Skiabfahrten) und unterqueren einen **Schlepplift** 02. Nach einer weiteren Skipiste stoßen wir auf ein Kiessträßchen, das hier eine Schlaufe macht, und wo links der Weg zum Skilift ausgeschildert ist. Der Kiesweg fällt leicht ab, wir passieren links eine Abzweigung in den Zauberwald und biegen bei der nächsten Abzweigung links ab Richtung Landshuter Haus. Auf schönem Waldboden gelangen wir durch den Wald ins Freie und stehen vor dem aussichtsreich gelegenen **Landshuter Haus** 03.

Auf schmalem, steinigen Pfad steigen wir vor dem Gebäude links in den Wald hoch. Wir befinden uns im Zauberwald, was uns mehrere im Wald auftauchende Holzschnitzfiguren verdeutlichen. Weiter ansteigend bringt uns der Wurzelpfad hoch zum **Geißkopf** 04 mit **Aussichtsturm** und **Geißkopfhütte**.

Der Abstieg verläuft über den Winterwanderweg, ein etappenweise ziemlich steil abfallender, breiter Kiesweg. Downhill-Bikerstrecken kreuzen unseren Weg abwärts zu einer Verzweigung bei einer Unterstandshütte, wir folgen in Kehren der Beschilderung Bischofsmais, bis links der Weg Nr. 12 Richtung Wastlsäge abzweigt. Ein wurzeliger und felsiger Pfad führt stellenweise recht steil durch den Waldhang hinab, über eine kreuzende Kiesforststraße (Unterstandshäuschen) hinweg und weiter hinab zu Häuser und zur Vorfahrtsstraße bei der **Wastlsäge** 05.

Auf dem Gehweg links an der Straße entlang leicht ansteigend, schwenken wir bei der Bushaltestelle rechts und wandern auf dem Lina-Müller-Weg am Morada-Hotel vorbei zum Waldrand

Aussichtspunkt auf dem Weg zum Teufelstisch.

hoch. Wir verlassen das Asphaltsträßchen nach links, gehen den breiten Kiesweg bis zur Abzweigung rechts Richtung Teufelstisch. Der deutlich ansteigende, steinige Waldpfad wird zunehmend felsiger, führt uns zu Felsen und zu einer Verzweigung hoch. Ein paar Meter rechts befindet sich eine fantastische Aussichtsplattform, nach links – an teils mächtigen Felsen vorbei –, erreichen wir den **Teufelstisch** 06, ein beeindruckendes Felsgebilde.

Unterhalb weiterer Felsen queren wir in leichtem Auf und Ab am Waldhang entlang und knicken dann scharf links ab, Habischried Nr. 3. Wir stoßen auf die Kiesstraße, die von der Wastlsäge herkommt, folgen ihr rechts, überqueren eine Lichtung und schwenken bei einer Wegteilung nach links. Leicht bergab wandern wir durch lichten Wald über einen Kiesfahrweg hinweg, gelangen zur Autostraße, überqueren sie und steigen die Böschung hoch zum **Parkplatz** 01.

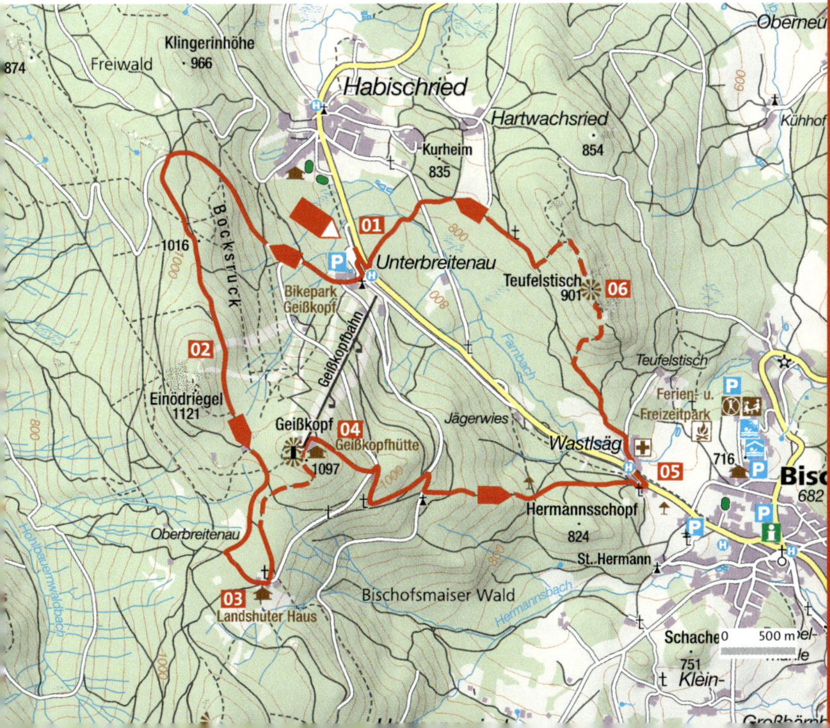

GESSINGERSTEIN • 874 m – KÖNIGSTEIN

Unterwegs auf dem „GEHsundheitsweg"

 11,5 km 3:15 h 378 hm 378 hm 198

START | Wanderparkplatz am Waldrand, oberhalb vom Gasthaus Lehnerwirt; Zufahrt von Nadling.
[GPS: UTM Zone 33 x: 356.400 m y: 5.413.040 m]
CHARAKTER | Wald- und Wiesenwege sowie schmälere Waldpfade, mit steinigen und steileren Abschnitten im Anstieg zum Königstein; nur kurze Asphaltpassagen.

Der Königstein – mit dem Erinnerungsstein an königlichen Besuch.

▶ Vom **Parkplatz** 01, neben der Übersichtstafel über den Bayerischen Wald, gehen wir vor zum Sträßchen und folgen ihm rechts mit der Nr. 8 in den Wald hoch, Richtung Freiberg/Rusel. Wenige Minuten später zweigt der Weg Nr. 8 rechts ab (Königstein, Geßingerstein). Wir erreichen mit dem Asphaltsträßchen eine Kuppe, passieren links einen Fernsehturm und gelangen ans Waldende. Wir verlassen den Asphalt und wandern auf einem steinigeren Weg rechts in den Wald hinein.

Nahe am Waldrand steigt der Weg leicht an, wir folgen einem flacheren Forstweg, der kreuzt nach links, passieren eine größere Lichtung und durchwandern auf schmäler werdendem Pfad ein kurzes Waldstück. Weiter am Waldrand entlang tauchen wir bei einem Marterl wieder in den Wald ein, halten uns rechts und folgen einem hohlwegartigen Waldweg. Mit der Nr. 4 stoßen wir auf eine Kiesforststraße, steigen schweißtreibend auf ihr an zu einem sonnigen, freien Platz und schwenken nach links. Nach 50 Metern weist die Nr. 4 rechts ab („Elisabeth-Gilbert-Lichtwer-Weg"/Geßinger Stein); geradeaus ist Ruselabsatz/Parkplatz ausgeschildert. Wenig später biegen wir rechts ab und gelangen zum markierten **Geßingerstein** 02. Die Aussicht reicht hier vom Dachstein über die Berchtesgadener Alpen und zum Wilden Kaiser bis zur Zugspitze.

Zurück zur Abzweigung wandern wir rechts auf dem „GEHsundheitsweg" leicht abwärts, vorbei an der Pos. Dynamisches Sitzen, zur Abzweigung zum **Königstein** 03. Ein schmaler, kehrenreicher und ordentlich steiler Pfad leitet zu einem Stein mit Inschrift hoch („Zur Erinnerung an die Anwesenheit seiner königl. Hoheit des Prinzen Ludwig v. Bayern am 10. Juni 1901").

Unterhalb des Aussichtspunktes folgen wir einem weiter ansteigenden Pfad

Aussicht vom Geßingerstein.

nach links, an Felsen mit Felslöchern (sog. Summfelsen) vorbei, und passieren eine kleine **Felskapelle** 04, Überbleibsel eines unvollendeten Reformklosters, das um 1625 hier entstehen sollte. Der Weg schlängelt sich weiter in leichtem Auf und Ab durch den Wald, folgt einem Skilift rechts hinab, unterquert ihn und führt zu einer Infotafel bei den „Sehenden Fußsohlen", wo wir ein paar Meter später rechts auf einen grasigen Waldweg abbiegen. Über die Skipiste gelangen wir abwärts zu einer Kiesfahrstraße, überqueren sie, treffen wieder auf Liftanlagen, die wir unterqueren und knicken 50 m vor der Autostraße scharf rechts ab, unterqueren erneut den Skilift und traversieren am mäßig geneigten Waldhang entlang. Nach einer Lichtung passieren wir die Abzweigung rechts zum Geßingerstein und folgen der Nr. 8 in einer scharfen Linkskurve bergab, dann geht es rechts zunächst flach, bald wieder stärker abwärts und nach einem Linksschwenk stoßen wir auf Asphalt und die **Asklepiosklinik Schaufling** 05.

Wir folgen rechts der Beschilderung Richtung Lehnerhof, verlassen den Asphalt in einer Straßenkurve und wandern auf einem Forstweg Richtung Wald.

Über eine Lichtung mit schönem Marterl gelangen wir wieder in Wald, und bald ist links unten der Lehnerhof zu sehen. Auf aussichtsreichem, fast ebenen Forstfahrweg spazieren wir zurück zum **Parkplatz** 01.

53 RUINE WEISSENSTEIN

Aussichtsreiche Runde um den höchsten Pfahl-Felsen

  8,25 km  2:30 h  275 hm  275 hm 198

START | Weißenstein, Parkplatz gegenüber der Burg Weißenstein.
[GPS: UTM Zone 33 x: 364.060 m y: 5.423.650 m]
CHARAKTER | Wald- und Wiesenwege, teils schmälere Pfade, vor und nach Kattersdorf, nach Großseiboldsdorf und in Weißenstein asphaltierte Nebensträßchen.

Die kleine Kapelle mit Totenbrettern gegenüber der Ruine Weißenstein.

▶ Vom **Parkplatz** 01 bei der Burg überqueren wir die Straße und machen nach rechts den kurzen Abstecher zur Kapelle. Bei den Infotafeln zur Burg und zum Pfahl-Gestein steigen wir über Stufen hoch zur **Burgruine Weißenstein** 02.

Nach der Besichtigung der Ruine und des Burgturms, wandern wir unterhalb der Felsmauern in den Wald, vorbei am letzten einzeln stehenden Felsen, der ein großes Kreuz trägt. Es geht leicht abwärts auf wurzeligem, steinigem Weg, markiert mit einem auffälligen mehrfarbigen Schild. Wir überqueren einen kreuzenden Waldweg und treffen mit unserem grasig gewordenen Weg auf ein Asphaltsträßchen, dem wir – immer noch leicht abwärts – nach links folgen. Vorbei am Ortsschild Thurnhof und ein paar Häusern wandern wir sehr aussichtsreich durch die Felder, passieren rechts die Abzweigung zum Waldferiendorf Regen und gelangen nach **Kattersdorf** 03.

Gleich bei der ersten Möglichkeit biegen wir links ab Richtung Eggenried. Am Waldrand entlang geht es auf Asphalt leicht bergab, rechts erstrecken sich hinter einer Hecke weite Wiesen. Am Waldrandeck verlassen wir das Sträßchen und biegen links auf einen schmalen Fußweg ab, der nach wenigen Metern in den Wald hineinführt. Der breiter werdende Forstweg (Nr. 3) verläuft nahe am Waldrand und steigt leicht an. Wir tauchen dann wieder stärker in den Wald ein, der Weg wird schottriger und wir stoßen in einer Kurve auf eine kreuzende Kiesforststraße, der wir nach links folgen. Auch bei der nächsten Verzweigung halten wir uns links und der Weg steigt etwas steiler an. Wir überqueren eine Kuppe auf einer freien, aussichtsreichen Wiesenlichtung und gehen ab-

Ruine Weißenstein.

wärts auf die Häuser von **Großseiboldsried** 04 zu.

Wieder auf Asphalt durchqueren wir den Ort, passieren eine kleine Kapelle zwischen den Höfen und biegen kurz nach dem Ortsende links ab. Auf einem wurzeligen, teils steinigen und ständig leicht ansteigenden Pfad wandern wir durch den Wald, bis es flacher wird und wir auf eine große Lichtung treffen. Weiter am Waldrand entlang und durch kurze Waldstücke eröffnet sich bald nach links vorne der Blick zur Ruine Weißenstein. Bei einem links stehenden Haus gelangen wir auf Asphalt und nach einem kurzen Waldstück marschieren wir auf die ersten Häuser zu, erreichen die Autostraße und halten uns links Richtung Burg. Nach dem schmalen Straßentor schwenken wir rechts, gehen am Burgkiosk vorbei, und vor der Weißensteiner Alm in einem Rechtsbogen hoch zum **Gläsernen Wald** 05. Eine eindrucksvolle Sammlung gläserner Bäume mit einzigartigen Lichteffekten; der höchste Glasbaum ist eine 8 m hohe Glastanne. Über eine steinerne Brücke ist auch der Zugang zum Museum zum „Fressenden Haus" möglich. Links hinab ist mit wenigen Schritten wieder der Ausgangspunkt am **Parkplatz** 01 erreicht.

54 SPITZBERG • 810 m

Naturlehrpfad Panoramablick

  5,25 km  1:30 h  183 hm  183 hm 198

START | Patersdorf, Parkplatz beim Gasthof Schön (Schön 1).
[GPS: UTM Zone 33 x: 349.370 m y: 5.430.350 m]
CHARAKTER | Waldwege und -pfade, der Schlussabschnitt verläuft auf einem asphaltierten Nebensträßchen; der Rundweg ist radtauglich, nur der Anstieg zum Spitzberg ist recht steil!

Vom **Parkplatz** beim **Gasthof Schön 01** genießen wir bei einer Panoramablick-Tafel zunächst die wunderbare Rundschau vom Arber über den Großen Falkenstein bis zum Großen Rachel. Dann gehen wir rechts mit dem Erlebnispfad Panoramablick in Richtung Berggasthof Zottling. Wir verlassen den Asphalt nach rechts und wandern auf einem leicht ansteigenden Weg in den Wald hinein. Kurz darauf tauchen die ersten Infotafeln und -stationen auf (über Baumarten und den Biokreislauf der Bäume); auch eine interessante Schrott-Skulptur ist hier platziert.

Auf breitem Waldweg passieren wir weitere Stationen und Infotafeln, gehen über eine Kuppe und wieder leicht abwärts, bis nach einer Flachpassage der Weg rechts abschwenkt und wieder leicht ansteigt. Vorbei an einem (versperrten) hölzernen **Aussichtsturm 02** gelangen wir ans Waldende und zu einem Rastplatz (großer Stein mit Hirtaspruch-Inschrift).

Am Waldrand entlang, mit herrlicher Sicht über eine große Wiesenlichtung, erreichen wir eine Asphaltstraße, der wir rechts leicht ansteigend folgen. Bei der nächsten Straßenteilung halten wir uns links (Erlebnispfad-Schild) und folgen weiter dem Asphalt, vorbei an einer Position zur Baumhöhenbestimmung. Bald ist die Abzweigung links zum **Spitzberg 03** erreicht. Der Abstecher verläuft auf weichem Waldboden durch lichten Nadelwald hoch, oben stoßen wir auf eine felsige, aber relativ aussichtslose Steinwüste. Wieder zurück bleiben wir rechts auf dem flachen Sträßchen, passieren eine weitere Wiesenlichtung und drehen nach rechts, zu den Häusern von Häuslern. Hier endet der Asphalt und wir traversieren in einem Linksbogen am Waldrand entlang, bis wir nach rechts abknicken; entweder am Waldrandeck oder etwas später, wenn wir auf einen Kiesweg stoßen.

Aus dem Wald heraus überqueren wir eine Lichtung, passieren ein Gebäude (mit Infotafel zum Thema Hoferbe) und befinden uns wieder auf Asphalt. Durch ein kurzes Waldstück hindurch gelangen wir zu einer Straßenverzweigung und zum **Ponyhof Simmet 04** (mit Biergarten). An Holzschnitzfiguren vorbei wandern wir gemütlich zurück zum Ausgangspunkt beim **Gasthof Schön 01**.

Biergarten beim Ponyhof.

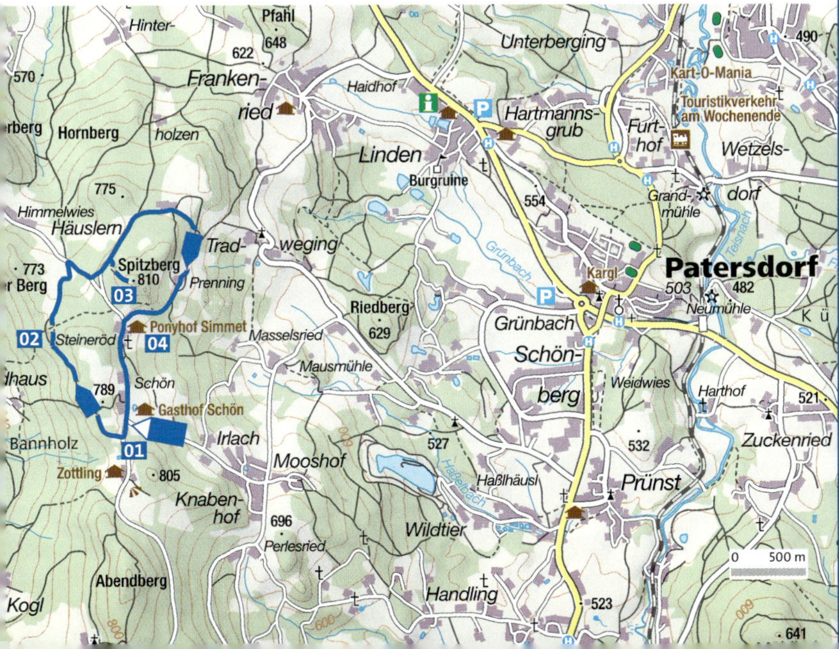

55 DER GROSSE ARBERSEE

Wanderung um den meistbesuchten See des Bayerischen Waldes

  2 km  0:45 h  28 hm  28 hm 198

START | Parkplatz beim Arberseehaus, direkt an der St 2137.
[GPS: UTM Zone 33 x: 365.650 m y: 5.440.100 m]
CHARAKTER | Barrierefreier, flacher Rundwanderweg, der 2018 neu gestaltet wurde, mit etlichen neuen Stegen und Brücken.

Eingang zur Waldkugelbahn.

▶ Vom **Parkplatz** 01 überqueren wir die Straße, gehen am Arberseehaus vorbei die wenigen Schritte zum See. Wir schwenken beim Tretbootverleih nach links und folgen dem flachen Uferwanderweg in den Wald.

Immer wieder mit schönem Blick über den See, gelangen wir auf dem 2018 barrierearm gestalteten Uferweg ans hintere Seeende, wo sich rechts die sogenannten Schwimmenden Inseln befinden, ein großflächiger Schwingrasen, der einen Großteil des Arbersees bedeckt.

Ebenfalls beeindruckend ist die links rund 400 m aufragende Arberseewand. Wir wandern über neu angelegte Holzstege, passieren eine Tafel mit Informationen zum Vogelparadies Arberseewand und kommen zu einem langen **Steg** 02 mit einem herrlichen, geländergesicherten Aussichtsbalkon, der einen wunderschönen Blick über den Großen Arbersee bietet.

Wir überqueren einen Zufluss, schwenken mit dem neuen Weg nach rechts und wandern am Ufer entlang zurück Richtung Arberseehaus. Am Waldende passieren wir links die interessant gestaltete **Waldkugelbahn** 03, die Alt und Jung auf etwa 250 m Länge Spaß bietet.

Rechts über die Straße ist nach wenigen Metern wieder der **Parkplatz** 01 erreicht.

Ausblick über den Arbersee Richtung Arberseehaus.

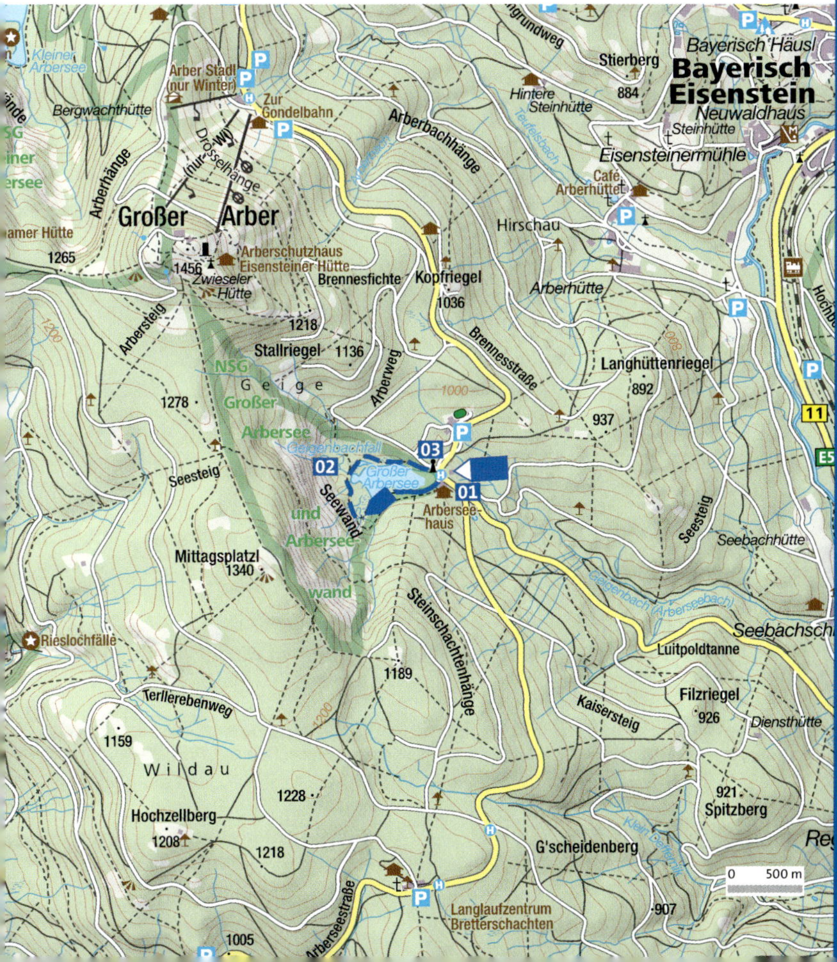

56 HOCHFELS – HOCHBERG • 943 m

Auf dem Urwaldsteig

  5,25 km 1:45 h 298 hm 298 hm  198

START | Bayerisch Eisenstein, Parkplatz am Wanderpark, Anton-Pech-Weg. [GPS: UTM Zone 33 x: 368.780 m y: 5.442.420 m]
CHARAKTER | Steinige Waldpfade, der Urwaldsteig ist stellenweise steil, wurzelig und mit umgestürzten Bäumen bestückt.

Am Wanderpark in Bayerisch Eisenstein.

▶ Vom **Parkplatz** 01 am Wanderpark gehen wir vor zur Hohenzollernstraße, folgen ihr rechts leicht ansteigend, am Museumsbahnhof vorbei und nach den Bahngleisen – jetzt auf Kies – links und dann in einem Rechtsbogen in den Wald hinein. Am Zugang zu einem ausgeschilderten Trauerwald vorbei und bei der nächsten Wegteilung nach links. Auf einem steiler und wurzeliger werdenden Waldpfad steigen wir hoch, überschreiten einen Forstweg leicht versetzt nach links und folgen dem stärker ansteigenden Wurzelpfad zur **Urwaldsteig-Kreuzung** 02. Mit der Markierung Waldmaus schwenken wir nach rechts und folgen dem durch den Wald schlängelnden Pfad, der stellenweise felsiger wird und über steile Stufen durch einen urwaldähnlichen Wald bergauf führt.

Am **Hochfels** 03 gelangen wir auf einen bewachsenen Grat hoch und wandern in einem Rechtsschwenk wieder bergab, stellenweise ordentlich steil. Wir folgen nun der Markierung Urwaldsteig und auf fast ebenem Weg durch den naturbelassenen Wald, dann steigen wir wieder zu Felsen hoch. Nach einer scharfen Linkskehre geht es weiter den Waldhang aufwärts zum **Hochberg** 04. Nach einer lichten Hochebene geht es abwärts, zunehmend steiler, wir machen eine deutliche Linkskehre und stoßen auf einen breiten Forstweg. Wir folgen links dem Urwaldsteig, verlassen den breiten Weg und steigen über einen steinigen Waldpfad ab, der in Kehren zurück zur **Urwaldsteig-Kreuzung** 02 führt. Auf bekanntem Weg wandern wir bergab und zurück zum **Parkplatz** 01.

Am Hochfels.

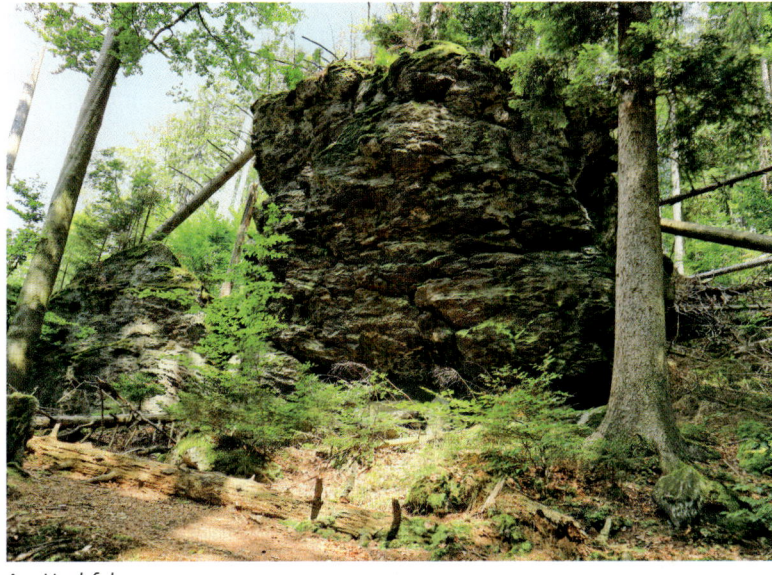

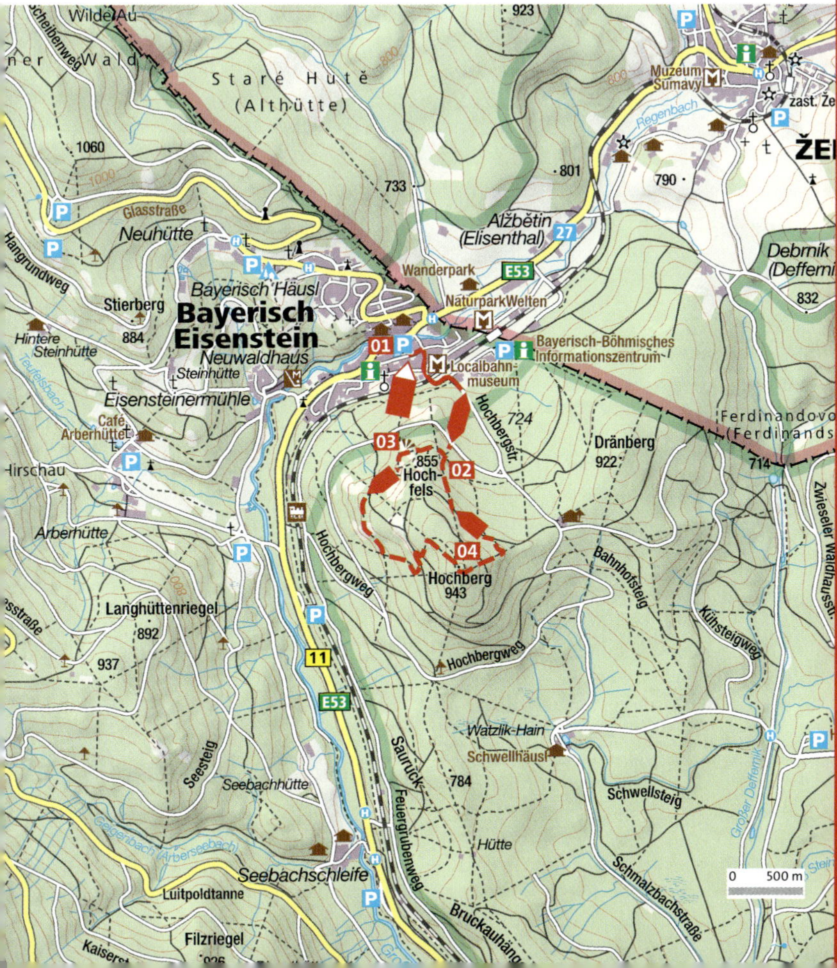

Wilde Au
Stará Hutě
(Althütte)
923
Muzeum Šumavy
Regenbach
zast. Že
ŽE
790
801
733
1060
Glasstraße
Neuhütte
Hangrundweg
Alžbětin
(Elisenthal)
27
Wanderpark
E53
NaturparkWelten
Debrník
(Defferni
832
Bayerisch Häusl
Bayerisch
Eisenstein
Neuwaldhaus
Stierberg
884
Hintere
Steinhütte
Steinhütte
Eisensteinermühle
01
Localbahn-
museum
Bayerisch-Böhmisches
Informationszentrum
Hochbergstr.
724
Dränberg
922
Ferdinandovo
(Ferdinands
714
Café
Arberhütte
Hirschau
Arberhütte
03
855
Hoch-
fels
02
04
Hochberg
943
Hochbergweg
Bahnhofsteig
Kühsteigweg
Zwieseler Waldhausstr.
Langhüttenriegel
892
937
11
E53
Seesteig
Seebachhütte
Saurück
Feuergrubenweg
Watzlik-Hain
Schwellhäusl
784
Schwellsteig
Hütte
Schmalzbachstraße
Seebachschleife
Luitpoldtanne
Filzriegel
Bruckauhäng
0
500 m

57 RISSLOCHWASSERFÄLLE – MITTAGSPLATZL • 1340 m

Wunderbare Aussichtspunkte über Bodenmais und Arbersee

  13,5 km  4:00 h  750 hm  750 hm 198

START | Bodenmais, Parkplatz beim Gasthaus Waldhaus am Rißlochweg; alternativ Wanderparkplatz nach den letzten Häusern am Ende des Asphaltsträßchens.
[GPS: UTM Zone 33 x: 361.880 m y: 5.437.660 m]
CHARAKTER | Waldwege und -pfade, mit etlichen steinig-felsigen Passagen vor und nach den Rißlochwasserfällen und im Anstieg zum Mittagsplatzl; meist breite Wald- und Forstwege zurück zu den Rißlochwasserfällen.

An den Rißlochwasserfällen.

▶ Vom **Parkplatz Rißloch** 01, beim **Gasthof Waldhaus**, gehen wir auf Asphalt weiter hoch in den Wald, passieren am Ende der Fahrstraße den Wanderparkplatz und steigen im Wald gemächlich an. Nach einem Christusmarterl verzweigt sich der Weg, wir folgen links der Markierung Rißlochfälle Nr. 2 „Steiniger Weg". Links unterhalb des Weges begleitet uns der rauschende Rißbach. Der kontinuierlich ansteigende „Steinige Weg" macht seinem Namen alle Ehre und bringt uns zu einer kleinen Staumauer mit Brücke bei den **Rißlochwasserfällen** 02. Wir überqueren die Brücke und steigen rechts haltend weiter auf steinigem Weg neben dem Bachlauf hoch, teils über hohe Felsstufen, teils in Kehren am Waldhang entlang. Einer Grünmarkierung folgend überqueren wir den Bachlauf über einen Holzsteg und bleiben auf dem steinigen Pfad. Nochmals die Bachseite wechselnd steigen wir in Richtung Großer Arber auf, der Weg flacht ab, wir stoßen auf einen Kiesweg, dem wir ein paar Meter links folgen, um dann eine Brücke zu überqueren und – bei einer kleinen Unterstandshütte – sofort rechts Richtung Großer Arber abzubiegen. Rechts unter uns begleitet uns der Bachlauf. Wir überqueren erneut eine Brücke und wandern, zunächst auf Holzbohlen, dann auf weichem Waldweg durch lichten Wald. Bei einer Unterstandshütte überqueren wir eine kreuzende Forststraße geradeaus Richtung Mittagsplatzl. Auf steiniger werdendem Weg gelangen wir auf eine Kuppe und zu einer Verzweigung. Nach rechts leitet uns ein schmaler Pfad (Nr. 1) durch lichtes Gelände, steigt nochmals steiler an, wird felsiger und führt uns zu einem Sattel und zum wunderbaren Aussichtspunkt **Mittagsplatzl** 03.

Auf wurzelig-steinigem Pfad wandern wir nochmals leicht ansteigend über eine Kuppe, dann fällt der Weg ab, wird aber bald flacher und breiter und bringt uns bei einem Unterstandshäuschen zu einer breiten Kiesforststraße. Wir gehen mit der Nr. 1 geradeaus weiter, verlassen aber bald den breiten Forstweg und bleiben in einer Kurve geradeaus Richtung Bodenmais (Nr. 1); auch den kreuzenden Panorama-Höhenrundweg

Fantastische Aussicht nach Bodenmais bei der Gleitschirmflieger-Startrampe.

überqueren wir und folgen dem leicht fallenden Weg, bis wir auf eine breite Forststraße treffen, der wir rechts zu einer Wegteilung folgen. Unser Weg Nr. 1 zweigt links ab, wir machen aber rechts einen kurzen Abstecher zu einem herrlichen Aussichtspunkt bei einer **Startrampe** 04 für Gleitschirmflieger.

Leicht abwärts wandern wir auf breitem Weg durch teils lichten Wald, überqueren die Auerhahnstraße und etwas später bei einem kleinen Unterstandshäuschen auch die Arberhochstraße. Auf schmälerem Pfad weiter bergab, stoßen wir auf die nächste Forststraße, der wir links stärker abwärts folgen, bis wir bei einer Verzweigung scharf rechts abknicken Richtung Rißlochfälle. Am Fahrwegende bleiben wir weiter geradeaus, der Waldweg steigt wieder leicht an und wird steiniger. Der schmaler werdende Pfad führt in einem Rechtsschwenk unterhalb mächtiger Felsen am Waldhang entlang und bringt uns zurück zur Brücke bei den **Rißlochwasserfällen** 02. Auf dem bekannten Hinweg wandern wir zurück zum **Parkplatz Rißloch** 01.

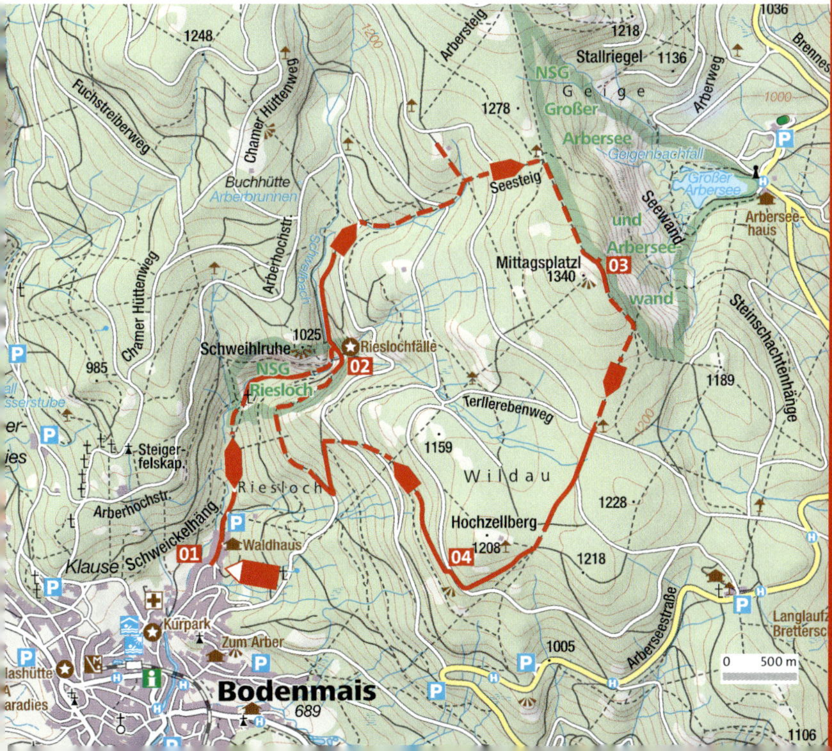

58 RUND UM DEN DRACHENSEE

Natur erleben zwischen Freizeitsee und Ökozone

  9,75 km  2:45 h  132 hm  132 hm 198

START | Furth im Wald, Parkplatz am Drachensee, an der Daberger Straße.
[GPS: UTM Zone 33 x: 345.030 m y: 5.464.500 m]
CHARAKTER | Kieswege, asphaltierte Nebensträßchen und schmale Uferpfade.

Blick von der Vogelbeobachtungsstelle über die Ökozone des Drachensees.

▶ Vom **Parkplatz 01** überqueren wir die Autostraße, folgen rechts einem Kiesweg ein paar Meter abwärts, passieren einen kleinen Hafen bei der **Wasserrettungsstelle 02** (mit Einkehrmöglichkeit) und wandern an vielen Infotafeln (zu den verschiedenen Fischarten) vorbei, immer parallel zum rechts verlaufenden Sträßchen. Bei der **Abzweigung** links zum **Steg 03** (Drachenseerundweg-Abkürzung) schwenken wir nach rechts und gehen auf dem Sträßchen Richtung Wald. Am Waldrandeck halten wir uns rechts, passieren den Niglhof und stoßen auf eine kreuzende Asphaltstraße.

Schöner Blick hinüber zu den NATO-Türmen auf dem Hohenbogen. Nach links folgen wir dem leicht ansteigenden Sträßchen, halten uns bei der nächsten Verzweigung wieder links, leicht bergab und verlassen den Asphalt dann nach rechts. Der weiß-roten Markierung folgend wandern auf einem Feldweg durch die Wiesen bergab. Entweder gehen wir bis zur Straße vor und biegen dort links

ab, oder wir schwenken vor dem ersten Haus nach links und folgen dem Wiesenweg zum Bach und treffen dann rechts haltend ebenfalls auf die Straße.

Ein kurzes Stück der Straße entlang, dann steigen wir rechts über die Schützenstraße hinauf nach **Kleinaign 04**. Wir passieren eine kleine Kapelle, verlassen die Schützenstraße nach links in den Johannisweg und steigen wieder spürbar steiler den Schlossweg hoch. Der Asphalt geht in einen Feldweg über, der mit tollem Blick über den Drachensee zu einem **Aussichtsturm 05** hinüberführt.

Hier münden wir wieder in ein Asphaltsträßchen ein, gehen zur Vorfahrtsstraße hinab und schwenken nach rechts. Nach dem Ösbühl-Ortsschild biegen wir links ab, verlassen den Asphalt und wandern auf einem Fußpfad Richtung See. Wir kommen zu einer schön angelegten **Vogelbeobachtungsstelle 06**, wo man fantastische Ein-

Mythos Drache – ein begehbares Kunstwerk am Drachensee.

blicke in den naturbelassenen Teil des Sees genießen kann. An einem kleinen Parkplatz vorbei leitet uns der schmale Uferpfad zur Abzweigung, wo nach links der Abkürzungsweg über den Steg ausgeschildert ist.

Wir folgen dem nun breiteren Kiesweg über Wiesen und gelangen nach einer Linkskehre zu Häuser und wieder an den See. Auf einem etwas erhöhten Dammweg gehen wir am Ufer entlang, überqueren eine Autostraße, die wir wenig später, kurz vor dem Mühlenkaffee erneut queren, ein paar Meter abwärts gehen und auf dem weiß-rot markierten Uferweg ans Seeende wandern. Wir überqueren beim Wehr die Staumauer und bleiben dann links von der Straße auf dem schmalen Fußpfad, der an einem kleinen Park mit **Seebühne 07** und dem begehbaren Kunstwerk Mythos Drache vorbei zurück zum **Parkplatz 01** führt.

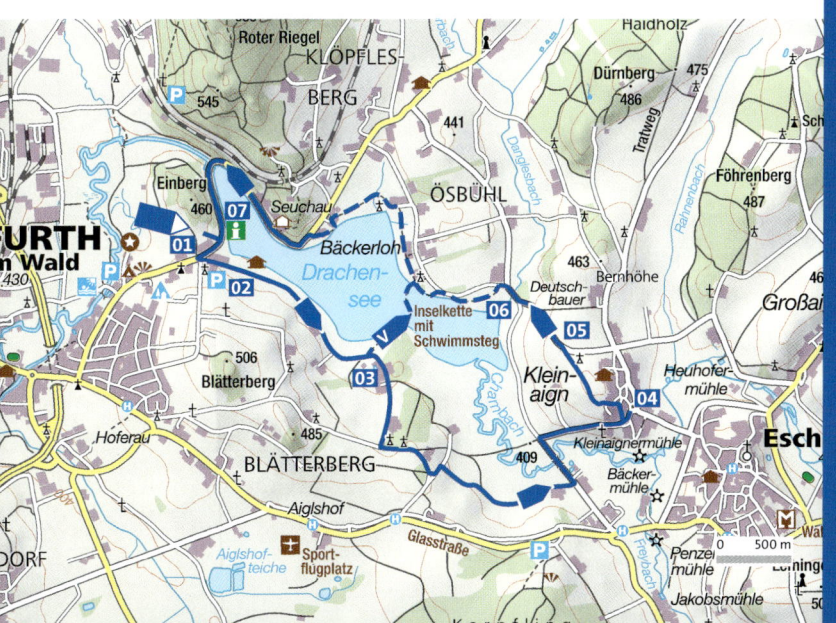

GROSSER PFAHL

Naturdenkmal und eines der schönsten Geotope Bayerns

 4,5 km  1:30 h  120 hm  120 hm 198

START | Viechtach, Parkplatz Großer Pfahl an der B 85, kurz hinter der Riedbachbrücke.
[GPS: UTM Zone 33 x: 344.150 m y: 5.438.570 m]
CHARAKTER | Waldwege und -pfade, kurze Asphaltpassage.

Felsformationen am Großen Pfahl.

▶ Vom **Parkplatz** 01 am Großen Pfahl steigen wir an einer Infotafel, einem Brunnen und Sitzbänken vorbei mit der Markierung Große Pfahlrunde Nr. 9 über Treppenstufen in den Wald hoch und stoßen gleich auf die erste überdachte Info-Station. Auf schönem Kiesweg geht es leicht ansteigend durch hochstämmigen Wald entlang der sich rechts aufbauenden Felsen. Bei einer Verzweigung bleiben wir mit der Nr. 9 links und wandern auf weichem Waldboden nahe der Abbruchkante, entweder auf dem breiten Hauptweg oder ganz nahe an der Kante, am Geländer entlang, auf schmalem Pfad. Schöner Tiefblick rechts hinab in den Talgrund. Nach Vereinigung von Geländerpfad und Hauptweg wird der Waldweg steiniger und in einem Rechtsschwenk nähern wir uns den markanten, einzeln stehenden Felsen, die auch als **Kletterfelsen** 02 genützt werden. An einer Kreuzung halten wir uns mit der

Historische Quarzabbauanlage am Großen Pfahl.

Nr. 9 links, begleitet von tollen Felsformationen. Der wurzelige Weg führt über eine Lichtung, die Felsen enden, und wir wandern am Waldrand entlang auf einem breiter werdenden Forstfahrweg, bis die Nr. 9 scharf rechts abknickt. Ein paar Meter weiter geradeaus, leicht abwärts, eröffnet sich bei einer Aussichtsbank ein schöner Blick über das nahe **Engelsdorf** 03. Wir gehen zurück in den Wald, folgen links dem breiten Weg, der nahe am Waldrand verläuft. Der Weg Nr. 9 verläuft über eine Lichtung, dann tauchen wir mit dem wurzeliger werdenden Weg wieder in den Wald ein. Kurz nachdem links auf einer Wiesenlichtung ein Haus zu sehen ist, stoßen wir auf ein schmales Asphaltsträßchen, dem wir rechts, am Waldrand entlang, folgen. Die Landschaft öffnet sich, Häuser tauchen auf, und unser Blick schweift über Viechtach in die Ferne.

Wenig später erreichen wir rechts am Weg eine ehemalige **Förder- und Verladestation** 04, wo diverse Gerätschaften zum Quarzschotterabbau ausgestellt sind. Links vom Sträßchen stehen die Reste der alten Materialseilbahn. Bei der Anlage halten wir uns rechts und wandern auf einem schmalen Pfad unterhalb der Felsen über offenes Heidegelände. Alternativ kann man auch auf dem schmalen Asphaltsträßchen weiter abwärtsgehen. Die beiden Wege vereinen sich kurz vor der Info-Station, wo wir über die Stufen wieder abwärts zum **Parkplatz** 01 gelangen.

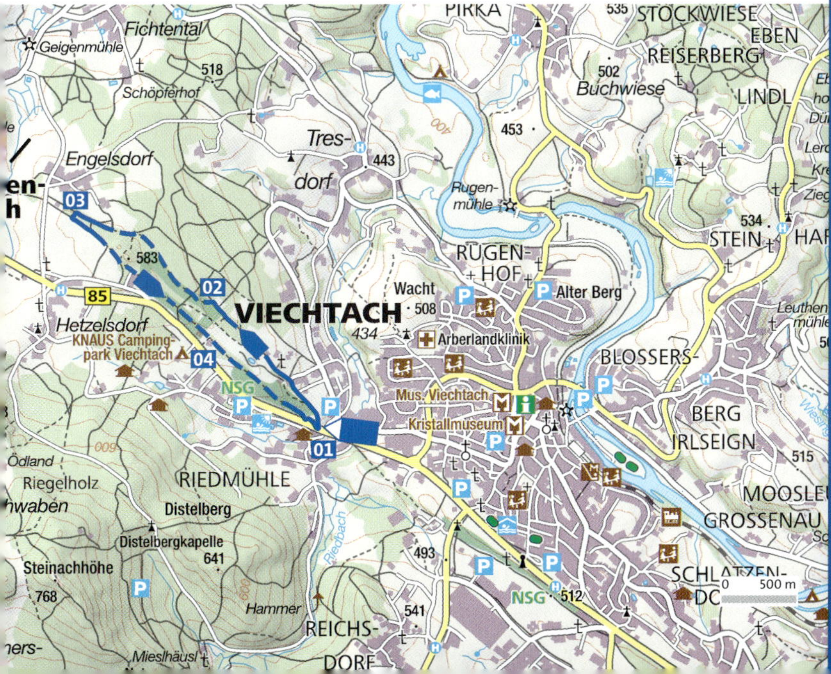

60 BLAIBACHER SEE

Flusswanderung am Schwarzen Regen

  15,25 km  4:00 h 245 hm 245 hm 198

START | Blaibach, Parkplatz beim Haus des Gastes, Badstraße.
[GPS: UTM Zone 33 x: 340.350 m y: 5.447.980 m]
CHARAKTER | Teils schmälere Ufer- und Waldwege, Forst- und Wiesenwege, auf dem Rückweg zwischen Lehen und Untergschaidt asphaltiertes Nebensträßchen.

Kanufahrer auf dem Regen bei Blaibach.

▶ Vom **Parkplatz** 01 beim Haus des Gastes gehen wir zur Bahnhofstraße vor, halten uns links, überqueren zunächst die Bahngleise, dann den Regen und knicken links ab Richtung **Campingplatz** 02. Am Ende des Zeltplatzes gelangen wir zur Schnittstelle unserer Wanderung, bleiben links und wandern auf Asphalt geradeaus am Regen entlang. Wir passieren einen überdachten Pavillon und die mächtige denkmalgeschützte Bahnbrücke, die links über den Fluss führt. Beim Zusammenfluss von Schwarzem und Weißem Regen erreichen wir die **Staumauer Pulling** 03, überqueren sie nach links und biegen sofort rechts ab auf den markierten Fischerweg, der direkt am Ufer entlang verläuft. Nach einem lichten Abschnitt über Wiesen verengt sich der Uferweg zu einem schmalen, grünen Pfad. Ein deutlicher Linksschwenk leitet uns links hoch an den Waldrand, dem wir mit einigem Abstand zum Fluss nach rechts folgen. Wir nähern uns wieder dem Ufer und auf steinigem Wurzelpfad leitet der Uferweg zum vor uns auftauchenden **Kraftwerk** am **Höllenstein** 04. Über eine steile und schmale Treppe (für Radfahrer eine etwas problematische Stelle!) steigen wir zum Stauwehr hoch und überqueren sie nach rechts. Wer einen Abstecher zum Restaurant Seeblick, das hoch oben auf dem Felsen thront, machen will, wandert links auf dem Sträßchen bergauf.

Nach der Staumauer schwenken wir mit der Markierung Bl5 nach rechts in Richtung Blaibach über Wimbach. Ein breiter zunächst flacher Forstfahrweg bringt uns aufsteigend zu den Häusern von Ahrain. Wir halten uns rechts und wandern in Kehren abwärts über Wiesen, dann wieder bergauf durch ein Waldstück und erreichen den Waldrand entlang die Asphaltstraße, der wir rechts nach Lehen folgen. Es geht hinab, bis nach einer scharfen Linkskehre das Sträßchen ansteigt. Wir erreichen **Wimbach** 05, wandern aussichtsreich über eine Kuppe (schöner Blick zu den NATO-Türmen auf dem Hohenbogen) abwärts nach **Untergschaidt** 06 und schwenken kurz nach dem Ortsausgang scharf rechts und verlassen den Asphalt. Mit der Bl5-Markierung geht es in leichtem Auf und Ab und mehreren Richtungswechseln zu einer kleinen Kapelle am Waldrand hoch. Erst am Waldrand entlang, dann stoßen wir nach steilerem Abstieg durch den Wald auf die Autostraße (St 2140). Wir überqueren sie beim Café Lieblingsplatz, folgen der Straße Oberes Dorf und sind wenige Schritte später am **Campingplatz** 02. Auf bekanntem Hinweg zurück zum **Parkplatz** 01.

Staumauer beim Kraftwerk am Höllenstein.

61 RATTENBERGER HÖHENWEG

Aussichtsreich zum Kreuzhaus

  13,75 km  4:15 h  632 hm  632 hm 198

START | Rattenberg, Parkplatz Sportplatz, entweder im Bürgermeister-Kermer-Weg oder an der Hauptstraße.
[GPS: UTM Zone 33 x: 336.260 m y: 5.439.290 m]
CHARAKTER | Wiesen- und Waldwege, grasige, teils steinige und wurzelige Pfade, auf dem Rückweg mehrere asphaltierte Abschnitte auf Nebensträßchen.

▶ Vom **Parkplatz** 01 wandern wir über die Hauptstraße nach rechts, biegen links in die Straße Auf der Rast ein, schwenken gleich rechts in die Ringstraße und dann rechts in die Straße Am Lehrergarten. In der Kehre verlassen wir den Asphalt, wandern auf dem Wiesenweg, der bald in ein Asphaltsträßchen übergeht, bergab. Wir stoßen auf den asphaltierten Bergweg und die Markierung 4, halten uns links, kurven weiter abwärts, bis kurz vor einem Haus die Nr. 4 nach links weist. Auf einem schmalen, grasigem Pfad geht es hinab zur Autostraße, wir überqueren sie und folgen der Markierung 10. Der Pfad leitet auf einem Steg über einen Bach zum **Café-Gasthaus Perlbach** 02. Nach links ist der Campingplatz ausgeschildert; wir sind am Schnittpunkt des Rattenberger Höhenwegs. Mit der Nr. 10 wandern wir rechts das Asphaltsträßchen leicht aufwärts, machen bei einer kleinen Kapelle eine Linkskehre, verlassen das Sträßchen und gehen rechts auf breitem, kontinuierlich ansteigenden Forstweg den Wald hoch. Der teils wurzelige und steinige Waldweg bringt uns zu einer Anhöhe und führt flach zu einem links ausgeschilderten **Aussichtspunkt (1)** 03 (großes Kreuz mit Sitzbank). Der Weiterweg kurvt auf wurzeligem Pfad, zunächst flacher, dann spürbar ansteigend, von großen Felsbrocken flankiert, zu einer Kahlschlaglichtung und zum nächsten **Aussichtspunkt (2)** 04 (mit Holzkreuz und Aussichtsbank).

Deutlich bergab stoßen wir auf eine breite Forstfahrstraße und kurz darauf auf ein Asphaltsträßchen, dem wir leicht ansteigend nach **Zierling** 05 hoch folgen. Wir verlassen das Sträßchen in einer Kurve, halten uns rechts und wandern recht steil zum Waldeck hoch. An einem alten Marterl vorbei, dann über

Das Holzkreuz am zweiten Aussichtspunkt.

eine Lichtung, geht es mit der Markierung Nr. 7 in leichtem Auf und Ab auf wurzeligem Pfad durch den Wald, zuletzt nochmals spürbar steiler hoch zum **Berggasthof Kreuzhaus** 06.

Der Rückweg führt ein paar Meter auf Asphalt, dann auf Kies ein Stück durch den Wald und anschließend auf einem Plattenweg bergab zu einem Asphaltsträßchen, auf dem wir in großen Kehren abwärtswandern. Bei einer deutlichen Linkskehre bleiben wir geradeaus, verlassen den Asphalt, und gehen auf einem Grasweg am Waldrand entlang ordentlich steil hinab zur kreuzenden Asphaltstraße und links nach **Kriseszell** 07. In einem Linksbogen durch den Ort, bei der nächsten Kreuzung kurz rechts, dann folgen wir links der Beschilderung nach Oberumwangen. Ein paar Minuten später, bei einem Rastplatz mit Bank und Tisch, verlassen wir den Asphalt und biegen rechts auf einen Landwirtschaftsweg ab. Vorbei an einem Fasanengehege schwenken wir bei der nächsten Kurve links und gehen auf einem Wiesenweg

Der Berggasthof Kreuzhaus.

Richtung Wald. Der flache Waldweg bringt uns zu einem Asphaltsträßchen, rechts taucht der Campingplatz auf, und nach wenigen Minuten ist beim **Gasthaus Perlbach** 02 der Schnittpunkt mit dem Hinweg erreicht. Wir folgen dem bekannten Rückweg, biegen aber nicht rechts in den Wiesenweg ab, sondern gehen den Bergweg geradeaus zur Amselstraße hoch und vor bis zur Hauptstraße. Nach rechts gelangen wir zum **Parkplatz** 01 beim Sportplatz.

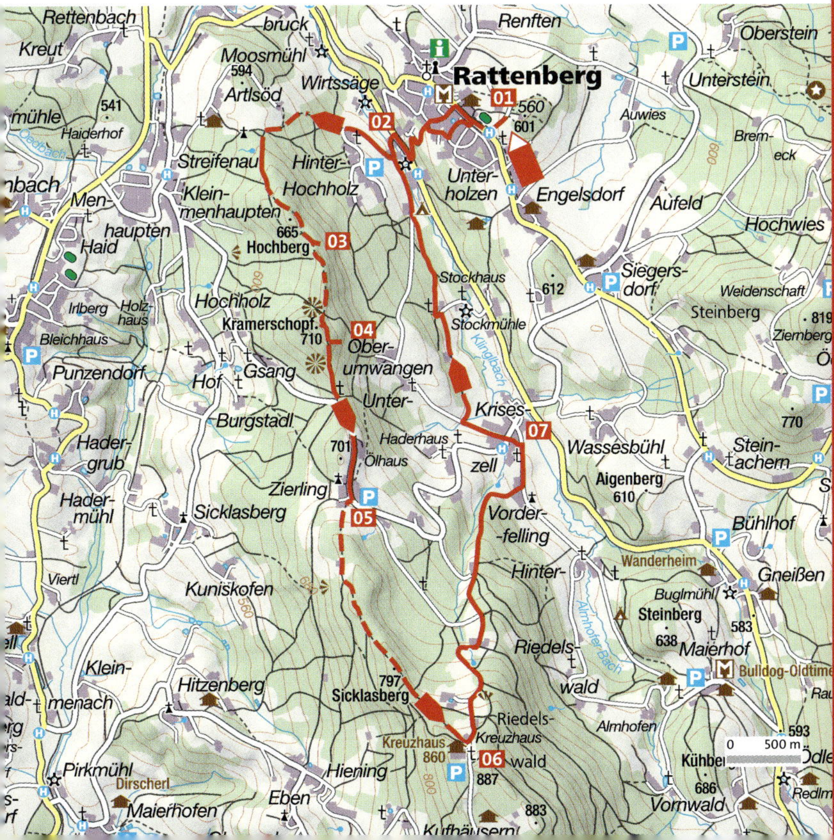

62 RADLING – TRAITSCHING – TREFLING

Churpfalzpark – Wasserschloss – versteckte Weiler

 15,5 km  4:15 h  438 hm  438 hm 198

START | Radling, Radpavillon, Pentinger Straße, Abzweigung Brunn. [GPS: UTM Zone 33 x: 327.340 m y: 5.450.900 m]
CHARAKTER | Feld-, Wald- und Wiesenwege, mehrere Abschnitte auf asphaltierten Nebensträßchen.

Blick in den Churpfalzpark.

▶ Vom **Parkplatz** 01 beim **Radpavillon** wandern wir rechts auf dem markierten Pandurensteig mit toller Fernsicht am Waldrand entlang. Wir überqueren die St 2146 und folgen, rechts versetzt, weiter dem Pandurensteig. Nach dem Waldrandende, auf offenem Gelände, stoßen wir auf eine **Wegteilung** 02. Wir verlassen den Pandurensteig und biegen rechts ab Richtung Traitsching. Leicht abwärtsgehend taucht in der Ferne der Churpfalzpark auf, wir überqueren beim Ortsschild Loifling die kreuzende Radlinger Straße, folgen der Straße Am Anger und machen kurz darauf links einen Abstecher in den **Churpfalzpark** 03. Auf der Hofmarkstraße laufen wir am großen Parkplatz entlang und sind wenig später am **Loiflinger Wasserschloss** 04, das heute als kommunales Kulturzentrum fungiert. Geradeaus am Wasserschloss vorbei wandern wir auf dem zunächst asphaltierten Kellerweg leicht an, der als Naturweg dann in den Wald hineinführt. Nach dem Wald überqueren wir eine kreuzende Asphaltstraße und gehen ebenfalls auf Asphalt geradeaus weiter nach **Traitsching** 05. Am Sportgelände vorbei marschieren wir die Rathausstraße entlang, vorbei an einer auffälligen Skulptur vor dem modernen Rathausgebäude, überqueren die Chamer Straße und folgen der Bachstraße, die aus dem Ort hinausführt. Bei den letzten Häusern schwenken wir scharf rechts (Schild Lehrpfad) in die Straße Schwedenschanze und kurven unter der B 20-Brücke hindurch. Weiter auf Asphalt, bis die Straße links abschwenkt und wir auf einem Feldweg geradeaus bleiben. Ein paar Meter am Waldrand entlang, dann in den Wald hinein und auf recht aussichtslosem Waldweg leicht ansteigend zu einer großen Lichtung und dem einsam gelegenen Weiler **Boden** 06. An einer Waldgrabstätte und dem lustigen „Gschaithaferltreff" vorbei, kurz auf Asphalt, geht es wieder auf Kies in den Wald zu einer Kreuzung. Wir biegen links ab und wandern auf dem breiten Forstfahrweg leicht abwärts. Am Waldrandende stoßen wir wieder auf Asphalt, es geht leicht bergab nach **Siedling** 07. Vorbei an der kleinen Dorfkirche und am Dorfweiher steigt das Sträßchen an, bei einer Kreuzung halten wir uns rechts und folgen einem schmalen Asphaltsträßchen kerzengerade auf eine aussichtsreiche Kuppe und dann hinab nach **Trefling** 08.

Wir schwenken mit der Dorfstraße links und verlassen sie bei einem Alpaka-Hofladen nach rechts auf einem schottrigen Feldweg, der Richtung Wald führt. Wir stoßen hier wieder auf den Pandurensteig und wandern links haltend zunächst auf einem Kiesweg am Waldrand entlang, um dann auf schmalem Pfad ein Stück weit durch den hochstämmigen Wald zu kurven. Kurz vor der

Der lustige Gschaithaferltreff in Boden.

Unterführung unter der B 20 hindurch stoßen wir wieder auf den Kiesweg, der bald in Asphalt übergeht. Nach der Unterführung knicken wir rechts ab und folgen der Straße Pfahlhöhe mit der Pandurensteig-Markierung. Aussichtsreich wandern wir über freies Feld, mit schönem Blick rechts nach Cham und stoßen bei der **Wegteilung** 02, wo wir den Pandurensteig verlassen haben, auf unseren Hinweg.

Auf bekanntem Weg zurück zum **Parkplatz** 01 beim **Radpavillon**.

63 PILGRAMSBERG

Auf dem Naturerlebnisweg zur aussichtsreichen Wallfahrtskirche St. Ursula

  4,25 km  1:30 h  141 hm  141 hm 198

START | Pilgramsberg, Parkplatz beim Hubertushof, Am Kirchbergholz. [GPS: UTM Zone 33 x: 325.630 m y: 5.433.750 m]
CHARAKTER | Wald- und Wiesenwege, kurze Asphaltpassagen; im Abstieg Treppenstufen.

▶ Vom **Parkplatz** 01 hinab zur Haunkenzeller Straße, nach links und gleich die erste Abzweigung, den Neundlinger Weg, links hinein. Hier steht eine Infotafel zum Naturerlebnispad Pilgramsberg. Zunächst am Waldrand vorbei geht es dann flach in den Wald und wir gelangen, wieder leicht abwärtsgehend, zu einer Verzweigung.

Der Naturerlebnispfad mit der Nr. 2 knickt links ab, bei einer Infotafel zu Vogelarten, und steigt an. Es folgen weitere Infotafeln, dann stoßen wir auf ein kreuzendes Asphaltsträßchen, dem wir links aufwärts folgen und ein weiteres Asphaltsträßchen erreichen. Hier weist die Nr. 2 nach rechts bei einer Infotafel zum Thema Pilze; hier ist auch der **Jakobsweg** 02 und der Goldsteig markiert. Es geht im Wald sachte abwärts zu einer Lichtung, mit Sitzbank und einer mächtigen Felswand im Hintergrund. An einem Felskeller vorbei gelangen wir erneut zur Asphaltstraße (Kirchenberg) und wandern links ansteigend hoch.

Bei einer Verzweigung mit Kreuz bleiben wir links, gehen weiter aufwärts zur **Wallfahrtskirche St. Ursula** 03 auf dem Pilgramsberg.

Der Abstieg verläuft vor der Kirche rechts über einen Stationenweg mit der Nr. 2 hinab nach Pilgramsberg. Vorbei am **Gasthaus Zur Schönen Aussicht** 04 – das seinem Namen alle Ehre macht –, steigen wir über viele Treppenstufen durch die Wiesen bergab, durchqueren ein kurzes Waldstück und gelangen, zuletzt an Häuser vorbei, zum Dorfanger von Pilgramsberg. Nach links über die Haunkenzeller Straße sind wir nach wenigen Minuten zurück am **Parkplatz** 01.

Die Wallfahrtskirche auf dem Pilgramsberg.

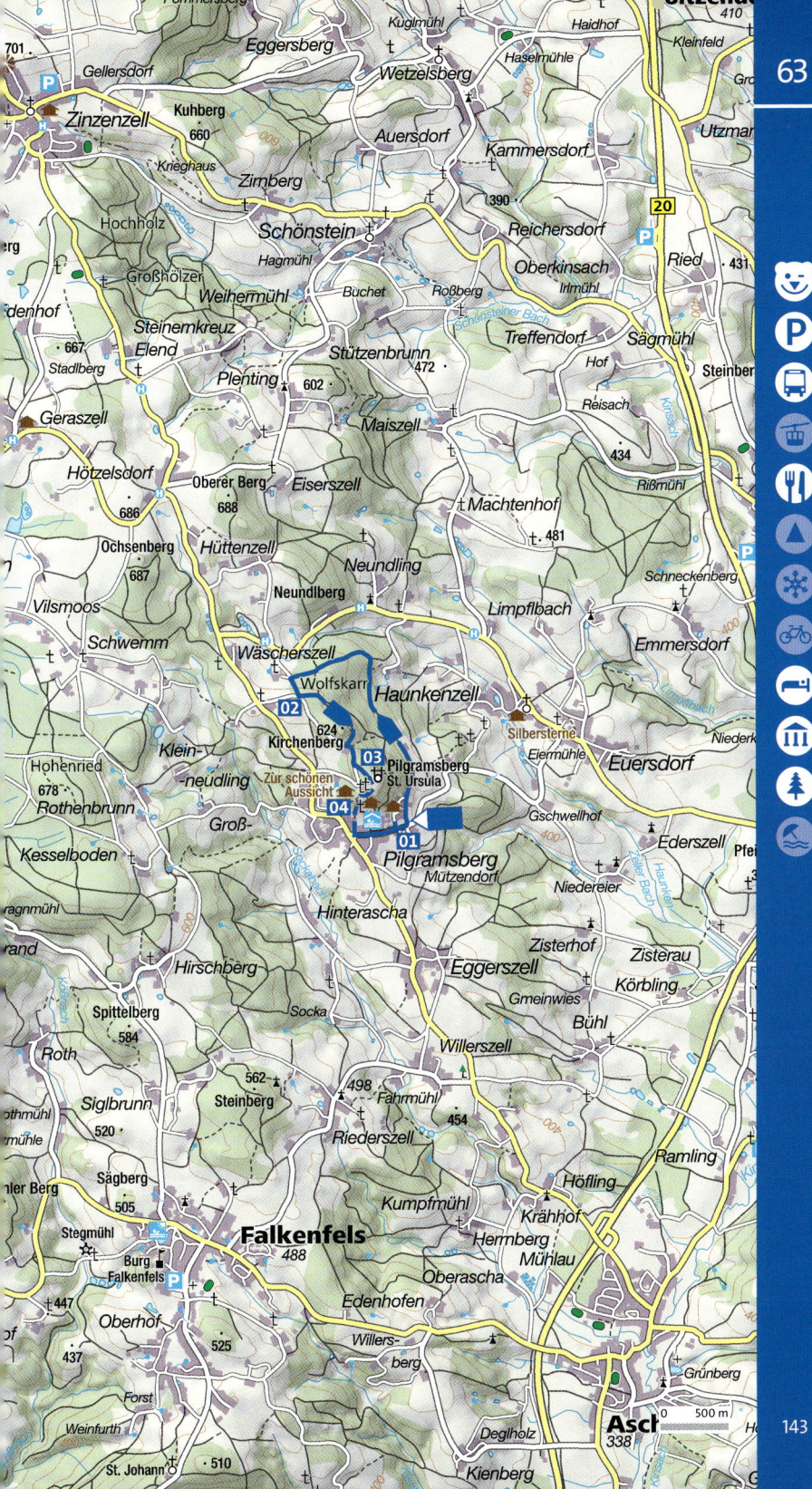

64 BOGENBERG – DER „HEILIGE BERG"

Bayerns älteste Marienwallfahrtskirche

4 km | 1:30 h | 193 hm | 193 hm | 198

START | Bogenberg, Parkplatz vor dem Gasthaus Zur schönen Aussicht, Bogenberger Weg.
[GPS: UTM Zone 33 x: 331.490 m y: 5.419.000 m]
CHARAKTER | Wald- und Wiesenwege; steilere und steinige Pfadpassage abwärts zur Schimmelkapelle.

Die Mariengrotte.

▶ Bei der Infotafel mit Karte, am **Parkplatz 01** vor dem **Gasthaus Zur schönen Aussicht**, gehen wir leicht abwärts ein paar Meter auf dem Sträßchen zurück, vorbei an der Lippweg-Abzweigung (Nr. 5) und biegen bei der Mariengrotte in den Ludwigsweg (Nr. 2) rechts ab. Nach ein paar Schritten schwenken wir erneut rechts und steigen den steilen Hangweg hinab. Dem kreuzenden Pfad folgen wir links und traversieren ohne großen Höhenverlust am Waldhang entlang, bis der Prinz-Heinrich-Weg kreuzt. Wir bleiben rechts und gehen jetzt spürbar steiler einen steinigen Pfad bergab zur **Ulrichs-** oder **Schimmelkapelle 02**.

Nach der Kapelle über Stufen weiter abwärts, kurz bevor wir unten auf die Straße treffen schwenken wir nach links in einen Waldweg, der in einem Linksschwenk wieder steiler ansteigt. Nach einer Flachpassage und nach einer deutlichen Linkskehre geht es nochmals ordentlich hoch, bis nach einem Rechtsschwenk der Weg abflacht und wir auf den Ludwigsweg treffen. Wir folgen rechts dem Klausenweg mit der Nr. 3, überqueren einen Querweg und wandern zunächst flach, dann ein paar Meter steil – an einem Holzgeländer entlang – links hinauf zur **Salvatorkapelle 03**. Hinter der Kirche steigen wir auf einem wurzeligen Fußpfad in einer Rechtskehre leicht bergab, stoßen auf den breiteren Weg Nr. 2 und sind kurz darauf beim Schnittpunkt mit dem Hinweg bei der Mariengrotte. Jetzt halten wir uns rechts, folgen dem Marienweg zunächst ordentlich steil bergab, bis der Weg breiter und flacher wird. Wir stoßen auf ein Kiessträßchen (Schild militärischer Bereich) und haben die Alternative geradeaus auf dem Kiesweg Nr. 2 oder

Marienwallfahrtskirche Bogenberg.

rechts auf dem Quellenpfad Nr. 8 weiter leicht abwärtszuwandern. Die Wege vereinen sich wieder und am Waldrandende schwenken wir, kurz nachdem wir ein Grabdenkmal passiert haben, nach links und folgen dem Katzenweg Nr. 13. Kurz darauf knicken wir scharf links ab, verlassen den Kiesweg, und steigen ordentlich steil auf einem Fußpfad (Katzenwegerl) über Wiesen Richtung Wald an. Zuletzt auf breiter werdendem Weg durch ein Waldstück gelangen wir auf Steinstufen hinauf zu den Gebäuden auf dem Bogenberg. Links ist das Heimatmuseum untergebracht, rechts steht die **Wallfahrtskirche 04**, dahinter erstreckt sich der Friedhof. Der Bogenberg bietet eine fantastische Aussicht hinab zur Donau.

An der Kirche vorbei, durch den Friedhof, gehen wir auf Asphalt bergab, bis rechts der Hangweg abzweigt. Auf dem steil abwärtsführenden Grasweg queren wir den Hang und stoßen auf den kreuzenden Lippweg. Hier können wir direkt nach links dem Lippweg zurück zum Ausgangspunkt folgen, oder wir gehen weiter auf dem Hangweg, bis wir auf unseren Hinweg stoßen. Scharf links ein paar steile Meter hoch zur Mariengrotte und links zurück zum **Parkplatz 01**.

65 BURG BRENNBERG – HÖLLBACHTAL

Von geschichtsträchtigen Ruinen ins Naturschutzgebiet Hölle

  12 km  3:45 h  454 hm  454 hm 198

START | Brennberg, Parkplatz beim Friedhof, Kreuzung Johannistraße/ Höllbachstraße.
[GPS: UTM Zone 33 x: 309.850 m y: 5.438.500 m]
CHARAKTER | Wald- und Wiesenwege, im Höllbachtal felsige und wurzelige Pfade, kurze Asphaltpassagen.

Ruinen der Burg Brennberg.

▶ Vom **Parkplatz** 01 am Friedhof gehen wir zur Höllbachstaße vor, folgen der Beschilderung „Burg" in einer ansteigenden Linkskurve auf der Sankt-Rupert-Straße, biegen am Wirtshaus zur Burg rechts ab, gehen auf der Lerchenfeldstraße weiter bergauf, bis rechts ein Fußweg zur Burg abzweigt. Ein grasiger Pfad leitet uns aufwärts zu den Ruinen der **Burg Brennberg** 02, eine interessante Turmanlage mit mehreren Turmfundamenten. Der Hauptturm lässt sich besteigen und bietet eine grandiose Aussicht. Auf dem Burggelände befindet sich auch eine öffentliche Toilette.

Beim Abstieg bleiben wir vor dem Torbogen links und steigen durch einen Mauerdurchgang auf einem grasigen Geländerweg abwärts. Vorbei am Gedenkstein der Fam. Rahn kurz links, dann steil den asphaltierten Staufferweg bergab zur Verzweigung mit dem Hinweg. Hier schwenken wir nach links in die Schmidgartenstraße und kommen – nochmals links haltend über die Berndorfer Straße – zu einer **Wegteilung** 03. Nach rechts ist die Fahnmühle ausgeschildert (rote Markierung; unser Rückweg), wir halten uns links Richtung Dosmühle (grüne Markierung). Ein anfangs schlecht asphaltierter, später kiesiger Landwirtschaftsweg führt uns über offenes Ackerland leicht abwärts zu einer Asphaltstraße, der wir bei einer kleinen Kapelle rechts nach **Wernetsgrub** 04 folgen. Hinter dem letzten Gebäude verlassen wir das Sträßchen (und die Grün-Markierung), knicken links ab auf einen nicht markierten, leicht ansteigenden Feldweg, der über freies Feld zum Wald führt. Schöner Blick zurück zum Turm der Burg Brennberg. Nach einem kurzen Waldstück, auf einer Lichtung, stoßen wir auf einen kreuzenden Weg, dem wir rechts folgen. Nach einem Hof geht der jetzt leicht abwärtsführende Kiesweg in Asphalt über und wir erreichen die Gebäude der **Dosmühle** 05. Scharf links, über eine Brücke, überqueren wir den Höllbach, verlassen das Sträßchen und biegen links ab (rot und grün, sowie Goldsteig-Markierung). Der Pfad verläuft am Waldrand und an Wiesen entlang, nähert sich abwärts dem Bachlauf, den wir über einen Steg überqueren, und wird deutlich wurzeliger. Mehrfach geht es in leichtem Auf und Ab auf Brettersteigen über Zuläufe und wir gelangen in das recht felsige und wilde Gelände des **NSG Hölle** 06, der schmale Pfad führt entlang des Höllbachs durch Felsen hindurch und stellenweise nah am Bachlauf entlang. Stets dem Schild „Rundweg Hölle" folgend, erreichen wir das Waldende, überqueren den nun ruhigen Höllbach, gehen auf einem Forst-

Im felsigen Naturschutzgebiet Hölle.

weg links und stoßen auf ein kreuzendes Asphaltsträßchen, dem wir rechts folgen. Kurz vor dem ersten Haus schwenken wir links in einen Schotterweg und wandern leicht abwärts Richtung Wald. Bei einer Verzweigung halten wir uns mit der Rot- und Goldsteig-Markierung links und gelangen hinab zum Höllbach. Wir ignorieren eine Brücke und einen **Eisensteg 07** nach rechts und bleiben links vom Bachlauf auf dem wurzeligen, stellenweise wieder ansteigenden Waldpfad. Nach Überqueren zweier Zuläufe gelangen wir bei der **Fahnmühle 08** zur Autostraße. Rechts über die Höllbachbrücke, hier verlassen wir den Goldsteig und biegen die nächste Abzweigung rechts ab Richtung Thalhof. Leicht ansteigend schwenken wir vor dem Hofgebäude rechts; der Asphalt endet und wir wandern auf einem Feldweg über eine Anhöhe – mit Blick zur Burg – auf ein Asphaltsträßchen zu. Nach links ist kurz darauf die **Verzweigung 03** mit dem Hinweg erreicht. Auf bekanntem Weg zurück zum **Parkplatz 01**.

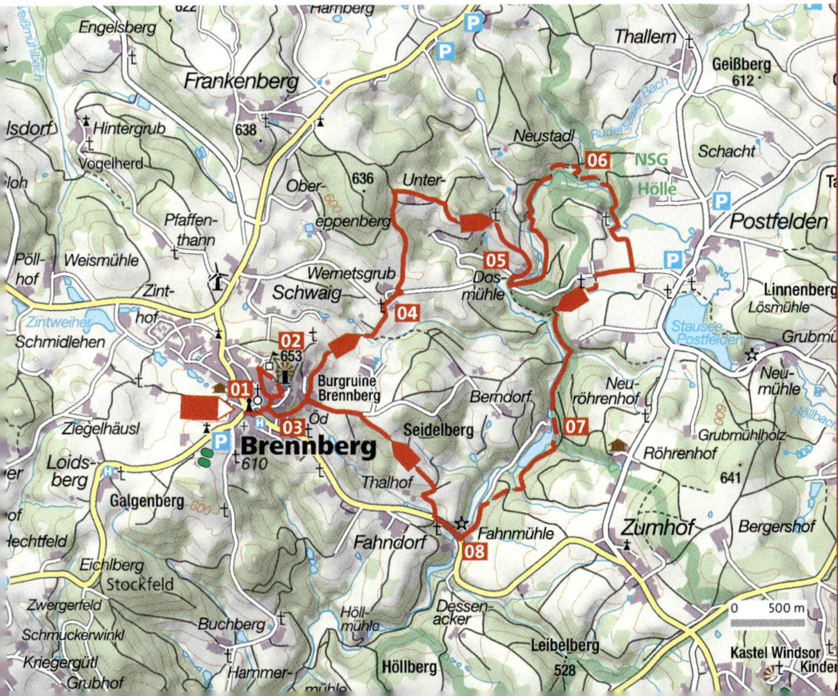

66 TEGERNHEIMER SCHLUCHT

Eine geologische Entdeckungswanderung

  9,75 km  2:45 h  336 hm  336 hm 198

START | Tegernheim, Parkplatz Am Hohen Sand, beim Sportplatz
[GPS: UTM Zone 33 x: 292.940 m y: 5.434.680 m]
CHARAKTER | Forstwege sowie Wald- und Wiesenpfade, anfangs und im Bereich Keilberg asphaltierte Abschnitte.

Weiter Blick von der Keilstein-Aussicht.

▶ Vom **Parkplatz** 01 beim Sportplatz gehen wir auf dem Gehweg rechts zur Straßenkreuzung. Hier befindet sich die Infostelle zum Geopfad Tegernheimer Schlucht. Ein paar Meter rechts auf der Tegernheimer Kellerstraße, dann links in den asphaltierten Baierwainweg, der in das Sträßchen Am Mittelberg einmündet. Kurz vor der Vorfahrtsstraße (Weinbergstraße) biegen wir links ab und wandern zwischen den Häusern hoch, schwenken am Waldrand nach links auf den **Klöpfelweg** 02 und wenden uns beim Haus Nr. 11 wieder links in den Wald hinein (Turmzeichen). Der anfangs ansteigende Pfad wird flacher und leitet uns zu einer schönen **Aussichtsbank** 03, ein paar Meter links vom Weg. Bei einem Privatwegschild halten wir uns rechts, der Weg fällt ab zum Waldrandeck. Hier knicken wir scharf rechts ab und steigen wieder in den Wald hoch (Mark. Rot-Weiß). Nach einer Pfadabkürzung über ein paar steilere Stufen führt uns der Waldweg zum Waldrand und zu einem breiten Kiesweg. Nach links wandern wir zum Keilberg hoch, mit dem alles überragenden **Sendemasten** 04 der Sendeanlage Hohe Linie. In einem Linksschwenk über den Parkplatz folgen wir dem jetzt asphaltierten Sträßchen leicht abwärts, passieren eine Sportanlage und gelangen nach **Keilberg** 05. Sachte abwärts stoßen wir auf die Hauptstraße, gehen kurz rechts und biegen dann nach dem letzten Haus links auf einen abwärtsführenden Graspfad ab. Über den Keilberger Schulweg nach links, den Lärchenweg nach rechts, treffen wir auf die Wacholderstraße, die wir links versetzt in die Hutweide queren. Geradeaus – nach den letzten Häusern durch eine Schranke – geht es auf einem grünen Pfad zur Infotafel Regensburger Juraausläufer und zu einem großen **Metallkreuz** 06. Ein herrlicher Aussichtspunkt.

Auf dem Rückweg biegen wir die erste Straße (An der Schauergrube) rechts ab, gehen abwärts, überqueren eine Autostraße und steigen auf der anderen Seite auf einem Pfad über Wiesen wieder an. Oben öffnet sich nach rechts der Blick in einen riesigen Steinbruch, der schmale Pfad verläuft an einem Drahtzaun entlang, zuletzt wieder durch Wald, und bringt uns zu einem felsigen **Aussichtspunkt** 07. In leichtem Auf und Ab wandern wir am Waldhang entlang, unter einer Hochleitungstrasse hindurch und erreichen die geländergesicherte **Keilstein-Aussicht** 08, mit Info- und Orientierungstafel.

Scharf links an weiteren Infotafeln – und der Originalhülse einer amerikanischen Fliegerbombe – vorbei, kommen wir auf eine Lichtung und wandern bergab, am Waldrand entlang, bis wir bei einer Infotafel scharf rechts in den Wald abbiegen. Weiter stetig abwärts erreichen wir unten die **Marienkapelle** 09. Rechts unterhalb des Weges ist ein grüner See zu sehen. Der abfallende Waldweg bringt uns hinab zu einem Asphaltsträßchen, dem wir rechts folgen. Bei der Staßenkreuzung ist es rechts nur wenige Meter zum **Parkplatz** 01.

Sendemast Hohe Linie.

67 SCHLOSS KARLSTEIN

Gemütliche Rundwanderung über dem Regental

 10,5 km 3:15 h  320 hm  320 hm 198

START | Parkplatz kurz vor dem Fidelhof, an der Regentalstraße (St 2149). [GPS: UTM Zone 33 x: 291.930 m y: 5.446.530 m]
CHARAKTER | Forst- und Waldwege, stellenweise schmälere Pfade; der Rückweg von Stadel verläuft auf asphaltiertem Fuß-/Radweg.

Auf dem Hasenweg-Wanderweg.

▶ Vom kleinen **Parkplatz** 01 kurz vor dem Fidelhof wandern wir auf einem leicht ansteigenden Kiesfahrweg durch hochstämmigen Wald, passieren zwei Fischweiher, überqueren einen kreuzenden Waldweg und folgen geradeaus dem markierten Wanderweg **Hasenweg** 02. An der nächsten Kreuzung, bei einem Teich, halten wir uns rechts und marschieren, alle Abzweigungen ignorierend, weiter auf dem breiten, kontinuierlich ansteigenden Hasenweg. Am Waldrandende gehts zunächst leicht abwärts, dann zu einer freien Kuppe hoch, wo wir auf eine asphaltierte Straße treffen. Der Hasenweg weist nach links zu den Häusern und führt uns durch den Ort **Schneitweg** 03.

Wir bleiben in der Straßenkurve in der Ortsmitte geradeaus (Richtung Schlepplift, Karlstein), beim letzten Haus geht der Asphalt in einen Feldweg über. Wir unterqueren einen Skilift und gehen leicht abwärts in den Wald. Weiter auf dem Hasenweg, der nach einer Rechtskurve steiler abfällt, schwenken wir nach links entlang eines mäandrierenden Bächleins.

Es wird zunächst flacher, dann fällt der Weg zu einem Weiher wieder ab und kurz darauf knicken wir scharf rechts, wieder ansteigend hoch. Nach einer deutlichen Linkskehre geht es über freies Feld zur Autostraße, der wir links abwärts nach Karlstein folgen. Vorbei am Dorfweiher machen wir rechts einen Abstecher zum **Schloss Karlstein** 04.

Der als Stadelweg markierte Weiterweg verläuft am Dorfweiher nach links in den Alleeweg, der nach dem letzten Haus als Kiesweg weiterführt. Wir passieren eine Tafel mit Informationen zur ehemaligen Burg Karlstein (mit Minnesänger-Anekdoten), schlendern flach am Waldrand entlang, halten uns nach einer Lichtung links und gehen auf schmalerem Pfad bergab durch den Wald.

Vor Fischteichen schwenken wir rechts zu den Häusern von **Stadel** 05 (Hasenweg-Zeichen). Bei einem Steinkreuz folgen wir dem Hasenweg nach links und stoßen auf die Regentalstraße (St 2149).

Bei der Bushaltestelle überqueren wir die Autostraße, drehen nach links und spazieren auf dem von der Straße abgetrennten, asphaltierten Fuß-/Radweg zurück zum kleinen **Parkplatz** 01.

Dorfweiher in Karlstein.

SCHLOSS HIRSCHLING – PEILSTEIN

Auf dem Burgensteig im Regental

9,75 km   2:45 h   275 hm   275 hm   198

START | Hirschling, Parkplatz am Brückenweg.
[GPS: UTM Zone 33 x: 293.440 m y: 5.452.060 m]
CHARAKTER | Waldwege und -pfade, asphaltierter Fuß-, Radweg von Marienthal zurück nach Hirschling.

▶ Vom **Parkplatz** 01 an der Regen-Brücke gehen wir zunächst nach links und machen einen Abstecher zum nahen **Schloss Hirschling** 02. Anschließend überqueren wir den Regen über die schmale, nur abwechselnd in eine Richtung befahrbare Brücke, und folgen der Burgenweg-Markierung und dem Jakobszeichen nach links ein paar Meter hoch. Wir überqueren die Regentalstraße (St 2149) und schwenken nach links. Auf einem Gehweg passieren wir Süssenbach, folgen einem schmalen Pfad neben der Straße und schwenken ein paar Meter später nach rechts in einen breiten Forstkiesweg in den Wald ab. Den gleichmäßig ansteigenden Forstweg kürzen wir eine Viertelstunde später nach rechts ab auf einem schmaleren Waldweg, der sich zu einem Pfad verengt. Kurz nachdem wir wieder den Forstweg erreicht haben, stoßen wir bei einem überdachten Sitzrondell auf eine **Wegespinne** 03. Wir nehmen die ganz linke Variante (Burgensteig, Nr. 2) und wandern leicht ansteigend durch hochstämmigen Wald auf breitem Forstweg. Nach einem kurzen steileren Stück gelangen wir zu einer Wegteilung, nach links ist der **Aussichtspunkt Peilstein** 04 markiert. Leicht abwärts ist die aussichtsreiche, felsige, aber geländergesicherte Aussichtskanzel (mit Gipfelbuch) nach wenigen Schritten erreicht.

Zurück zur Verzweigung folgen wir links dem roten Dreieck Richtung Marienthal. An einem gemauerten Steinrondell (der recht aussichtslosen Franzenshöhe) vorbei geht es auf schmalem Pfad steiler abwärts. Ziemlich gerade wandern wir abwärts, überqueren eine kreuzende Forststraße und münden in einen breiteren Waldweg ein, dem wir weiter bergab folgen. Abwechselnd auf schmalem Pfad und breiterem Weg geht es mit dem roten Dreieck, zum Schluss nochmals spürbar steiler, zur kleinen Kapelle Maria Königin hinab. Asphaltiert verläuft der Weg bergab zu Häuser und zur Regentalstraße. Beim **Gasthof Marienthal** 05 (bis auf Weiteres geschlossen) erreichen wir die Fähre, mit der man über den Regen übersetzen kann, um den Alternativweg auf der anderen Uferseite zu gehen.

Wir halten uns aber links und wandern zwischen Straße und Regen auf dem asphaltierten Geh-/Radweg Richtung Hirschling. Kurz nach den Häusern von Hinterberg stoßen wir auf den Hinweg und schlendern an Süssenbach vorbei zurück zum **Parkplatz** 01 in **Hirschling**.

An der Fähre Marienthal.

Blick vom Peilstein-Aussichtspunkt.

DER ZEUBACHTALWEG

Auf einsamen Wegen in ein wenig bekanntes Tal

14,3 km   4:00 h   355 hm   355 hm   165

START | Parkplatz am Bürgerhaus in Plösen.
[GPS: UTM Zone 32 x: 674.243 m y: 5.529.793 m]
CHARAKTER | Einfache, breite Feld- und Waldwege. Nur mäßige Steigungen, oft auch asphaltierte Wege durch mehrere kleine Ortschaften hindurch.

▶ Wir beginnen unsere Tour am Bürgerhaus in **Plösen** 01. Wir folgen während des gesamten Verlaufes der Tour dem grünen Kreis. Der Weg führt uns zunächst zum Ortsteil Kammer, durch den wir hindurchlaufen immer bergauf, bis wir auf einen Feldweg treffen. Diesem folgen wir ein kurzes Stück und halten uns dann links. Nach ungefähr 400 Metern biegen wir scharf rechts ab weiter bergauf durch den Wald. Diesem Weg folgen wir nun geradeaus, bis wir leicht rechts über eine Wiese wieder in den Wald hineintreten. Der Weg führt uns nun eine Zeit lang durch den Wald hindurch und wird immer schmäler, bis wir schließlich auf einem Pfad durch die Heidelbeersträucher streifen.

An einer lichten Stelle wenden wir uns nach links ein kurzes, aber steiles Stück hinab zum Forstweg. Diesem folgen wir weiter nach rechts bis zur T-Kreuzung. Hier nach rechts den Kiesweg entlang und dann die erste Abzweigung nach links bergab über Kies- und Teerwege durchs Zeubachtal hindurch. Wieder im Wald können wir uns nun entscheiden, die etwas größere Runde über den Hermannsbrunnen zu gehen, oder gleich den Weg nach Schöchleins einzuschlagen. Wir entscheiden uns für den kleinen Umweg, der uns nach links zur Quelle des **Hermannsbrunnens** 02 führt. Der Weg steigt leicht an in den Wald hinauf, nach ungefähr zwanzig Minuten erreichen wir **Schöchleins** 03. Wir treten aus dem Wald heraus und folgen der Teerstraße an Höfen und Obstwiesen vorbei Richtung Harloth. An der Fahrstraße wenden wir uns für ein kurzes Stück nach rechts, um dann wieder auf der linken Seite in einen Feldweg einzubiegen. Diesen laufen wir bergab bis zur Straße, durch **Harloth** 04 hindurch. Wir halten uns links bergab. Über Teer- und Feldwege, die sich an Obstbäumen, Feldern und Wiesen vorbeischlängeln, erreichen wir in einer Schleife das Örtchen **Ochsenholz** 05. Über Hardt geht es nach einer guten halben Stunde nach rechts auf die Hauptstraße. Kurz darauf biegen wir auf die Straße nach **Plösen** 01 ein und schlendern zurück zum Auto.

Heidschnucken auf einer Weide bei Harloth.

Pfad durch Blaubeerhänge.

DURCHS WERNTAL

Durch ein liebliches Seitental des Leinleitertales

  7,6 km  2:30 h  280 hm  277 hm 165

START | Wanderparkplatz bei Veilbronn.
[GPS: UTM Zone 32 x: 657.968 m y: 5.523.999 m]
CHARAKTER | Kurze Tour auf angenehmen, gut erkennbaren Wegen und Pfaden. Gleich zu Anfang nach der Schulmühle und von Heiligenstadt zum Aussichtspavillon steile Anstiege.

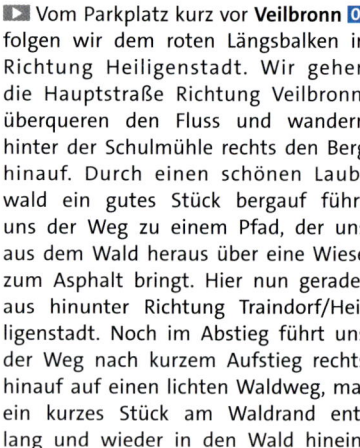

Bächlein bei der Schulmühle.

▶ Vom Parkplatz kurz vor **Veilbronn** 01 folgen wir dem roten Längsbalken in Richtung Heiligenstadt. Wir gehen die Hauptstraße Richtung Veilbronn, überqueren den Fluss und wandern hinter der Schulmühle rechts den Berg hinauf. Durch einen schönen Laubwald ein gutes Stück bergauf führt uns der Weg zu einem Pfad, der uns aus dem Wald heraus über eine Wiese zum Asphalt bringt. Hier nun geradeaus hinunter Richtung Traindorf/Heiligenstadt. Noch im Abstieg führt uns der Weg nach kurzem Aufstieg rechts hinauf auf einen lichten Waldweg, mal ein kurzes Stück am Waldrand entlang und wieder in den Wald hinein.

Wir folgen dem breiten Waldweg gut zwanzig Minuten, bis ein etwas schmälerer Weg uns links hinab nach **Heiligenstadt** 02 führt. Wir folgen alsbald der Straße durch ein Wohngebiet, bis wir an eine Gabelung kommen. Links führen Treppen nach Heiligenstadt hinab, wir wenden uns jedoch nach rechts und folgen nun dem blauen Querbalken steil bergauf bis zum Ende der Straße, am Jugendzentrum Heiligenstadt vorbei. Über einige Stufen weiter steil bergauf in den Wald hinein bis zum Wanderparkplatz. Hier biegen wir den asphaltierten Weg nach rechts ein Richtung Veilbronn. Der Weg führt uns zum Zeltplatz.

Wir halten uns rechts zum **Aussichtspavillon** 03, von dem aus man einen herrlichen Blick über Heiligenstadt hat. Am Pavillon vorbei leicht links auf den Waldpfad, der auf einen breiten Waldweg führt. Nun am Waldrand entlang bis zum Schotterweg. Hier rechts Richtung Veilbronn/Werntal, und dann gleich wieder links in die Wiese hinein.

Am Waldrand richten wir uns nach links und laufen auf einem Wiesenweg am Waldrand entlang. Nach ungefähr zehn Minuten kann man normalerweise rechts abbiegen Richtung Werntal. Achtung! Zum Zeitpunkt der Recherchen war dieser Weg gesperrt! Alternativ kann man folgende Umleitung laufen: Wir folgen dem Weg weiter geradeaus bis zur Straße, machen hier einen Rechtsknick und folgen dem blauen Balken. Er führt ein Stück hinab und nach einigen Minuten in einer schmalen Rechtskurve auf einem Waldweg wieder zurück ins **Werntal** 04. Wir folgen weiter der Beschilderung den Weg entlang und treffen nach einigen Minuten auf unseren blauen Diagonalbalken, dem wir auf breitem Weg durch den Wald folgen. Nach ca. eineinhalb Kilometern passieren wir den **Siegritzer Brunnen** 05. Unser Weg führt uns das letzte Stück auf Schotter über freie Fläche zurück zum Parkplatz bei **Veilbronn** 01.

Blick vom Pavillon auf Heiligenstadt.

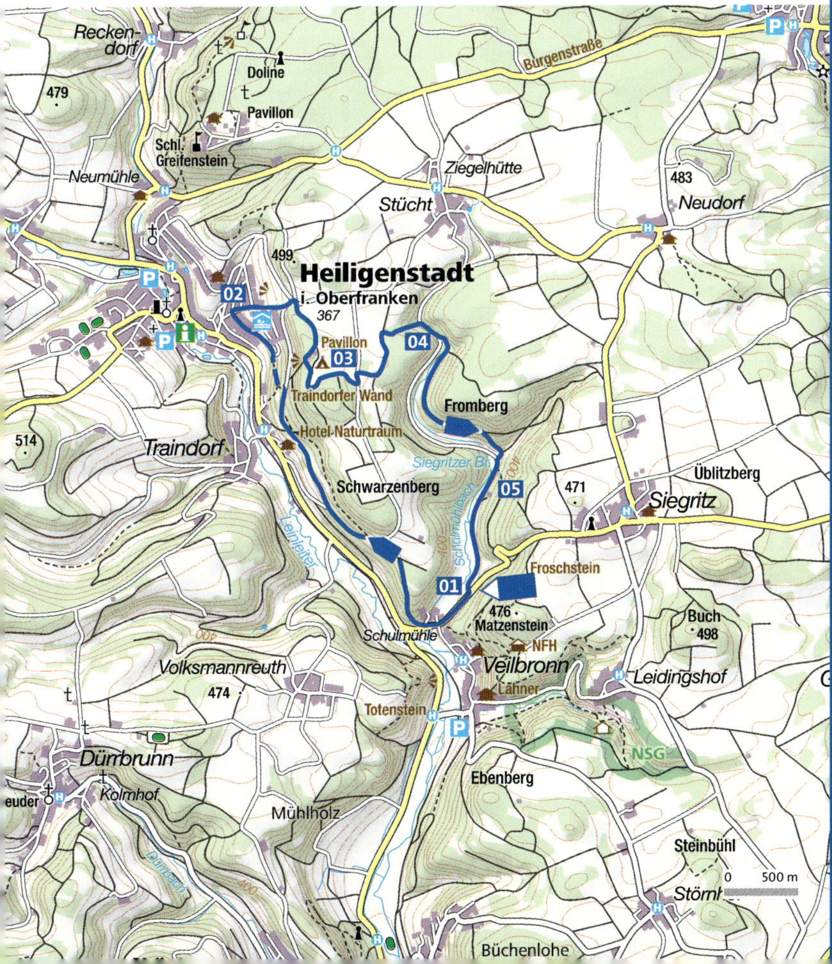

71 ZUM DRUIDENSTEIN

Auf informativem Naturlehrpfad zum aussichtsreichen Druidenstein

  4,9 km  2:00 h  324 hm 344 hm  170

START | Hinter dem Nitsche-Keller am Wanderparkplatz Schottenberg. [GPS: UTM Zone 32 x: 657.004 m y: 5.517.369 m]
CHARAKTER | Kurze Wanderung auf Waldwegen und naturnahen Waldpfaden. Häufiges, wenn auch oft kurzes Auf und Ab auf schmalen Steigen verlangen jedoch ein gutes Maß an Kondition.

Steinbruch am Naturlehrpfad.

Auf dem Naturlehrpfad Ebermannstadt werden die Kulturgeschichte der Landschaft, Geologie, Waldbau und Ökologie, einheimische Tiere und Pflanzen auf 67 farbigen Schautafeln während des Weges dargestellt. Der Höhepunkt gleich zu Anfang ist der Druidenstein, eine für die Fränkische Schweiz typische Felsnadel. Von hier bietet sich ein großartiger Ausblick auf das Wiesenttal.

▶ Vom **Parkplatz Schottenberg** 01 aus folgen wir dem grünen Kreis. Stetig geht es auf dem Schotterweg bergauf durch den Wald. Nach gut einer viertel Stunde lichtet sich der Wald und wir erreichen den **Steinbruch** 02. Hier weist uns das Wegzeichen nach rechts abzubiegen. Wir wandern oberhalb des Steinbruches weiter, noch immer leicht ansteigend. Allmählich geht der Schotterweg in einen weichen Waldweg über. Er führt uns weiter stetig bergauf, mal steiler, mal weniger steil. Nach einer weiteren viertel Stunde erreichen wir den **Druidenstein** 03. Von hier aus genießen wir einen herrlichen Ausblick über Ebermannstadt und das Wiesenttal. Gleich nach dem Druidenstein führt uns der Weg abwärts als Pfad durch den Laubwald. Allmählich wird der Pfad wieder zu einem breiteren Waldweg, der uns anhaltend hinabführt. Zwanzig Minuten nachdem wir den Druidenstein verlassen haben, gelangen wir an eine Lichtung.

An der **Holzhütte** 04, die zum Rasten einlädt, wenden wir uns nach rechts, auf einen kurzen, schmalen Pfad durch die Büsche. Nach einigen Informationstafeln machen wir einen leichten Schwenk nach links und treten auf einen schmalen Schotterweg. Diesem folgen wir nun, bis ein Wegschild uns wieder nach links auf einen Waldpfad weist. Wir folgen dem grünen Kreis wieder bergab. Wir halten uns nun im Abstieg links, bis wir auf einen schönen, ebenen, laubbedeckten schmalen Weg gelangen, der uns so nah an den Waldrand bringt, dass wir die grüne Wiese durch die Bäume blitzen sehen. Hier erwarten uns auch wieder einige Informationstafeln.

An der **Schautafel** über „Heimische Vögel" 05 biegen wir rechts ab. Nun noch einmal steil hinab durch einen Hain. Unten angekommen, wenden wir uns nach links und wandern hinter einigen Häusern am Ortsrand von Ebermannstadt in zehn Minuten zurück zum **Parkplatz Schottenberg** 01.

Aussicht vom Druidenstein.

WALBERLARUNDE

Klassiker am Zeugenberg

  7 km 2:00 h  323 hm  323 hm 170

START | Parkmöglichkeiten am Wanderparkplatz von Kirchehrenbach oder bei den Gaststätten.
[GPS: UTM Zone 32 x: 654.587 m y: 5.511.219 m]
CHARAKTER | Zu Beginn recht steil hinauf bis zur Walpurgis-Kapelle. Die anschließende Runde führt auf angenehmen Wegen ohne nennenswerte Anstiege.

Die Ehrenbürg, wie das Walberla eigentlich heißt, ist ein Zeugenberg mit einer Doppelkuppe im Landkreis Forchheim. Dabei bildet die Nordkuppe das 514 Meter hohe Walberla, die Südkuppe hingegen bildet den 532 Meter hohe Rodenstein. Weithin ist der gesamte Berg jedoch als Walberla bekannt. Von seinen Kuppen eröffnen sich herrliche Ausblicke ins Regnitz- wie auch ins Wiesenttal. Vieles spricht dafür, dass sich der Name Walberla von der heiligen Walburga ableitet. So wurde die Walburgis-Kapelle namensgebend für den Berg. Frühe Funde belegen die Nutzung als Kultplatz der Kelten sowie ein germanisches Heiligtum.

▶ Wir verlassen **Kirchehrenbach 01** und folgen zunächst dem roten Querbalken auf einem angenehmen Spazierweg zum Walberla. Von der Aussichtskanzel geht es weiter über einen asphaltierten Weg hinauf zur **St.-Walburgis-Kapelle 02**. Wir folgen dem Weg eine gute viertel Stunde weiter bis zum Gipfelkreuz des **Rodensteins 03**. Unter uns erblicken wir Schlaifhausen und Wiesenthau.

Auf angenehmen breiten Pfaden wandern wir nun weiter, immer am Kamm entlang, bis er uns langsam abwärtsführt. Wir halten uns im Abweg immer links und folgen bald dem roten Kreis und dem Zeichen für den Walberla-Rundweg. Kurz darauf betreten wir den Wald und die Walberla-Markierung führt uns in einer Runde wieder auf den Rückweg. Wir halten uns weiterhin links. Durch den Wald folgen wir nun dem Walberla-Rundweg immer geradeaus. Eine halbe Stunde etwa, nachdem wir den Rodenstein verlassen haben, führt ein hübscher Pfad linker Hand wieder zu unserer Aussichtskanzel. Ab hier wandern wir den Anfangsweg zurück nach **Kirchehrenbach 01**.

Herrliche Fernblicke von den Gipfeln der Ehrenbürg.

73 MAXIMILIANSGROTTE

Ruhiger Weg zu den Höhlen von Neuhaus

  11,8 km  3:30 h  393 hm  393 hm 170

START | Parkmöglichkeiten beim Bahnhof von Neuhaus an der Pegnitz. [GPS: UTM Zone 32 x: 684.242 m y: 5.500.259 m]
CHARAKTER | Abwechslungsreiche Wanderung mit einigen Steigungen auf größtenteils Wald- und Wiesenwegen. An manchen Stellen ist ein wenig Trittsicherheit von Vorteil.

Der Weg, der an vier Höhlen vorbeiführt, ist als karstkundlicher Wanderpfad ausgeschrieben und hält viele Informationstafeln am Wegrand bereit, die über die Karstlandschaft, Grotten und Höhlen berichten. Die Maximiliansgrotte ist eine Tropfsteinhöhle, die 70 Meter in die Tiefe hinabführt. Der in der Maximiliansgrotte befindliche „Eisberg" ist der größte Tropfstein Deutschlands. Führungen werden im Frühjahr und Sommer im Ein/Zwei-Stundentakt angeboten.

▶ Auf dem Gehsteig laufen wir vom Bahnhof **Neuhaus an der Pegnitz** 01 hinab zur Pegnitzbrücke. Wir überqueren diese und steigen direkt dahinter rechts ein paar Treppenstufen hinab. Wir folgen nun während der gesamten Tour dem grünen Punkt. Er führt uns jetzt zunächst links vom Flusslauf entlang, bald verlässt uns jedoch der Fluss und anstatt dessen passieren wir kleine Teiche.

Nach gut zehn Minuten überqueren wir eine Straße und stehen nun an der Einmündung des Höhlen-Tals. Wir laufen ein paar hundert Meter aufwärts, bis uns ein Pfad zur **Distlergrotte** 02 hinaufführt, die sich am linken Berghang im Wald versteckt.

Der Grotteneingang ist halb zugemauert, da aufgrund der Gefahren von losem Gestein und Steinschlag die Begehung nicht ungefährlich ist. Wir folgen weiter dem grünen Punkt auf Feldwegen und Wiesenpfaden. Nach ungefähr einer halben Stunde erreichen wir die **Mysteriengrotte** 03. Wir passieren diese, die daraufolgende Straße überqueren wir leicht links. Durch Wald und über Felder führt unser Weg zur **Schlieraukapelle** 04. An der Kapelle halten wir uns links, dann rechts auf dem Feldweg Richtung Krottensee. Wir erreichen eine Straße, die wir nach rechts einbiegen. Nach ca. 150 Metern verlassen wir sie in der Kurve nach rechts auf einen Feldweg. Im Wald führt uns der grüne Punkt nach links weiter auf einem Pfad. Am Windloch der Maximiliansgrotte vorbei erreichen wir den Zugang zur Schauhöhle **Maximiliansgrotte** 05.

Über Pfade und Steinstufen wandern wir am Hang entlang weiter hinauf zu den Felsen der Weissingkuppe. Durch moosbewachsene Felsen geht es weiter, bis wir schließlich hinabsteigen und über Forststraßen weiterwandern. Wir überqueren zweimal eine Forststraße, dann geht es steil hinauf zur „**Steinernen Stadt**" 06. Diese umwandern wir in einem Linksbogen. Wieder am Forstweg angekommen, geht es kurz nach rechts und nach ein paar hundert Metern wieder nach links.

Ein letztes Mal geht es nun steil bergauf auf einem Pfad, direkt zur **Vogelherdgrotte** 07. Der Weg führt uns durch die Felsenhalle hindurch, dahinter halten wir uns links. Über eine Wiese wandern wir nun zur asphaltierten Straße und folgen dieser bis nach Krottensee. Nachdem die Straße eine Linkskurve gemacht hat, führt ein kleiner Abstecher nach rechts zu den Opfersteinen. Zurück auf der Straße biegen wir nach ca. 300 Metern nach rechts ab und über Feldwege und Wiesen erreichen wir bald die Neubausiedlung von **Neuhaus** 01, über die wir zum Parkplatz zurückwandern.

In der Maximiliansgrotte.

74 OSSINGER UND ZANTBERG

Die höchsten Gipfel um Königstein

 14,1 km 5:00 h 600 hm 596 hm 170

START | Parkmöglichkeiten in Eschenfelden am Dorfplatz.
[GPS: UTM Zone 32 x: 689.160 m y: 5.495.194 m]
CHARAKTER | Gleichermaßen schmale Pfade oftmals durch den Wald sowie breite Feldwege. Das ständige Auf und Ab und die Anstiege zu den Gipfeln machen die Tour zu einer Ausdauer erfordernden Unternehmung.

Kirche in Königstein.

 Wir verlassen **Eschenfelden** 01 in nordwestlicher Richtung nach Königstein. Der rote Querbalken führt uns zunächst auf einer wenig befahrenen Straße Richtung Ratzendorf, nach fünf Minuten halten wir uns jedoch bereits rechts leicht bergauf durch Kiefern- und Buchenwälder. Nach einem kurzen Stück überqueren wir einen Feldweg und treffen auf einen Pfad.

Nach gut zwanzig Minuten halten wir uns beim Forstweg links. Bei der Lichtung rechts hinüber und dann hinauf zum Gipfel des **Ossinger** 02. Nun geht es auf dem roten X steil bergab, in nicht einmal einer halben Stunde haben wir **Königstein** 03 erreicht.

Wir verlassen den Ort in östlicher Richtung und wandern nun in mäßigem Anstieg dem roten Kreis folgend in weniger als einer halben Stunde auf den **Breitenstein** 04. Bei der „Breitenstein-Bäuerin" wechseln wir die Markierung. Auf dem blauen Kreuz wenden wir uns nach links auf schmalen Pfaden zur Straße hinunter. Diese biegen wir nach links ein, wenden uns nach ein paar Metern jedoch schon wieder nach rechts auf einen Feldweg.

Wir folgen nun immer weiter dem blauen Kreuz, bis wir nach einer viertel Stunde an eine große Kreuzung treffen; hier folgen wir nun dem gelben Punkt nach links Richtung Hoher Zant. Wir passieren einen Golfplatz und gelangen nach Wildenhof. Diesen Ort durchqueren wir.

Am Ortsende folgen wir dem gelben Punkt auf asphaltierten Wegen, bis er uns nach ungefähr 300 Metern nach links auf schönen Wegen nach **Riglashof** 05 geleitet. Nach dem Ort halten wir uns links und wandern nun schnell und steil geradeaus auf den **Hohen Zant** 06 hinauf. Der gelbe und der rote Querbalken führen uns in einer halben Stunde zurück nach **Eschenfelden** 01.

Ossinger.

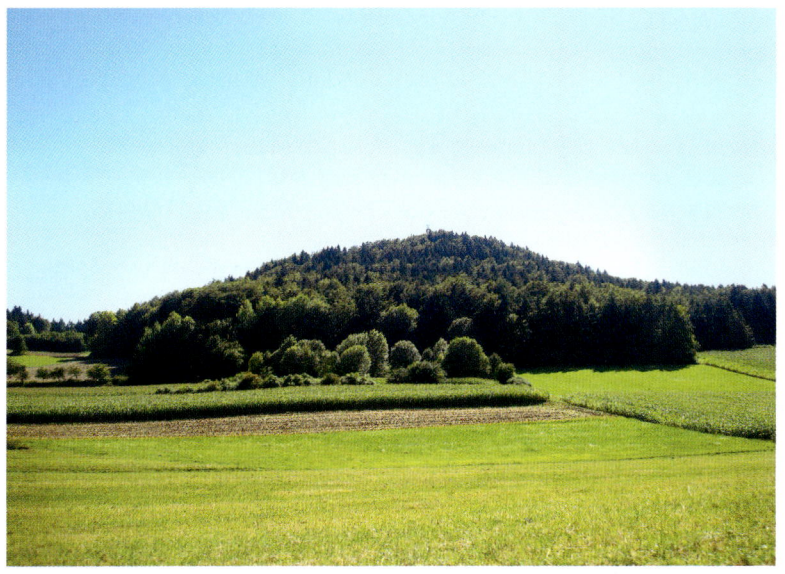

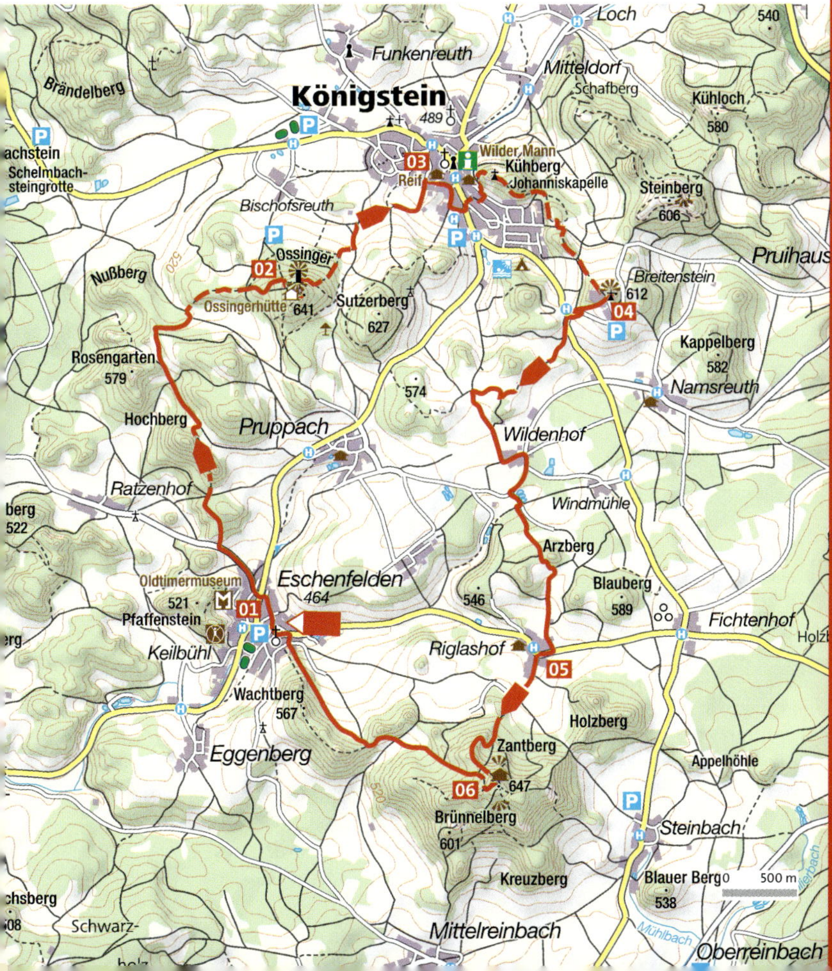
Loch
540
Funkenreuth
Mitteldorf
Schafberg
Brändelberg
Königstein
489
Kühloch
580
achstein
Schelmbach-
steingrotte
03
Reif
Wilder Mann
Kühberg
Johanniskapelle
Steinberg
606
Bischofsreuth
Ossinger
02
Nußberg
Ossingerhütte
641
Sutzerberg
627
Breitenstein
612
04
Pruihaus
Kappelberg
582
Namsreuth
Rosengarten
579
574
Hochberg
Pruppach
Wildenhof
Ratzenhof
Windmühle
berg
522
Arzberg
Oldtimermuseum
Eschenfelden
464
521
Pfaffenstein
01
546
Blauberg
589
Fichtenhof
Keilbühl
Riglashof
05
Wachtberg
567
Holzberg
Eggenberg
Zantberg
647
06
Appelhöhle
Brünnelberg
601
Steinbach
Kreuzberg
Blauer Berg
538
0
500 m
Schwarz-
Mittelreinbach
Mühlbach
Oberreinbach

NORISTÖRLE

Auf verwunschenen Pfaden durch den Hirschbacher Wald

  6,2 km 2:00 h  691 hm 665 hm 170

START | Parkmöglichkeiten am Dorfplatz von Hirschbach beim Gasthaus. [GPS: UTM Zone 32 x: 683.461 m y: 5.492.346 m]
CHARAKTER | Die Tour ist aufgrund ihrer Kürze auch für kleinere Kinder geeignet. Die meiste Zeit bewegt man sich auf schmalen, aber unschwierigen Waldpfaden. Nur zu Anfang ein bedeutender Anstieg bis zum Höhenglücksteig.

▶ Der gelbe Kreis führt uns vom Dorfplatz in **Hirschbach** 01 auf dem Bruckberger Weg nun erst einmal zur Ampel. Hier überqueren wir die Straße und laufen zwischen den Häusern bis zum Friedhof. Beim „Felsenbuamhaus Nr. 80" folgen wir dem gelben Kreis rechts hinauf. Nach einigen Minuten erreichen wir einen Feldweg, dem wir stetig geradeaus bergauf folgen. Zunächst geht es an Wiesen vorbei und dann durch den lichten Wald. Oben an der großen Kreuzung, wo sich an einem **Schilderbaum** 02 zahlreiche Wege treffen, halten wir uns links.

Der Bruckberger Weg führt uns hier schön durch den Wald auf schmalen, wurzeligen Pfaden. Wir bleiben nun immer auf diesem Weg, immer leicht links haltend. Über uns hören wir allmählich das Klicken der Karabiner vom Höhenglücksteig. Zusammen mit dem gelben Kreis begleiten uns nun auch – zur besseren Orientierung – der rote Punkt und das Wegzeichen für den Höhenglücksteig Teil 1. Diesen folgen wir jetzt immer weiter bis zum **Einstieg** des **Höhenglücksteiges** 03.

Hier wenden wir uns nach rechts und folgen dem Wegweiser eines alten Holzschildes wieder leicht bergab. Schon bald erreichen wir ein Bankerl, bei dem wir uns nach links wenden. Weiter geradeaus hinunter; wir stoßen auf einen breiten Wanderweg. Ein Wanderschild deutet uns hier nach rechts abzubiegen und nun der weißen 2 auf grünem Grund Richtung Noristörle zu folgen. Gleich darauf halten wir uns wieder leicht links, nun auf etwas schmälerem Weg. Wir folgen hier dem gut ausgeschilderten Weg immer weiter Richtung Noristörle durch den Wald, unterhalb vorbei am Norissteig, bis wir nach einer viertel Stunde das **Noristörle** 04 erreichen.

Hinter dem Törl geht es wieder steil bergab. Nach fünf Minuten erreichen wir ein Wegschild, das uns nach rechts Richtung Hirschbach schickt. An der nächsten Kreuzung folgen wir dem mittleren Weg, an den Kletterfelsen zu unserer Linken vorbei und rechts einmal über den breiten Waldweg hinüber. Auf der anderen Seite geht es weiter hinab und bei der nächsten Gabelung wandern wir auf dem oberen Pfad. Bald kommen wir aus dem Wald heraus und folgen einem Pfad hinter den ersten Häusern von Hirschbach vorbei. Der Pfad geht in einen asphaltierten Weg über und leicht hinab zurück nach **Hirschbach** 01.

Kletterer am Frankenkamin.

Noristörle.

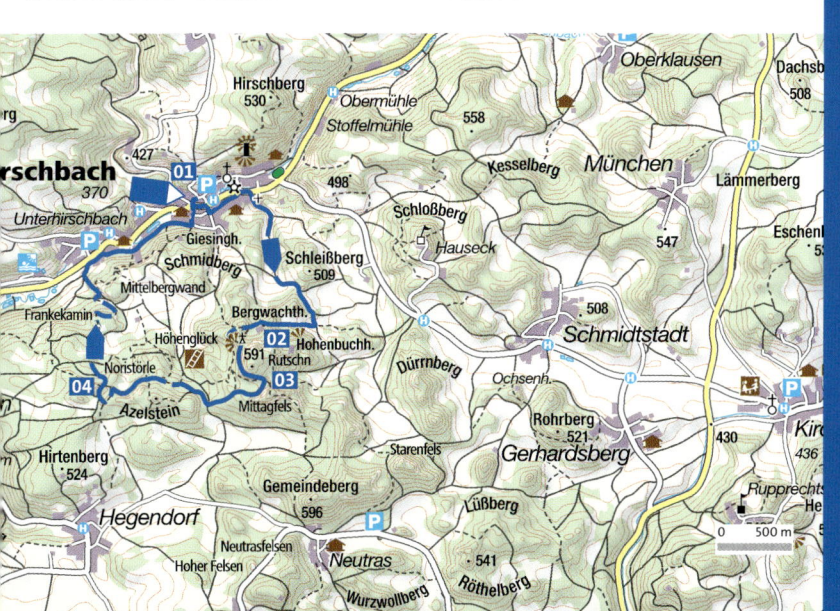

76 HOUBIRG

Auf dem Keltenwall um die Houbirg

  6 km  2:00 h  376 hm  377 hm 170

START | Parkmöglichkeiten an der Straße um den Dorfplatz von Happurg.
[GPS: UTM Zone 32 x: 678.993 m y: 5.485.162 m]
CHARAKTER | Die Tour ist von der Streckenlänge kurz, viele, lange und steile An- und Abstiege auf schmalen Waldpfaden erfordern dennoch ein gewisses Maß an Kondition.

Hohler Fels.

Die Befestigungsanlage auf der Houbirg zählt zu den bedeutendsten vor- und frühgeschichtlichen Höhensiedlungen Deutschlands. Die ungefähr 4,5 km lange, ehemalige Mauer umschließt eine über 88 ha große Innenfläche. Der Wall ist ein Rest der ehemaligen Ringmauer. Im nördlichen und östlichen Abschnitt misst er stellenweise 17 Meter in der Breite und oftmals mehr als 6 Meter nach oben. Die ersten Menschen siedelten bereits in der mittleren Bronzezeit, ca. 1600 v. Chr., auf der Houbirg. Die Wanderung führt auf dem Ringwall fast vollständig herum und macht die Tour zu einem spannenden Erlebnis für Groß und Klein.

▶ Wir starten unsere Tour am Dorfplatz in **Happurg** 01. Die Schöffenstraße und die weiße 1 auf grünem Grund bringen uns nun zunächst hinauf zum **Kriegerdenkmal** 02. Wir überqueren die Straße und passieren ein weiteres Denkmal, diesmal den KZ-Opfern gewidmet. Wir steigen durch eine schöne Hohlgasse in den Wald hinauf. Oben halten wir uns weiter links auf steilem Pfad über Wurzeln und Steine. Am Schotterweg angelangt geht es nach rechts weiter bergauf. Die darauffolgende Gabelung halten wir uns links, und dann gleich wieder links kurz über einen Grasweg. Durch ein paar lichte Stellen zwischen den Bäumen können wir schon einige Blicke auf Happurg erhaschen.

Nach einer guten viertel Stunde geht es am **Steinmännlein** 03 (das man aufgrund seiner Größe leicht übersehen kann) nach rechts, nun stetig auf dem Keltenwall hinauf. Bergauf und bergab laufen wir nun eine halbe Stunde auf dem Wall entlang. Dabei kreuzen wir einmal einen breiteren Weg mit der Nr. 2. Wir folgen dem Wall jedoch immer weiter, der uns als steiniger Pfad zum Aussichtspunkt und dem darunterliegenden **Hohlen Fels** 04 führt.

Am **Aussichtspunkt** 05 genießen wir einen herrlichen Blick auf den Happurger See. Ein kleiner Abstecher führt uns nach links hinab über ein paar Treppenstufen zum Hohlen Fels. Unser Weg zurück führt uns jedoch auf der anderen Seite hinunter, mit der Nummer 1 bzw. hier können wir uns auch an dem grünen Kreuz orientieren. Es führt uns nur der eine Weg nun stetig bergab, am Rieselquell vorbei nach Happurg. Wir treten aus dem Wald heraus, überqueren die Straße und laufen zum Friedhof. An der Friedhofsmauer wenden wir uns nach rechts und schnell stoßen wir wieder auf den Anfangsweg, dem wir hinab zum Dorfplatz **Happurg** 01 folgen.

Blick von der Houbirg auf den Happurger See.

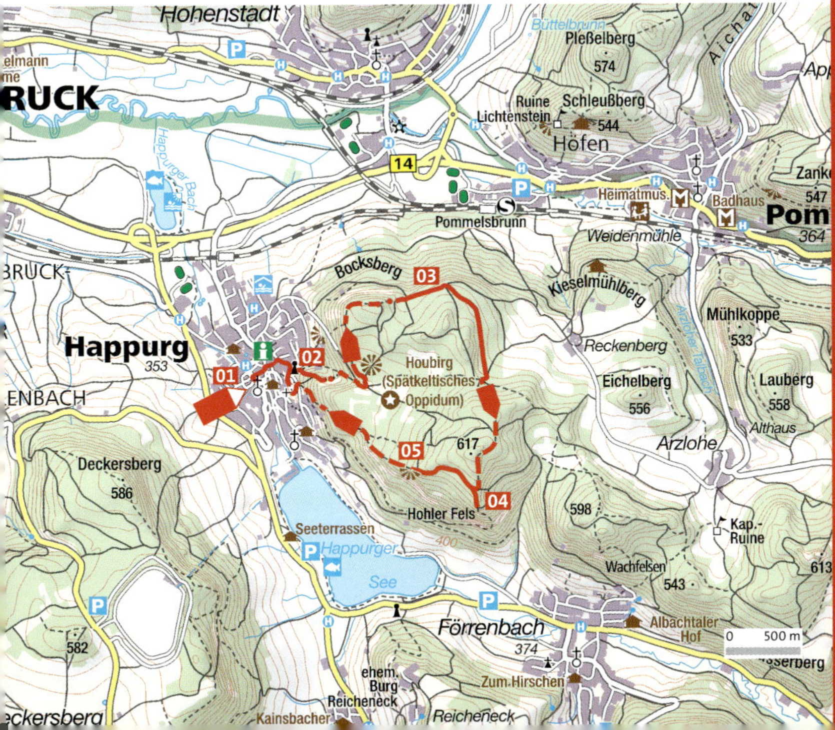

77 GRÜNBÜRGWEG

Über dem Steinachtal zur Ringwallanlage Grünbürg

  8,75 km  2:45 h  248 hm  248 hm 191

START | Stadtsteinach, Wanderparkplatz beim Sportplatz an der Hammergrundstraße.
[GPS: UTM Zone 32 x: 679.140 m y: 5.560.270 m]
CHARAKTER | Breite Wald- und Forstwege sowie schmale Waldpfade mit einer leicht abschüssigen Passage im Aufstieg zur Kanzel.

▶ Vom **Parkplatz** an der Steinachbrücke (Hammergrundstraße) in **Stadtsteinach** 01 gehen wir links auf einem gekiesten Fußweg an der Steinach entlang, überqueren einen Zulauf, treffen auf die Asphaltstraße, der wir zur **Schneidmühle** 02 folgen.

Kurz nach der Mühle verlassen wir den Asphalt und biegen links auf einen Fußpfad, zunächst am Bachlauf entlang. Bei der nächsten Wegverzweigung folgen wir links dem markierten Pfad, erst flach am Waldrand, dann in einer scharfen Spitzkehre nach rechts in den Wald hoch. Wenige Meter später zweigt links ein schmaler Fußpfad vom breiten Weg ab und zieht sich am Waldhang hoch.

Nach einer flacheren Passage, mit Ruhebänken am Weg, halten wir uns bei einer Verzweigung rechts; es folgt ein ansteigender, recht schmaler und teils etwas abschüssiger Abschnitt, links tauchen vereinzelt Felsen auf.

Bei einem Eckpunkt schwenken wir scharf links und kurz darauf geht es erneut links bergauf (Markierung am Baum nicht übersehen). Am Ende eines steileren Wegstücks stoßen wir auf einen kreuzenden, breiteren Forstweg in einer Kurve. Ein paar Meter links befindet sich die **Kanzel** 03, ein fantastischer Aussichtspunkt.

Wir überqueren den Forstweg und steigen auf einem grasiger und flacher werdenden Weg geradeaus im Wald hoch zu einem Asphaltsträßchen, dem wir 100 m nach links folgen und dann rechts in einen Kiesweg einbiegen. Bereits nach wenigen Schritten verlassen wir den breiten Weg wieder nach rechts und wandern auf schmälerem Weg zur ausgeschilderten **Ringwallanlage** 04 hoch, die man auf einem bequemen, breiten Weg umlaufen kann.

Zurück zur Verzweigung, marschieren wir nun auf dem breiten Kiesweg, leicht ansteigend, nach links und bleiben bei der folgenden Wegteilung auf dem rechten, leicht aufwärtsführenden Weg (Markierung).

An einer großen Lichtung vorbei gelangen wir in einer Rechtskehre zu einem asphaltierten Sträßchen, wir gehen ein paar Meter auf dem Asphalt abwärts und biegen dann links ab asphaltiert nach **Frankenreuth** 05.

Bei den Häusern schwenken wir mit der Markierung Steinachfelsen (Forstmeistersprungweg) rechts ab, der Asphalt endet und wir wandern über flaches Wiesengelände zum Wald. Im Wald stoßen wir auf eine kreuzende Kiesforststraße und auf den ein paar Meter entfernten Aussichtspunkt **Steinachfelsen** 06.

Nach rechts folgen wir dann der Forststraße (KU33), bis uns die Markierung (KU33) links auf einen abfallenden Waldweg weist, der zur Aussichtsstelle **Kanzel** 03 führt, wo wir auf unseren Anstiegsweg treffen.

Auf bekanntem Weg wandern wir auf den bequemen Waldpfaden zurück zur **Schneidmühle** 02 und an der Steinach entlang nach **Stadtsteinach** 01 zum **Parkplatz** in der Hammergrundstraße.

An der Schneidmühle.

SPARNECK – GROSSER WALDSTEIN • 877 m

Wunderbare Aussichtstour zum Roten Schloss und Abstieg über den Kleinen Waldstein

  13 km 4:00 h  390 hm  390 hm 191

START | Sparneck, Hans-Hoffmann-Platz am Marktplatz.
[GPS: UTM Zone 32 x: 703.155 m y: 5.560.510 m]
CHARAKTER | Breite Forstwege sowie schmale, teils wurzelige und felsige Pfade, die stellenweise auch steiler verlaufen, verkehrsarmes Sträßchen von Sparneck nach Reinersreuth und am Schluss zurück nach Sparneck.

Der Teufelstisch am Großen Waldstein.

▶ Vom **Mühlteichplatz** (an der Straße **Marktplatz**) in **Sparneck** 01 gehen wir über die Schlossgasse in die Humbertstraße. Wenn die leicht ansteigende Straße nach den letzten Häusern eine Rechtskurve macht, bleiben wir weiter geradeaus und folgen dem schmalen Asphaltsträßchen durch die aussichtsreiche Flur nach **Reinersreuth** 02.

Nach einem Rechtsschwenk passieren wir eine Grasfläche mit einer runden Steinscheibe (und eingravierten Namen) und gehen links leicht ansteigend in den Wald hoch. Der Asphalt endet und auf einem Forstweg, zwischendurch ein Stück weit auf einem grasigen Waldweg, folgen wir der Markierung blaues Dreieck. Vorbei am Schild Philosophenweg und der markierten Werner-Scherm-Kastanie biegen wir rechts ab auf einen Waldpfad, der stärker ansteigend zu einem Kiesweg hochführt. Kurz links, dann auf dem kreuzenden Asphaltsträßchen ein paar Meter rechts und wieder links auf schmalem Pfad bergauf zum **Waldsteinhaus** 03.

Vorbei an eindrucksvollen Steingebilden, dem Teufelstisch, dem Roten Schloss, Resten der Ostburg steigen wir auf dem höchsten Felsen des **Großen Waldsteins** zur „**Schüssel**" 04 hoch, einem wunderbaren Aussichtspavillon.

Hinter der Schüssel stoßen wir zu einer Verzweigung, halten uns links (Markierung „weißes H auf Rot") und der grasige Pfad, anfangs etwas steiler, bringt uns zu einer Wegespinne und einem Asphaltsträßchen hinab. Wir folgen dem Asphalt kurz bergab, verlassen das Sträßchen in einer Rechtskurve und wandern auf einem Waldweg weiter abwärts, überqueren eine Autostraße und treffen auf einen **Wanderparkplatz** 05.

Ein Forstkiesweg führt schnurgerade durch niedrigen Wald zu einer Lichtung, wo wir einen kreuzenden Kiesweg überqueren und wenig später den breiten Weg nach rechts auf einen grasigen Waldweg verlassen. Der Weg verengt sich zu einem wunderbaren Waldpfad und führt uns direkt zu den Felsen des **Kleinen Waldstein** 06.

Weiter verläuft der schmale, teils felsige Pfad, mehr oder weniger stark abfallend durch den Wald. Bei einem kreuzenden Forstfahrweg zweigt das weiße H nach rechts ab, wir folgen links dem blauen Punkt nach Sparneck und stoßen auf einen Forstweg, dem wir rechts leicht abwärts (blauer Punkt) ans Waldende folgen. Hier setzt Asphalt ein und wir wandern auf der Einzelstraße durch die Häuser direkt zu unserem Ausgangspunkt am **Marktplatz** in **Sparneck** 01 zurück.

Im Abstieg treffen wir auf die Felsen des Kleinen Waldstein.

79 SELB – EGER – WELLERTHAL

Schattige Wald- und Flusswanderung über den Lausenweg

  10,5 km  3:00 h  160 hm  160 hm 191

START | Selb, Wanderparkplatz an der Eissporthalle, Hanns-Braun-Straße. [GPS: UTM Zone 33 x: 295.350 m y: 5.559.860 m]
CHARAKTER | Breite Forst- und Waldwege, schöner Uferpfad.

Überraschende Begegnung am Ufer der Eger.

▶ Vom großen **Parkplatz** in **Selb** 01 am Waldrand, nahe der Eissporthalle, folgen wir dem blauen Diagonalbalken auf einen Waldweg, der uns in wenigen Minuten direkt zum **Wunsiedler Weiher** 02 führt, dessen gesamter Uferbereich unter Naturschutz steht. Bei der Wegteilung bleiben wir rechts und folgen dem ausgeschilderten Lausenweg in Richtung Leupoldshammer. Unterwegs können wir auf spielerische Art unseren Tastsinn auf dem markierten Kuselwusel-Walderlebnispfad testen.

Immer der blauen Diagonale folgend, passieren wir mehrere kleine Weiher, folgen einem kreuzenden Forstweg zunächst nach rechts und biegen dann links ab. In leichtem Auf und Ab wandern wir durch lichten Wald, bis wir zuletzt leicht abwärts in einer Rechtskehre zu einer kreuzenden Kiesstraße und zum Waldrand hinabgehen (Pos. Wegekreuz Nähe **Lausenmündung**) 03. Hier ist nach rechts, 150 m entfernt, die Lausenmündung zu erreichen.

Wir schwenken nach links via Wellerthal und laufen auf einem schönen Pfad am Waldrand entlang. Nach einem kurzen Waldstück nähern wir uns leicht abwärtsgehend wieder der mäandrierenden Eger an und folgen dem wunderbaren Uferweg, der uns mit lebenden (Enten und Schwänen) und künstlichen Tieren (Eulen und überdimensionale Frösche) erfreut.

Wir passieren die Kraftwerksanlage Wellerthal bei der Pos. **Leupoldshammer** 04, wo man links mit dem blauen Punkt zurück zur Eissporthalle Selb abkürzen könnte. Wir bleiben aber geradeaus, folgen nicht der schwarzen E-Markierung, sondern wandern auf der linken Seite der Eger weiter am Waldrand entlang.

Der grasige Weg steigt dann etwas an und wir erreichen eine mit blauem Kreuz markierte **Abzweigung** 05 Richtung Selb-Sporthalle, der wir nach links folgen.

Kurz darauf zweigt links eine Rückweg-Variante ab, wir bleiben aber geradeaus, schwenken mit dem kreuzenden breiten Forstweg nach links und folgen der Markierung „Schwarze 3". Bei der nächsten Verzweigung bleiben wir rechts (Nr. 3) und in leichtem Auf und Ab stoßen wir auf ein sich verzweigendes Kiessträßchen.

Wir folgen der rechten Variante (Nr. 3) und marschieren schnurgerade mit weitem Blick nach vorne über eine leichte Kuppe, bis von links der Variantenweg (hier als Saar-Schlesier-Weg beschildert) einmündet. Wenige Meter später erreichen wir beim **Wunsiedler Weiher** 02 unseren Hinweg und spazieren nach **Selb** 01 zum Ausgangspunkt zurück.

Der unter Naturschutz stehende Wunsiedler Weiher.

GROSSER KORNBERG • 826 m

Von Niederlamitz über die Ruine Hirschstein zur Schönburgwarte

  9,25 km  3:00 h  278 hm  278 hm 191

START | Niederlamitz, Parkplatz am Bahnhof.
[GPS: UTM Zone 32 x: 713.260 m y: 5.561.310 m]
CHARAKTER | Breite Wiesen-, Wald- und Forstwege, schmaler, teils felsiger Pfad bei der Ruine Hirschberg, verkehrsarme Asphaltpassagen in Niederlamitz.

▶ Vom **Parkplatz** beim Bahnhof in **Niederlamitz** 01 gehen wir kurz die Kornbergstraße hoch, biegen links in die Dörflaser Straße ab (Mark. Nordweg „Weißes N auf Rot"). Vor dem Ortsendeschild, bei der Pos. Dörflaser Straße 570 m, verlassen wir das Asphaltsträßchen und schwenken rechts in einen ansteigenden, schmalen Pfad ab. Wir überqueren drei Forststraßen auf dem stetig ansteigenden Waldpfad, der steiniger wird, und zu ersten Felsformationen führt: den Zigeunersteinen mit dem interessanten **Wackelstein** 02.

Wir gehen an einem Rastplatz links (Tisch/Bank) vorbei, es wird flacher, bei einer Wegverzweigung halten wir uns rechts (weißes N) und weitere Felsen tauchen auf. Wieder leicht ansteigend auf felsigerem Pfad gelangen wir zur Abzweigung, die uns in wenigen Schritten nach rechts zum „**Aussichtspunkt Ruine Hirschstein**" 03 leitet.

Zurück auf dem Hauptweg wandern wir rechts leicht abwärts, überqueren ein kreuzendes Kiessträßchen und steigen auf schmalem Pfad wieder an. Es folgt eine flachere Passage, der Weg wird breiter, führt nochmals über eine Kiesstraße und bringt uns wieder steiniger werdend hoch zur **Schönburgwarte** auf dem **Großen Kornberg** 04. Dominierend ist der ehemalige Aufklärungsturm der Bundeswehr, der den Gipfel von weitem erkennbar macht.

Auf einem schmalen Pfad, an der Zufahrt zum ehemaligen Militärgelände vorbei, kommen wir zur Bergstation eines Skilifts, gehen an ihm entlang den Wiesenhang hinab, unterqueren den Lift und steigen auf schmalem Waldpfad leicht abwärts. Nach Überqueren eines Forstwegs und einem Linksschwenk (Mark. N) stoßen wir kurze Zeit später auf Asphalt und die **Vorsuchhütte** 05.

Wir halten uns rechts, folgen einem leicht ansteigenden Forstweg, der in leichtem Auf und Ab schnurgerade durch den sehr lichten Wald verläuft. Immer dem breiten Weg nach erreichen wir nach ca. einer halben Stunde bei der Pos. Sandberg rechts eine freie Fläche mit Sitzbank und Infotafel. Ein paar Minuten später passieren wir das Ortsschild Niederlamitz, die ersten Häuser und Asphalt. An einem schönen Brunnen vorbei, wandern wir die Kornbergstraße hinab, die uns direkt zum Parkplatz beim Bahnhof in **Niederlamitz** 01 führt.

Die Schönburgwarte auf dem Großen Kornberg.

81 RUDOLFSTEIN • 866 m – DREI-BRÜDER-FELSEN • 845 m

Eindrucksvolle Felsentour

  10,25 km  3:30 h  293 hm  293 hm 191

START | Schönlind, Wanderparkplatz am Ortsrand beim Gasthaus Birkenhof. [GPS: UTM Zone 32 x: 704.940 m y: 5.551.960 m]
CHARAKTER | Wald- und Forstwege, schmale, teils wurzelige und felsige Pfade, nur kurze Asphaltpassagen.

Waldgaststätte Weißenhaider Mühle.

▶ Vom **Parkplatz** in **Schönlind** 01 (Wanderwegetafel) hinter dem Gasthof Birkenhof geht es wenige Meter auf Asphalt, dann auf einem Forstweg leicht ansteigend in den Wald hinein. An der **Kreuzung** 02 geradeaus (blauer Punkt), bei der nächsten Verzweigung folgen wir rechts dem blauen Punkt in Richtung Rudolfstein. Wir stoßen auf einen kreuzenden Kiesforstweg, überqueren ihn und steigen auf einem wurzeligen Pfad kontinuierlich bergan, meist durch Wald, unterbrochen durch ein paar lichte Stellen. Wenn der Wurzelpfad flacher wird, sieht man nach einer Linkskehre die ersten Felsen links oben. Kurz darauf stehen wir unterhalb des imposanten Massivs des **Rudolfsteins** 03, dessen Aussichtswarte ein grandioses Panorama bietet, vor allem der Schneeberg ist sehr schön zu sehen.

Ein paar Meter abwärts zu einer Verzweigung und links (Markierung „Weißes H auf Rot"), der Weg wird flacher, aber steiniger und führt uns zu den mächtigen **Drei-Brüder-Felsen** 04.

Weitere teils spektakuläre Felsen säumen den Weg, bis wir am **Rudolfsattel** 05 auf eine Wegespinne treffen und rechts dem blauen Diagonalstrich Richtung Bischofsgrün folgen. Einer lichten Tannenschonung entlang, über eine Kuppe leicht bergab und bei einer Wegteilung linkshaltend (die Abzweigung nach rechts zur Weißenhaider Mühle ignorieren! Weiter via Bischofsgrün), gelangen wir zum **Weißenhaider Eck** 06. Wir biegen auf einen schmalen Waldpfad rechts ab, stoßen auf eine Kiesstraße (Markierung zwei blaue Querbalken), der wir nach rechts folgen. Leicht abwärts, nach einer Rechtskehre stärker abfallend, treffen wir auf eine weitere Kiesstraße, halten uns links und schwenken bei der nächsten Verzweigung mit der Markierung links in einen grasigen Waldpfad, der am Waldhang entlang abwärts führt. Rechts unten ist ein Bach zu hören. Der Fußpfad fällt kontinuierlich ab, zu einem Asphaltsträßchen, ein paar Meter rechts liegt die Waldgaststätte **Weißenhaider Mühle** 07.

Wir gehen direkt beim Gasthaus über den Bach und steigen auf einem schmalen Pfad, an einem Geländer entlang, zu einem Kiesforstweg hoch, halten uns kurz links etwas bergab und schwenken bei der nächsten Verzweigung nach rechts. Gut 10 Minuten später treffen wir auf die **Kreuzung** 02 mit dem Hinweg und gehen nach links zum **Parkplatz** in **Schönlind** 01 zurück.

Die Drei-Brüder-Felsen.

82 OCHSENKOPF • 1024 m – WEISSMAINFELS • 918 m

Gipfel- und Quellentour

  8,75 km 3:00 h  328 hm 328 hm 191

START | Fleckl, parken bei der Talstation der Ochsenkopfseilbahn.
[GPS: UTM Zone 32 x: 701.150 m y: 5.543.880 m]
CHARAKTER | Wald- und Forstwege, schmale Pfade mit teils felsigen und steileren Passagen; Vorsicht beim Queren des MTB-Trails.

Die eindrucksvollen Weißmainfelsen kann man über Treppenstufen besteigen.

▶ Vom **Parkplatz** in **Fleckl** 01 bei der Talstation der Ochsenkopf-Süd-Seilbahn steigen wir am **Gasthaus Ochsenkopf** 02 über ein paar Stufen hoch und auf einem recht wurzeligen Pfad neben der teils künstlich angelegten MTB-Downhill-Strecke durch den lichten Wald bergauf. Bei großen Felsblöcken kreuzen wir den MTB-Trail (Vorsicht!), wenig später überqueren wir eine Kiesforststraße und folgen der blauweißen Markierung geradeaus hoch. Der schmale, steinige und teils wurzelige Pfad ist immer wieder mit Felsen durchsetzt und führt stetig durch den Wald bergan bis zum nächstem kreuzenden Forstweg.

Gegenüber ist der überdachte Unterstandspavillon bei der Pos. **Fürstenbrunnen** 03. Der Ochsenkopfweg führt an der Hütte geradeaus vorbei auf einem steileren, felsigen Pfad. Nach einer Rechtskehre wird es zunächst etwas flacher, dann geht es wieder in steileren Kehren zu einer Forststraße hoch, geradeaus weiter und etwas flacher, dafür wieder steiniger zur nächsten Kiesstraße, der wir nach links folgen. Der hohe Sendeturm ist von hier aus bereits zu sehen.

Wenig später passieren wir ihn und stehen vor dem **Asenturm** 04 und der Gipfelgaststätte. Im Abstieg folgen wir dem „Schwarzen M" in Richtung Weißmainfelsen. Vorbei am Abzweig zum **Goethefelsen** wandern wir den felsigen Pfad bergab, stoßen auf einen Kiesweg, halten uns rechts, zur Unterstandshütte bei der **Weißmainquelle** (die links einige Meter unterhalb liegt).

Direkt nach der Hütte biegen wir rechts ab und steigen auf einem wurzeligen Pfad zu den imposanten **Weißmainfelsen** 05 hoch, die man über geländer-

Am Südosthang des Ochsenkopfes entspringt die Fichtelnaabquelle.

gesicherte Stufen besteigen kann. Toller Ausblick nach Süden. Von der Aussichtswarte nach rechts weiter hinab, über eine Kiesstraße hinüber und bei einer Wegteilung rechtshaltend, gelangen wir zur **Fichtelnaabquelle** 06, mit Unterstandshütte. Auf flachem Pfad stoßen wir auf ein nach links bergabführendes Kiessträßchen (blauer Punkt) und dann auf eine nach rechts ansteigende Forststraße. Kurz bergauf, an Felsen vorbei, bis links die Abzweigung zur **Steinachquelle** 07 erreicht ist.

Wieder auf dem Hauptweg folgen wir nach einer Linkskehre weiter dem blauen Punkt auf grasigem Weg in den Wald hinein und in Kehren bergab Richtung Fleckl. Wir folgen dann einem kreuzenden breiteren Weg nach rechts, verlassen ihn auf einem schmäleren Pfad, der sich durch den Wald hinabschlängelt. Kurz vor dem markierten Downhill-Trail stoßen wir auf den Hinweg, und am **Ochsenkopfhaus** 02 vorbei erreichen wir den **Parkplatz** in **Fleckl** 01 bei der Talstation der Ochsenkopfbahn.

83 LUISENBURG – BURGSTEINFELSEN – KÖSSEINE • 939 m

Durchs grandiose Felslabyrinth zum Kösseineturm

  8,75 km  3:15 h  353 hm 353 hm 191

START | Luisenburg, Großparkplatz an der Luisenburgstraße.
[GPS: UTM Zone 32 x: 714.330 m y: 5.544.400 m]
CHARAKTER | Wald- und Forstweg, im Bereich der Kösseine schmale, wurzelige und felsige Pfade und Steige, ebenso im Felsenlabyrinth, dort gibt es auch sehr schmale Auf- und Abstiege über steile Treppen sowie enge Durchschlupfe unter bzw. zwischen Felsen hindurch.

Aussichtsplattform am Burgsteinfelsen.

▶ Vom **Großparkplatz** 01 unterhalb der Luisenburg gehen wir rechts hoch, an Bühne und Hotel vorbei, zum Eingang ins Labyrinth. Ein teils wurzeliger Pfad leitet uns durch die Felsen hindurch, führt über teils sehr schmale Stufen und Treppen auf und ab, leitet durch schmale Durchschlupfe hindurch und bringt uns zu einem Aussichtspavillon hoch.

Der blaue Pfeil dirigiert uns durch das **Felsenlabyrinth** 02, vorbei an beschrifteten Felsblöcken, zum Goethestein, zur Dianaquelle und zu so engen Felsstufen und Kriechstellen, dass man die Nachteile einer zu großen Leibesfülle und eines zu ausladenden Rucksacks deutlich zu spüren bekommt. Alles in allem ein durchaus abenteuerlicher Weg. Kurz nach dem markierten Ende des Labyrinths wandern wir auf flachem, etwas wurzeligem Weg weiter durch den Wald, verlassen ihn aber mit der Markierung „Blauer Punkt" nach links, der Pfad wird steiniger, steigt leicht an, und durch einen engen Durchschlupf unter den Felsen hindurch gelangen wir zum **Kaiser-Wilhelm-Felsen** 03,

dessen Aussichtsplattform mit einem Geländer gesichert ist. Nach dem Kaiserfelsen steigt der geröllige Weg leicht an, verläuft in Kehren, und an weiteren Felsblöcken vorbei erreichen wir den **Burgsteinfelsen** 04, der ebenfalls mit einer schönen Aussichtsplattform aufwartet. Wir passieren zunächst leicht abwärtsgehend die Abzweigung zum Großen Haberstein, stoßen auf den Rundwanderweg und folgen ihm links zum **Kleinen Haberstein** 05. Wir folgen der H-Markierung bergab, über die Forststraße hinüber, und steigen auf einem Waldweg, der sich zu einem sehr felsigen Pfad entwickelt, zu einer Wegkreuzung hoch. Nach rechts hinab verläuft später unser Rückweg. Wir halten uns geradeaus, steigen auf felsigem Waldweg, am **Brünnerl** 06 vorbei, zu einem Kiesweg an, und über steile Felsstufen zum **Kösseinehaus** 07 und zum **Aussichtsturm** hoch.

Im Abstieg passieren wir wieder das **Brünnerl** 06 und halten uns bei der folgenden Verzweigung links Richtung Tröstau (Markierung weiß-blau). Recht steil bergab gelangen wir zu einer kreuzenden Forststraße, der wir rechts Richtung Luisenburg (Markierung „Schwarzes Q auf Gelb") folgen. Einen Kiesweg überschreitend leitet uns der breite Forstfahrweg leicht bergab durch hochstämmigen Wald. Wir kürzen auf einem markierten Waldpfad zwei Kehren des breiten Forstwegs ab und wandern zurück zur Luisenburg und zum **Parkplatz** 01.

Mitten im Felslabyrinth der Luisenburg.

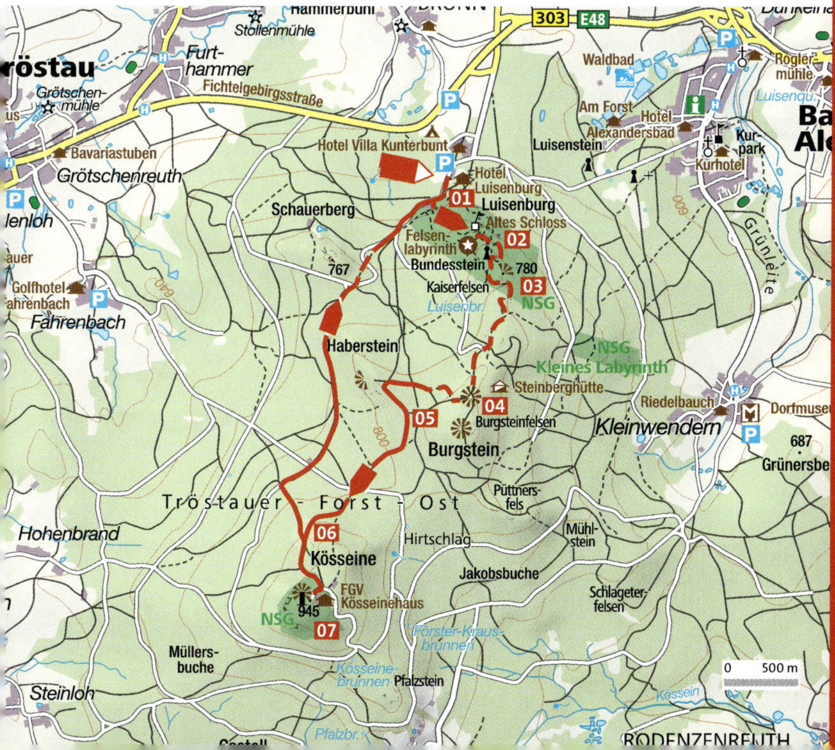

84 HIRSCHENTANZ-RUNDE

Beschauliche Tour um einen Basaltsteinbruch auf ehemaligem Vulkangebiet

  9,5 km 2:45 h 176 hm 176 hm 191

START | Großbüchlberg, Parkplatz Petersklause, bei der Sommerrodelbahn. [GPS: UTM Zone 33 x: 301.010 y: 5.539.320 m]
CHARAKTER | Breite Forst- und Waldwege, kurze geplättelte und asphaltierte Abschnitte.

Blick in die riesigen Abbauhalden.

▶ Vom großen **Parkplatz** in **Großbüchlberg** 01 beim **Gasthaus Petersklause** (direkt neben der Sommerrodelbahn) marschieren wir auf Asphalt am Gasthaus vorbei leicht abwärts, biegen aber vor der Autostraße rechts ab (Hirschentanz-Steinbruch-Rundweg, Mark. „Orange 2"). Der Weg steigt wieder leicht an, wir passieren rechts einen eindrucksvollen Baum, folgen dem kreuzenden Asphaltsträßchen rechts, um gleich wieder links abzubiegen. Zunächst weiter asphaltiert, geht es nach dem letzten Haus auf einem geplätteten Weg über offenes Acker- und Wiesenland in Richtung Wald.

Der Plattenweg endet und auf einem Kiesweg wandern wir durch den anfangs lichten Wald leicht abwärts. Es wird flacher, der Wald wird dichter, wir passieren Trimm-Dich-Positionen, biegen scharf links ab und folgen rechts dem breiten Weg zu einer Kreuzung. Wir schwenken nach links und gelangen in einer Rechtskehre zur nächsten **Verzweigung** 02.

Geradeaus ist Ochsenträk angeschrieben, wir halten uns aber rechts und folgen dem nicht markierten Forstweg, der in einer großen Rechtskehre um den Hirschentanz herumführt, vorbei an einigen mit „Vorsicht Sprengarbeiten. Betreten verboten"-Schildern versehenen Pfadabzweigungen. Wir passieren ein schlichtes Holzkreuz links am Weg und stoßen auf dem leicht abfallenden Weg auf eine **Schranke** 03. Weiter bergab gelangen wir auf ein Asphaltsträßchen, dem wir durch die riesige Steinbruchanlage hindurch folgen. Unten, bei einer Wegekreuzung, halten wir uns rechts („2") und wandern auf einem schmalen Kiesweg in den Wald hinein. Mit der „2" überqueren wir einen Forstweg, stoßen nach einem Rechtsschwenk auf eine kreuzende Forststraße, der wir nach links, leicht bergab, folgen. Wir überqueren, leicht rechts versetzt, einen Weg, gehen über eine Lichtung und vor einem **Teich** 04 zum Wald. Rechts am Waldrand und an Wiesen entlang laufen wir wieder in den Wald hinein.

Nach einem kurzen Waldstück gehen wir am Waldrand entlang in einer Linkskehre leicht aufwärts. Bei einem Imkerstand biegen wir rechts ab und traversieren weiter aufwärtsgehend über aussichtsreiches offenes Wiesen- und Ackerland auf die bald sichtbaren Häuser von Großbüchlberg zu. Der Feldweg geht bald in einen Plattenweg über und wir stoßen kurz vor den Häusern auf eine Kreuzung und auf den Hinweg.

Auf Asphalt wandern wir geradeaus über eine Kuppe und bergab zu einer **Kapelle** 05, anschließend halten wir uns links und gehen wieder hoch zum Gasthaus **Petersklause** und zum **Parkplatz** in **Großbüchlberg** 01.

An einem beeindruckenden Maschinenpark vorbei führt der Weg auf einem Zufahrtssträßchen mitten durch die Steinbruchanlage.

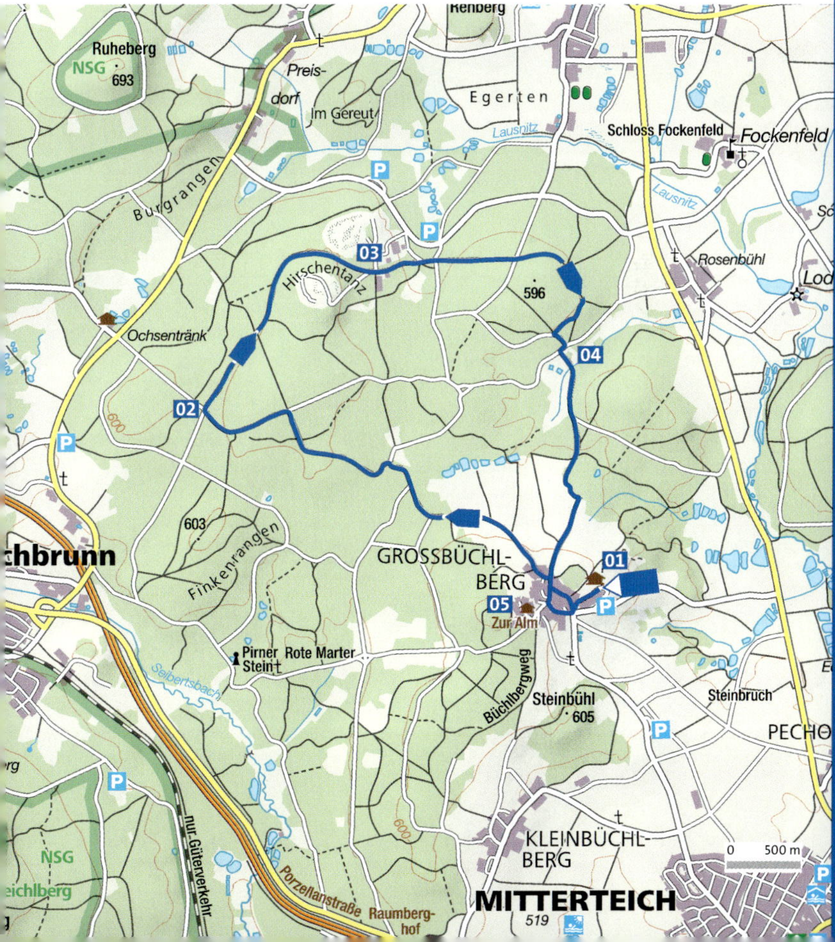

WALLFAHRTSKIRCHE KAPPEL

Kleine Aussichtswanderung über den Dietzenberg

  4 km 1:15 h  65 hm  65 hm 191

START | Wallfahrtskirche Kappel, Parkplatz vor der Kirche.
[GPS: UTM Zone 33 x: 304.950 m y: 5.545.400 m]
CHARAKTER | Breite Feld- und Forstwege, zum Schluss kurzer Wiesenpfad.

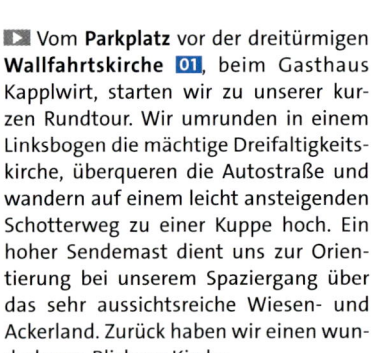

Am aussichtsreichen Dietzenberg.

▶ Vom **Parkplatz** vor der dreitürmigen **Wallfahrtskirche** 01, beim Gasthaus Kapplwirt, starten wir zu unserer kurzen Rundtour. Wir umrunden in einem Linksbogen die mächtige Dreifaltigkeitskirche, überqueren die Autostraße und wandern auf einem leicht ansteigenden Schotterweg zu einer Kuppe hoch. Ein hoher Sendemast dient uns zur Orientierung bei unserem Spaziergang über das sehr aussichtsreiche Wiesen- und Ackerland. Zurück haben wir einen wunderbaren Blick zur Kirche.

Beim Sendemasten erreichen wir die Pos. **Dietzenberg** 02, halten uns links und folgen einer etwas verwaschenen Blaumarkierung am Baum. Auf einem Wiesenweg wandern wir zwischen Getreidefelder hindurch leicht abwärts in Richtung Waldrand.

Auf einem ziemlich verwachsenen, teils nur schwer erkennbaren Weg tauchen wir in den Wald ein und stoßen stets geradeaus gehend auf einen breiten Forstweg. Wir schwenken nach links und gehen auf dem schnurgerade durch den Wald verlaufenden Weg leicht abwärts bis zu einer Kreuzung. An einem Baum ist **Häckellohe** 03 angeschrieben und nach links weist ein grünes K-Schild.

Es geht leicht aufwärts, wir überqueren eine kreuzende breite Kiesstraße und folgen halb links der Markierung „Blauer Punkt". In einer Rechtskurve verlassen wir den breiten Forstweg und biegen links auf einen grasigen Pfad ab („Blauer Punkt"). Nach ein paar Metern halten wir uns rechts und schwenken auf einen schmalen Waldpfad ein, der uns zum Waldrand leitet. Von hier ist die Dreifaltigkeitskirche bereits zu sehen. Wir gehen am Waldrand ein paar Meter rechts, schwenken vor einem kleinen Teich links und wandern über die Wiesen zur Autostraße vor, überqueren sie und sind ein paar Schritte später wieder am **Parkplatz** vor der **Wallfahrtskirche** 01.

Die imposante Dreifaltigkeitskirche Kappel.

HAUSEN – ROTH

Frauenhöhle und Eisgraben

  9,5 km  2:15 h  295 hm 295 hm 460

START | Nahe der Kirche in Hausen. Anfahrt auf der B 285 bis Fladungen oder Nordheim, dann Richtung Hausen.
[GPS: UTM Zone 32 x: 580.050 m y: 5.595.430 m]
CHARAKTER | Breite Wege führen durch dichten Buchenwald und über ausgedehnte Lichtungen.

Bei Hillenberg.

Die einfache Wanderung erkundet die Umgebung der geheimnisvollen Frauenhöhle. Zurück geht es durch das zuweilen etwas düstere Tal des Eisgrabens.

▶ Von der Kirche **01** gehen wir die Rhönstraße aufwärts (Markierung: blauer offener Tropfen), biegen vor dem Gasthaus Rhönlust in die Stettener Straße ein, schwenken gleich wieder rechts in den Rother Weg und folgen dort bei der Marienkapelle dem abzweigenden Kreuzweg nach rechts (markiert). An der kleinen Mutter-Jesu-Kapelle **02** mit den Darstellungen der Heiligen St. Gangolfus und St. Wendelinus führt die Wanderung gerade vorbei. Nach einiger Zeit leitet uns die Kennzeichnung 100 m vor einer markanten T-Kreuzung halbrechts auf einen schmalen Wurzelpfad. Ein Feldweg wird gerade gequert, beim Betonweg im Tal hält sich die Route erst rechts und einige Schritte weiter gleich wieder links Richtung **Roth 03**. Im Ort folgen wir dem Straßenverlauf abwärts, halten uns an der Hauptstraße rechts und gehen zur Kirche. Gleich daneben biegen wir rechts ein (Rundweg 1), bleiben jedoch links des Kriegerdenkmals und rechts der interessanten öffentlichen Viehwaage (10 bis 10.000 kg).

Am zweiten Weiser halten wir uns an der dortigen Gabelung rechts aufwärts Richtung „Hillenberg" und folgen der Markierung blaues Dreieck. Bei der Wanderung am Hang des Schlossbergs werden alle Einmündungen ignoriert. Am Weiser nahe der großen Lichtung folgen wir unserem Wirtschaftsweg nach rechts. Am oberen Lichtungsrand wird ein Asphaltweg erreicht, wo unsere Route nach links fortgesetzt wird. An der Asphalt-T-Kreuzung 400 m weiter halten wir uns kurz links und bereits nach wenigen Schritten rechts Richtung „Frauenhöhle/ Eisgraben".

Wenig später lockt der Abstecher zum Aussichtspunkt über dem Gelände der **Frauenhöhle 04**, die im Gewirr der Basaltblöcke verborgen liegt. Der Eingang ist vermauert und jede Kletterei am Hang sollte unterlassen werden. Nun laufen wir steil hinab ins Tal zum düsteren Eisgraben. Nach einer Bachüberbrückung geht es bald auf der anderen Seite talwärts weiter. Dabei verlassen wir das blaue Dreieck und folgen nun immer im Talgrund der roten Dreiecksmarkierung. Nahe einer Lichtung erreicht die Tour einen Teerweg und verläuft auf diesem nach links abwärts weiter. In **Hausen 01** folgen wir der Eisgraben- und der Rhönstraße zur Kirche.

Blick auf Hausen.

St. Wendelin

Die Legende berichtet über dessen Missionstätigkeit im 6. Jahrhundert im Bistum Trier. Er gilt als der Schutzpatron der Hirten, Bauern und Landarbeiter (und als solcher lässt sich leicht seine Bedeutung in der Rhön erklären). Häufig wird ihm ein Schaf als Attribut zur Seite gestellt, war er doch als Pilger gezwungen, in die Dienste eines Gutsherren zu treten und dessen Schafe zu hüten.

SCHÖNAU – BURGWALLBACH

Wo das Rhönrad erfunden wurde

  15 km  3:30 h  290 hm  290 hm 460

START | Die Kirche in Schönau an der Brend. Anfahrt auf der B 279. [GPS: UTM Zone 32 x: 578.370 m y: 5.581.400 m]

CHARAKTER | Die Wanderung verläuft auf Wurzelpfaden und breiten Wegen im Burgwallbacher Forst.

Beginnend im sehenswerten Fachwerkdorf Schönau erkundet die schöne Waldwanderung den Burgwallbacher Forst mit dem einsamen Jägerhaus und der romantischen Liesbachhütte.

▶ Unterhalb der **Kirche** **01** gehen wir vorbei am Dorfbrauhaus rechts und dem Rhönrad-Denkmal links auf der Burgwallbacher Straße ortsauswärts und folgen der Markierung „NH" (Neustädter Haus) in Richtung „Jägerhaus". An der nahen Straßenverzweigung wählen wir die Krummbachstraße Richtung „Schwimmbad" und passieren das Gasthaus und **Hotel im Krummbachtal** **02**.

Unweit des Hotels weitet sich das Tal zu einer großen Lichtung. Hier wechselt unsere Tour markiert auf einer Brücke über ein Rinnsal auf die linke Talseite und bleibt dort an der Verzweigung auf dem rechten Weg (Richtung „Jägerhaus"). Bald gelangt die Wanderung zur nächsten Gabelung, an welcher sie sich zunächst rechts hält, aber bereits 15 m weiter nach links auf einen schmalen Pfad einschwenkt (Markierung!).

Diesem deutlichen Wurzelpfad folgt die Route durch Nadel- und Mischwald immer mäßig ansteigend geradeaus (wobei auch zwei Forststraßen überquert werden) bis zum **Jägerhaus** **03** mitten im Wald.

Von diesem aus gehen wir etwa 50 m bergan, queren eine breite Forststraße und wandern auf dem Waldweg direkt gegenüber weiter (Markierung: rotes Dreieck bis Burgwallbach). Der verwachsene Weg führt steil hinab und stößt auf ein Wirtschaftssträßchen, wo wir nach links biegen. An der X-Kreuzung nur 100 m weiter wählen wir den Abzweig nach links **abwärts**. Immer geradeaus hinabführend passiert unsere Wanderung schließlich schon recht tief im Tal die liebevoll und wohnlich eingerichtete **Liesbachhütte** **04** (Schutzhütte).

Im Talgrund wird endlich **Burgwallbach** **05** erreicht, wo wir der Liesbachstraße folgen. Wir überqueren die Ortsdurchgangsstraße direkt, laufen ein kurzes Stück auf der Auerhahnstraße und folgen dann der Beschilderung Richtung „Schützenhaus" (Markierung: SwH = Schweinfurter Haus).

Am Schützenhaus vorbei geht es steil aufwärts. Kurz vor dem Ende des Anstie-

Blick über Burgwallbach.

ges biegen wir an der Gabelung links auf einen Waldweg ein. Im Wald orientieren wir uns an der genannten Kennzeichnung (!), wobei sich die Route an der Verzweigung auf der Anhöhe rechts hält.

Am Hang unterhalb werden mehrere Forststraßen überquert, bevor wir das Tal erreichen und uns auf dem Fahrweg nach links wenden. Bald stößt die Tour wieder auf den **Ausgangspunkt 01**.

Das Rhönrad

Schon als Kind sei er als Sohn eines Schmiedes und Böttchers gern in zwei verbundenen Eisenreifen den Hang hinab gerollt. Otto Feick meldete 1925 das Patent für sein außergewöhnliches Sportgerät in Schönau an. Die Idee dazu entwickelte er im Gefängnis – während der Wirren in der Pfalz Anfang der 1920er-Jahre geriet er in französische Militärhaft. Das Sportgerät wurde bald begeistert aufgenommen und sogar bei den Olympischen Spielen 1936 vorgeführt, nicht jedoch als olympische Disziplin.

88 OBERBACH – KISSINGER HÜTTE

Durch die Schwarzen Berge zur Kissinger Hütte

 13 km 3:00 h 365 hm 365 hm 460

START | Das „Haus der Schwarzen Berge" nahe der Kirche in Oberbach. Anfahrt auf der B 279 bis Oberweißenbrunn bzw. auf der B 286 bis Riedenberg, dann jeweils Richtung Oberbach.
[GPS: UTM Zone 32 x: 562.780 m y: 5.577.430 m]
CHARAKTER | Auf Wurzelpfaden und breiteren Waldwegen verläuft unser schattiger, phasenweise abschüssiger Weg hinauf zur Kissinger Hütte.

Blick von der Kissinger Hütte.

Das sehr empfehlenswerte „Haus der Schwarzen Berge" ist ein idealer Startpunkt für die Wanderung, sind wir doch im gleichnamigen NSG unterwegs. Zielpunkt ist die panoramenreiche Kissinger Hütte.

▶ Vom **Haus der Schwarzen Berge** 01 gehen wir die Rhönstraße zunächst abwärts durch den ganzen Ort, bis wir zur viel befahrenen Landstraße gelangen. Wir queren diese, folgen auf der anderen Seite dem Sträßchen links aufwärts und halten uns an der nächsten Verzweigung rechts (Markierung: gelbes Dreieck). Anhaltend steil geht es bergan, Einmündungen werden ignoriert. Nach einer kleinen Anhöhe im Wald gabelt sich der Weg – wir lassen uns von der Kennzeichnung nach links leiten. Nur 200 m weiter gehen wir dann in einer Linkskurve geradeaus auf einem Waldweg hinein ins NSG. An einer bald erreichten Forststraße halten wir uns rechts (wir verlassen hier das gelbe Dreieck und folgen nun dem gelben offenen Tropfen). Aber schon nach 300 m schwenkt die Tour auf einen Weg links, nur um weitere 150 m später nochmals nach links auf einen ansteigenden Pfad einzubiegen. Dieser quert gleich einen breiten Weg.

Achtung! Von einem nur kurze Zeit relativ eben verlaufenden Wegstück biegen wir bald links aufwärts auf einen unscheinbaren Wurzelweg ein. Am nächsten Fahrweg schwenkt unsere Wanderung nach rechts, wobei wir weiter stetig bergan gehen. Immer geradeaus wandernd, passieren wir eine kleine Schutzhütte und erreichen etwas später eine weite **Alm** mit Weiser 02. Von hier führt unser Weg später zurück nach Oberbach. Wir unternehmen jedoch den Abstecher zur nahen und voraus bereits sichtbaren **Kissinger Hütte** `03` mit ihrem fantastischen Panoramablick (Mo geschlossen).

Zurück beim **Weiser am Waldrand** `02` schwenkt unsere Wanderung nach links Richtung „Oberbach" (Markierung: gelber Winkel). Wir erreichen nach kurzer Zeit eine Forststraße und folgen ihr links abwärts. An einer kleinen Schutzhütte biegen wir links talwärts auf einen Waldweg ein, queren bald einen Wirtschaftsweg gerade und lassen uns von der Kennzeichnung steil und steinig bergab leiten. Bereits weit unterhalb stoßen wir endlich auf ein **Asphaltsträßchen** `04` und wandern rechts hinab weiter. Alle Abzweigungen werden ignoriert, sodass **Oberbach** `01` erreicht wird.

Die Schwarzen Berge

Das NSG Schwarze Berge gehört zu den größten seiner Art in Bayern und zählt zu den wertvollsten Gebieten und Bestandteilen des Biosphärenreservates Rhön. Durch Urbarmachung des Landes wurden weite Teile der einst flächendeckend anzutreffenden Buchenwälder gerodet. So entstand über Jahrhunderte die offene, parkartige Kulturlandschaft mit Hecken, Feldgehölzen und Lesesteinwällen, welche die Rhön und insbesondere die Schwarzen Berge prägt.

89 BAD BRÜCKENAU

Hinauf zum Kloster Volkersberg

 10 km 2:45 h 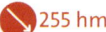255 hm 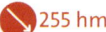255 hm 460

START | Der Markt unterhalb der Kirche von Bad Brückenau.
Anfahrt auf der A 7 bzw. der B 27 bis Bad Brückenau.
[GPS: UTM Zone 32 x: 556.370 m y: 5.573.420 m]
CHARAKTER | Breite und bequeme Waldwege prägen die Wanderung genauso wie ausgesprochen ruppige Wurzelpfade.

Bildstock beim Aufstieg zum Kloster Volkersberg.

Hoch über der fränkischen Kleinstadt thront das ehemalige Franziskanerkloster Volkersberg, zu dem uns schattige Waldwege führen.

 Vom kleinen **Markt** 01 folgen wir der Ludwigstraße zum Gasthaus „Zum Stern", laufen auf der B 27 wenige Schritte vorbei an der Apotheke und schwenken gleich ins Sträßchen Obertor ein (Markierung: „12"). Unmittelbar darauf biegt die Tour in die winzige Heppengasse ein, die schließlich in einen Hohlweg übergeht. Wir wandern nun stetig bergan (und biegen weder scharf rechts abwärts noch wenige Meter weiter links hinauf auf die Weide ein). Schließlich erreicht die Route den Weiser am **Volkersplatz** (**Schutzhütte**) 02 und hält sich hier links. Auf breitem Wege verlaufend stößt die Wanderung nach 500 m auf einen Querweg (Weiser) und biegt hier rechts („12"). Geradewegs (Autobahnunterführung ignorieren) gelangt die Tour zur **B 27** 03, überschreitet sie gerade und schwenkt 50 m weiter links auf den markierten Weg ein („12"). Wir passieren den Klettergarten und erreichen auf der nahen Straße ansteigend das **Kloster Volkersberg** 04.

Gleich neben dem Eingang der aussichtsreichen Klosterschänke setzt sich die Wanderung fort. Wir gehen auf dem Weg zwischen Sinnes- und Kräutergarten, schwenken gleich rechts und lassen uns von der Markierung links der Hecke (!) über den Wiesenhang hinab zur Straße leiten. Die Route überschreitet diese und folgt dem gegenüberliegenden Nebensträßchen vorbei an der Firma Hüfner bis zur Bushaltestelle 05. Vor dieser orientiert sich die Wanderung nach rechts und lässt sich vom kurvigen Verlauf des Neuländer Weges (nicht in die Lerchenstraße!) leiten. Wir verlassen Volkers, wenden uns am Waldrand (Schutzhütte) nach links und schwenken wenige Schritte weiter erneut links auf einen Waldweg ein. Die Kennzeichnung „12" (auch gelbes Dreieck) führt uns durch den dichten Buchenwald, wobei ein Wirtschaftsweg gerade überschritten wird. Erst dem zweiten deutlichen Querweg folgt die Route 200 m nach links, bevor sie erneut rechts auf einen schmalen Pfad einbiegt. Noch zwei weitere Wege werden – steil bergab wandernd – geradewegs überquert, bis uns ein Sträßchen schließlich zum **Ziel** 01 bringt.

Blick auf Kloster Volkersberg.

90 RIEDENBERG

Auf uralten Pfaden zu den Großen Steinen

  11,5 km 3:15 h  320 hm  320 hm 460

START | Die Bushaltestelle Riedenberg (Bäckerei) an der Kreuzbergstraße/Ecke Kirchstraße. Anfahrt auf der A 7 bzw. der B 286.
[GPS: UTM Zone 32 x: 561.390 m y: 5.574.550 m]
CHARAKTER | Teils breite Wege, vor allem aber auch idyllische, steile Wurzelpfade, führen uns durch die dicht bewaldete Region des Sinntales. Unterwegs ist ein beschilderter Abstecher nach Oberbach mit dem sehenswerten Infozentrum Haus der Schwarzen Berge möglich.

Gewaltig türmen sich die Großen Steine.

Vor allem um die eindrucksvolle Sandsteinformation der Großen Steine wandern wir auf urigen, naturbelassenen Wurzelpfaden durch das dichte Grün.

▶ Wir folgen der **Kreuzbergstraße** 01, biegen links in die Frühlingsstraße ein, queren die Sinnbrücke und lassen uns dann vom Sträßchen Am Küppel nach links leiten (Markierung: „16"). Unmittelbar darauf geht es links auf dem Sonnenweg weiter, der uns durch die Auwiesen (nicht in den Wald abzweigen!), zuletzt über ein Bächlein und danach steil rechts bergan zum **Röderhof** 02 bringt. Wenige Schritte nach dem Hof verläuft die Tour geradeaus auf einem Wiesenweg weiter. Im Wald wandern wir nahe eines Bachtales immer auf dem Hauptweg aufwärts („16"!). Die Wanderung stößt schließlich auf eine **Forststraße** 03 und biegt hier am Weiser scharf rechts auf einen Waldpfad ein.

Wir orientieren uns an der Kennzeichnung und queren nur 100 m weiter auf einer Brücke den Bach. Auch im folgenden Abschnitt ist auf die Markierungen zu achten. Die Tour verläuft nun über einen urigen Steig mit uralten Steintreppen. Steil geht es – bald mit Stahlseilen gesichert – aufwärts, wobei der kurze, beschilderte Rundweg um die **Großen Steine** 04 genutzt werden sollte.

Nach diesem ist bald eine Forststraße erreicht, auf der wir rechts wandern. An einer großen Kreuzung (zuvor Einmündung von links ignorieren) hält sich die Route links, an der **Forststraßengabelung** 05 600 m weiter (Schutzhütte) rechts („16"). Der breite Weg leitet uns nun hinab zu einem markanten Querweg, den wir gerade überschreiten. Dann geht es auf dem Pfad gegenüber bergab weiter. Nach 50 m biegen wir links auf einen noch schmäleren Pfad ein, überqueren gleich einen breiten Wirtschaftsweg und lassen uns nun von der Kennzeichnung stets bergab zur **Straße** 06 führen. Diese queren wir gerade, erreichen sie gleich erneut und folgen ihr aufwärts (hier Abstecher Oberbach). Noch vor der Rechtskurve hält sich die Route links und lässt sich nun von dem schmalen Pfad leiten, der sie (bald breiter werdend) auf und ab am Talhang entlang bis kurz vor Riedenberg bringt.

Hier schwenkt die Tour am Asphaltweg zunächst rechts, 100 m weiter dann links hin zur aussichtsreichen **Waldkapelle** 07. Ein Treppenweg bringt uns von dieser steil hinab nach **Riedenberg** 01.

Blick zurück auf Riedenberg im Sinntal.

Die Großen Steine

Die eindrucksvollen Steinformationen oberhalb des Hirschgrabens bestehen aus Felssandstein, der geologisch dem Mittleren Buntsandstein zuzuordnen ist. Sie sind Teil eines mächtigen Blockstromes, der von den felsig anstehenden Gesteinsschichten an der Taloberkante gespeist wird und bis hinab zum Talgrund reicht.

GERODA – PLATZ

Hinauf zum Würzburger Haus

 12 km 2:45 h 340 hm 340 hm 460

START | Das Gasthaus „Zum Hirschen" in Geroda. Anfahrt auf der B 286. [GPS: UTM Zone 32 x: 563.740 m y: 5.570.170 m]
CHARAKTER | Auf bequemen Wald- und Feldwegen wandern wir aussichtsreich zum Würzburger Haus. Größere Abschnitte verlaufen auf Asphaltwegen.

Beginnend beim schönen Fachwerkhaus „Die Insel" erkunden wir zunächst das ruhige Geroda am Südhang der Schwarzen Berge und wandern dann aussichtsreich hinauf zum gastlichen Würzburger Haus.

▶ Vom **Gasthaus „Zum Hirschen"** 01 (nahe dem erwähnten Fachwerkhaus) folgen wir zunächst der Dorfstraße, dann dem Sträßchen Eisenschmiede bergan durch den schönen Ort (Markierung: gelber offener Tropfen). Bei der Zwickenmühle erreichen wir den Waldrand. Wir überqueren auf dem Teerweg die Thulba und biegen kurze Zeit später auf einen Wurzelpfad nach links ein. Hier überquert die Route ebenfalls einen Bach und folgt einem Rinnsal aufwärts. Wir tangieren noch einmal das Sträßchen in einer Rechtskurve, schwenken aber sofort wieder nach links auf einen ansteigenden Waldweg ein. An der nahen Verzweigung hält sich die Tour rechts und verläuft auf schmalem Pfad weiter. Nur ein kurzes Wegstück trennt uns von einer **Teerweg-T-Kreuzung** 02 mit Weiser, wo wir das ansteigende Sträßchen geradeaus wählen. Durch schöne und aussichtsreiche Feld- und Wiesenlandschaft (Achtung! Im oberen Bereich schwenkt unsere Route links um ein Feldraingehölz) erreicht die Wanderung erneut einen Asphaltweg, dem wir 100 m nach links folgen, um ihn bald wieder nach rechts zu verlassen. Schließlich stößt die Route abermals auf eine T-Kreuzung und führt auch hier geradeaus weiter. Auf dem Teerweg gelangt die Tour zu einem Wanderparkplatz und schwenkt hier bei den Informationstafeln nach rechts, hin zum nahen **Würzburger Haus** 03 mit seinem weiten Panoramablick. Von der Berghütte gehen wir nun zurück zum Parkplatz, halten uns hier halblinks hin zu dem unscheinbaren Feldweg Richtung „Platz/Platzer Kuppe" (Markierung: gelber Winkel) und laufen gerade auf den Waldrand zu. Schließlich stößt die Route auf einen Teerweg und biegt hier links. An der Wegeverzweigung am Fuße der **Platzer Kuppe** 04 wandern wir rechts. Die Wanderung erreicht endlich **Platz** 05, schwenkt an der Marktstraße nach rechts und folgt dem Verlauf des beim Ortsausgangsschild rechts abzweigenden Sträßchens nach **Geroda** 01.

Nahe der Platzer Kuppe.

Die Platzer Kuppe

Umgeben von einer parkartigen Wiesen- und Heckenlandschaft liegt die markante Kuppe (737 m) im Südzipfel des NSG Schwarze Berge. Sie überragt als südlichste nennenswerte Vulkanerhebung der Hochrhön das Umland. Wegen der urwüchsigen Bergflora wurde schon 1939 das NSG Platzer Kuppe ausgewiesen. Es dominiert die Buche; aber auch Ulme, Esche und Aspe sind zu entdecken.

ASCHACH – HAUS AURORA

Von der Fränkischen Saale in den Salzforst

  9 km 2:15 h 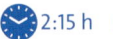 225 hm  225 hm  460

START | Der Kirchplatz in Aschach (Bad Bocklet). Anfahrt auf der B 285, der B 286 oder der B 287 bis Bad Kissingen, dann Richtung Aschach. [GPS: UTM Zone 32 x: 575.840 m y: 5.567.750 m]
CHARAKTER | Breite Wege und schmale Pfade führen durch den Aschacher Forst.

Waldhaus Aurora.

Die waldreiche Wanderung tangiert den sehr innovativ angelegten Naturlehrpfad von Aschach und passiert schließlich das idyllisch gelegene Haus Aurora. Aschach liegt nur 2 km von Bad Bocklet entfernt. In Aschach ist der Besuch des Schlosses zu empfehlen.

▶ Vom **Kirchplatz** 01 folgen wir der Oberen Gasse und der Premicher Straße, wo die Tour kurz hinter dem Haus Nr. 15 rechts in den markierten, ansteigenden Teerweg einbiegt (Markierung: roter Winkel). Wir wandern auf dem Hauptweg durch die Aschacher Flur und stoßen im Wald nahe einem Teich auf den sehr informativen **Naturlehrpfad** 02 des Ortes. Lassen Sie sich ruhig etwas Zeit, um den schönen und interessanten Pfad zu erkunden. Unsere Wanderung führt links des Teiches, geradeaus ansteigend, weiter. An der nahen Kreuzung (Schutzhütte) behalten wir diese Richtung bei und ignorieren in der Folge alle abzweigenden Wege. Schließlich passiert die Route einen Sendemast 03 rechter Hand.

Etwa 500 m weiter erreichen wir das unübersehbare rote Wegekreuz und schwenken hier nach rechts. Nur kurze Zeit später stößt die Tour auf das verträumte **Waldhaus Aurora** 04, ein perfekter Platz für ein Picknick.

Etwa 300 m weiter biegen wir an einer T-Kreuzung rechts ein (Markierung: schwarzes Dreieck mit doppelter Basis). Immer geradeaus (Achtung! Auf Markierungen achten – besonders bei den ersten beiden Verzweigungen) erreichen wir auf teilweise sehr schmalen und verwachsenen Pfaden wieder den Teich beim **Lehrpfad** 02. Nun folgt die Tour dem Schottersträßchen weiter gerade ins Tal. In Aschach führt uns die Alte Leite ins **Zentrum** 01.

Teich beim Naturlehrpfad Aschach.

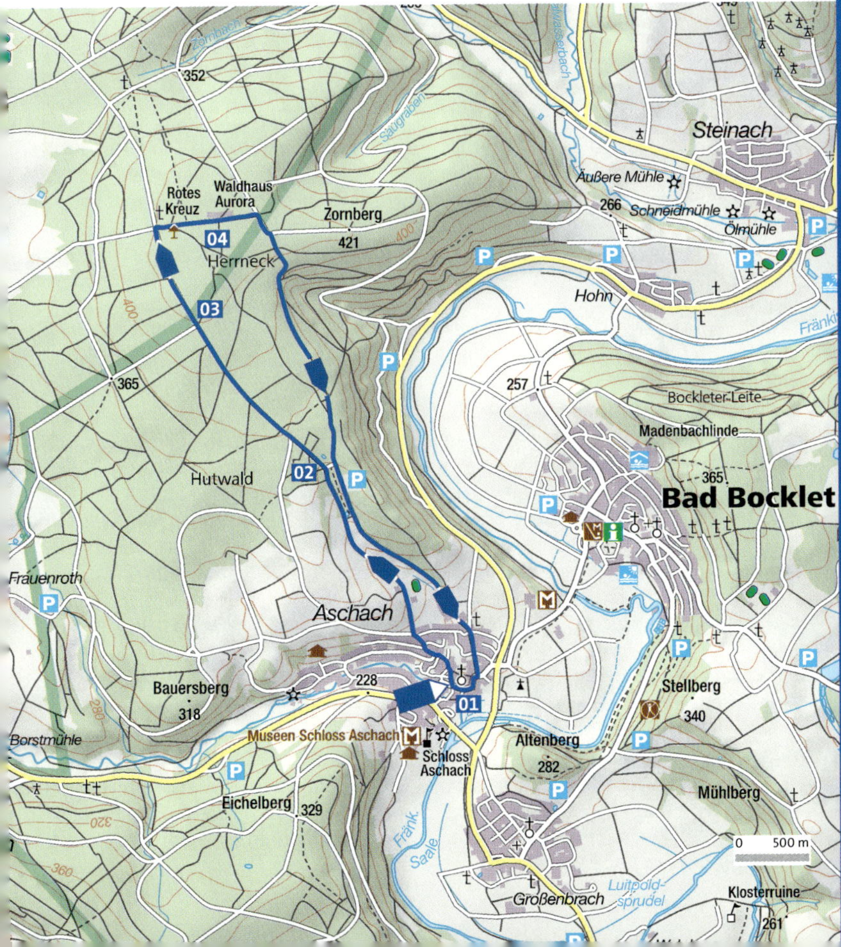

BAYERISCHE SCHANZ • 510 m

Kurze Waldwanderung auf schönen Pfaden

  8,7 km 2:30 h  255 hm 255 hm 832

START | Bayerische Schanz, Lohr-Ruppertshütten.
[GPS: UTM Zone 32 x: 537.566 m y: 5.550.479 m]
CHARAKTER | Abwechslungsreiche Tour an legendärer Waldschänke

Schöner Dorfbrunnen neben der Wallfahrtskirche in Rengersbrunn.

Wer Wirtshaus-Kultur in urgemütlicher Atmosphäre erleben will, der ist in der historischen Waldschänke „Bayerische Schanz" genau richtig! Legendär ist inzwischen auch der Weihnachtsmarkt, der an den 1. und 2. Adventswochenenden dort stattfindet.

▶ Wir starten am beliebten Ausflugslokal und Wandertreff „**Bayerische Schanz**" 01, überqueren die Straße und folgen dem schwarzen B der Birkenhainer Straße. Beim Wegweiser am **Hermannsbrunnen** 02 biegen wir nach rechts auf einen Pfad ab, kommen an einer sehr schön gefassten Quelle vorbei. Entlang von Grenzsteinen wandern wir über die Höhe auf der hessisch-bayerischen Landesgrenze. An einer Gabelung wählen wir den Weg nach rechts, überqueren eine Landstraße und verlassen auf der anderen Seite den Birkenhainer Weg, gehen rechts, ca. 200 Meter auf unmarkiertem, geschottertem Weg. Wir treffen an einem von drei hohen Douglasien umrahmten Bildstock, der „**Dankbarkeit**" 03, auf den Marienweg, dessen Zeichen wir nun in Richtung Rengersbrunn folgen. Auf sandigem Waldboden geht es zwischen Blaubeeren und Fichtenwald bergab, bis sich nach einer guten Strecke der Wald lichtet. Wir queren einen Forstweg und laufen geradeaus weiter hangabwärts in ein Wiesental, ein gepflasterter Weg führt uns nach Rengersbrunn. Die Marienwegs-Markierung leitet uns in das Dorf.

An der **Wallfahrtskirche** 04 mit schönem Dorfbrunnen wenden wir uns nach rechts und steigen einige Zeit sehr steil bergauf. Fast auf der Höhe gabelt sich der Weg, wir halten uns nach links weiter bergan in den Wald hinein. An einem **Bildstock** 05 treffen wir auf den Weg mit den roten X. Wir gehen nach rechts und folgen nun, auf der Höhe, den Zeichen des Marienweges und des X auf einem Graspfad zwischen Heide und Birken. Wo sich der Marienweg nach links von uns trennt, folgen wir weiter dem roten X. Lang wandern wir auf schönem Pfad, wir überqueren einen Wirtschaftsweg schräg nach rechts. Die Birkenhainer Straße stößt wieder zu uns, wir folgen ihr zurück zur **Bayerischen Schanz** 01, wo wir uns erfrischen und mit einer Brotzeit stärken können.

Bayerische Schanz – gemütliche Waldschänke an der bayerisch-hessischen Grenze.

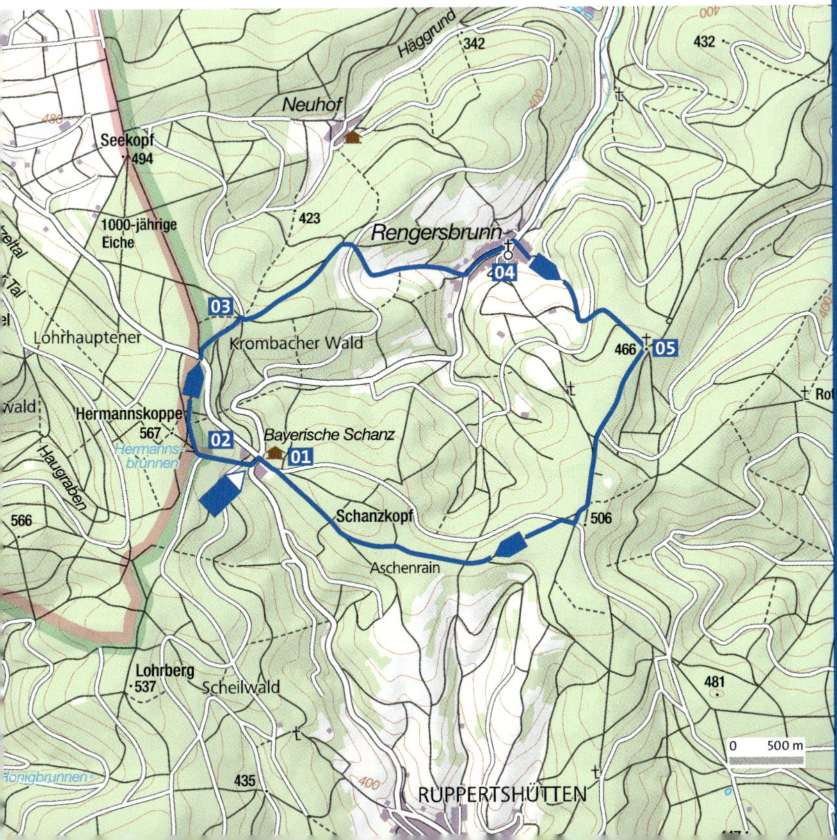

94 BLOOPIFFERWEG • 207 m

Feldkahl, seine Flur und die Kultur

  11,1 km  3:00 h  263 hm  263 hm 832

START | Alte Tankstelle in Feldkahl.
[GPS: UTM Zone 32 x: 514.496 m y: 5.543.264 m]
CHARAKTER | Über Pfade, durch Wälder, über Wiesen – Natur kombiniert mit Kultur. Durchgehend markiert mit dem Bloopiffer-Logo.

Das Sandsteinhellchen.

Als „Bloopiffer" bezeichnen sich die Feldkahler selbst. Der Sage nach soll sich ein Junge im Wald verirrt haben und pfiff vor sich hin, um seine Angst zu vertreiben. Eine andere Geschichte erklärt den Wortursprung in „verkehrt vor sich hin pfeifen". Beide Versionen zeigen, dass die Feldkahler offensichtlich humorvoll sind.

 Unsere Wanderung beginnt an der alten Tankstelle im westlichen Ortsteil von **Feldkahl** 01 und geht weiter nach Westen bis zum Ortsausgang, dort biegen wir nach dem letzten Anwesen nach rechts Richtung Waldrand ab. Wir finden einen Pfad, der uns durch hohen Mischwald, auf weichem Boden, bergan bis zum Degenweg führt. Nach etwa 500 m erkennen wir links des Weges alte **Hügelgräber** 02 aus der Bronzezeit. Fundstücke werden heute in der Dominikanerkirche in Augsburg aufbewahrt. Ein schmaler Pfad zweigt nach links von unserem Forstweg ab und führt uns bis zum Waldrand, wo wir einen schönen Blick in den Kahlgrund haben. Wir halten uns rechts und erreichen die Ortsverbindungsstraße nach Erlenbach, der wir ein kleines Stück bis zum ersten Weg nach links folgen. Zwischen Feldern wandern wir bis zum Waldrand, gehen rechts daran entlang, bis wir an einem Wegweiser wieder auf den Degenweg treffen. Ein kleiner Abstecher nach rechts zur nahe gelegenen **Feldkahler Kapelle** 03 lohnt sich. Wieder auf dem Bloopifferweg Richtung Rottenberg biegen wir kurz vor dem Ort nach rechts ab in die Gemarkung „Trinkborn" zum **„Sandsteinhellchen"** 04, einem Bildstock von 1767. Unser Weg ändert zweimal seine Richtung und wird zu einem schmalen Wiesenpfad, wir überqueren einen Bach, die Feldkahl, und steigen über Wiesen zum Alten Kirchweg, einem geschotterten Sträßchen, das uns zum **Sportplatz** 05 bringt.

Danach geht es bergan auf der Helgerbergstraße, vorbei an der Golfgaststätte am Schäferhof Fleckenstein, über die Straße nach Rottenberg. Wir laufen weiter bis zur Staatsstraße 2307, überqueren sie an der Bushaltestelle und genießen eine schöne Aussicht nach Westen bis über Aschaffenburg hinaus. Wir bleiben nahe der Straße bis zur Abzweigung nach Wenighösbach. Wieder überqueren wir die Staatsstraße, durchdringen ein Gebüsch auf einem kleinen Pfad und stehen auf der alten Straße nach Feldkahl, die uns nach links zum **Ausgangspunkt** 01 zurückbringt. Die alte Landstraße über den Feldkahler Berg ist ein anschauliches Beispiel dafür, wie sich die Natur zurückeroberte, was die „Zivilisation" ihr einst nahm.

Die schön gelegene Feldkahler Kapelle mit Rastmöglichkeiten.

95 TULPENBAUM UND CO • 172 m

Im Lehrforst der ehemaligen Aschaffenburger Forstlehranstalt

  9,5 km  2:30 h  445 hm 445 hm 832

START | Parkplatz am Nordfriedhof in Strietwald.
[GPS: UTM Zone 32 x: 510.410 m y: 5.536.607 m]
CHARAKTER | Eine gemächliche, kinderfreundliche Rundwanderung ohne größere sportliche Herausforderungen. Der überwiegend auf Forst- und Feldwegen verlaufende Wanderweg ist mit dem blau-gelben Logo der Archäologischen Wanderwege markiert.

Im Steinbachtal.

Der Strietwald nördlich von Aschaffenburg steckt voll von Kulturgeschichte: Neben exotischen Baumarten findet man hier den Jahnfelsen, eine geheimnisvolle Mühle, den einzig bekannten Vulkan im Spessart und einiges mehr.

▶ Am **Parkplatz** 01 am Friedhof finden wir eine Wanderkarte, die uns Informationen zum Archäologischen Kulturweg gibt. Wir gehen geradeaus in den Wald hinein. Eine weitere Hinweistafel veranschaulicht die Sehenswürdigkeiten, die wir entlang des Weges bestaunen können. Ein Schotterweg führt uns durch hohen Laubwald, vorbei an einem kleinen Teich. An dem Wegweiser „Hohe Linie" wandern wir geradeaus weiter. Dann leiten uns die Zeichen nach rechts, hangabwärts. Schön schlängelt sich der Weg durch das Steinbachtal, vorbei an einer Sitzbank und über eine kleine Brücke. Wir stoßen auf einen Forstweg, dem wir nach rechts folgen. Nach kurzer Strecke erreichen wir den Jahnfelsen.

An ihm wurde eine Gedenktafel zu Ehren des Turnvaters Jahn angebracht. Ein Rastplatz lädt zum Verweilen ein. Wir setzen unseren Weg entlang des Baumlehrpfades „Steinbachtal" fort. Mehrere Hinweistafeln informieren über einheimische Gehölze. An einer Brücke wechseln wir nicht die Bachseite; wir fädeln auf einen schmalen Weg entlang des Bachlaufs ein. Am Wegweiser **„Menzenmühle"** 02 wenden wir uns nach links auf einen wurzeligen Pfad. Es folgt ein sehr schöner Wegeabschnitt.

Ein gutes Stück windet sich der Pfad durch hohen Wald, bis wir am Wegweiser „Wolfskaute" nach links abbiegen. Der Weg steigt gemächlich an, bis wir entlang eines Waldrandes gehen. Nach nur kurzer Strecke tauchen wir, erneut nach links, wieder in den Wald ein. Ein kleiner Waldpfad bringt uns zu einem Schotterweg, dem wir unter Eichen und Buchen zu einem breiten Forstweg folgen. Wir orientieren uns an den Markie-

Kleiner Teich am Wegesrand.

rungszeichen immer geradeaus, vorbei am **Pfaffenwaldhäuschen** 03. An einer Gabelung fädeln wir nach rechts ein und spazieren schnurgerade, leicht abschüssig, durch den hohen Laubwald. Der Schotterweg geht in ein Asphaltsträßchen über, das wir nach kurzer Strecke, an einem Hinweisschild über Raubgrabungen, in einen Waldweg verlassen. Leicht abschüssig bringt uns der Weg zum Waldrand, wo wir uns nach links wenden. Ein asphaltierter Weg führt uns wieder in das Tal des Steinbachs. Mehrere Informationstafeln erklären Flora und Fauna der Region. Der Weg macht einen Schlenker durch den Wald und wir überqueren eine Brücke. Die Zeichen leiten uns auf einen Pfad in Waldrandnähe, zunächst parallel zu der kleinen Straße, dann nach links in den Wald hinein. Wir machen einen kleinen Abstecher und steigen über eine Treppe in die **Teschenhöhle** 04 hinab. Danach bringt uns der Pfad zu einem Schotterweg, dem wir nach rechts folgen. Ein großer Tulpenbaum aus Amerika ziert den Wegesrand. Wir überqueren einen Waldweg und laufen entlang eines eingezäunten Geländes. Vorbei an einer kleinen Hütte nähern wir uns der Autobahn. Ein kurzes Stück spazieren wir zwischen der schnellen Trasse und dem historischen **Schießplatz** 05, bevor wir wieder in den Wald gelangen. Wir passieren ein Kreuz und erreichen nach kurzer Strecke unseren **Ausgangspunkt** 01.

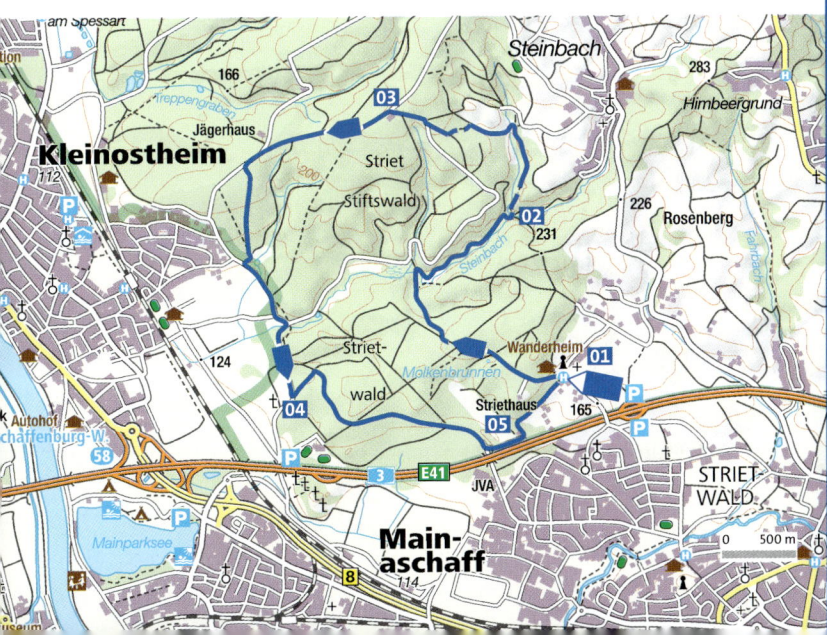

HAFENLOHRTAL UND SANDKAUTE • 222 m

Berg- und Talwanderung an der Hafenlohr

 14,5 km 4:30 h 484 hm 484 hm 832

START | Einsiedel im Hafenlohrtal.
[GPS: UTM Zone 32 x: 536.120 m y: 5.530.730 m]
CHARAKTER | Aus dem Hafenlohrtal steil bergauf durch hohen Wald zum Forsthaus Neubau, dann über die Sandkaute mit schönem Rastplatz wieder steil bergab in den Lichtenauer Grund.

▶ In Einsiedel starten wir und folgen dem roten X hangaufwärts zur kleinen **Kirche 01**. Weiter bergauf gehen wir entlang eines Wildgeheges auf schmalem Weg, klettern über einen Wildzaun und kommen in den Wald. Ein sehr schöner Pfad führt ständig recht steil bergauf durch hohen Buchenwald. Wir erreichen einen Forstweg, dem wir in Richtungswechseln weiter bergauf folgen, nach einem Wildgatter, an einem Wegweiser, wechseln wir auf den Hasenstabweg und gehen nach rechts in Richtung Sandkaute. Vor dem alten **Forsthaus Neubau 02** geht es nochmal durch ein Wildgatter. Wir erreichen die Lichtung auf der Höhe mit Obstbäumen, Eichen und Kastanien. Wir treten wieder in den Wald und gehen auf angenehmem Pfad längere Zeit abwärts, bis wir auf einen Forstweg treffen, dem wir geradeaus folgen. Wir übersteigen noch ein Gatter und laufen auf grasigem Pfad längere Zeit auf der Höhe, über eine Lichtung, bis uns ein Wirtschaftsweg zur **Sandkaute 03** führt. Ein schöner Rastplatz an einer Wegkreuzung lädt zum Verweilen ein.

Wir folgen jetzt dem roten Minus halbrechts auf einem Pfad steil bergab in Richtung Lichtenau. Auf einem Forstweg gehen wir dann ein gutes Stück an einer Gabelung vorbei geradeaus weiter bergab. Links sehen wir ein Sandsteinhaus und dann an einer Kreuzung eine schöne, alte Linde. Wir halten uns rechts und folgen nun wieder der roten Diagonale. Wir treten aus dem Wald und erreichen **Lichtenau 04** im Tal der Hafenlohr mit dem Gasthaus Hoher Knuck. Wir wandern weiter ein gutes Stück durch Wald im Hang oberhalb des Baches, auf geschottertem Weg an Erlenfurt vorbei in Richtung Diana, dann auf einem Pfad. Wir überklettern wieder einen Wildzaun, ein Forstweg führt uns ins Tal. Auf einer kleinen Landstraße überqueren wir nach links den Bach und setzen unseren Weg auf der anderen Seite des Tales, vorbei an Fischteichen und der Kapuzinereiche, fort. In dem schönen Tal treffen wir wieder auf das rote X. Über eine Brücke im verschlafenen Einsiedel kommen wir zum **Ausgangspunkt 01**.

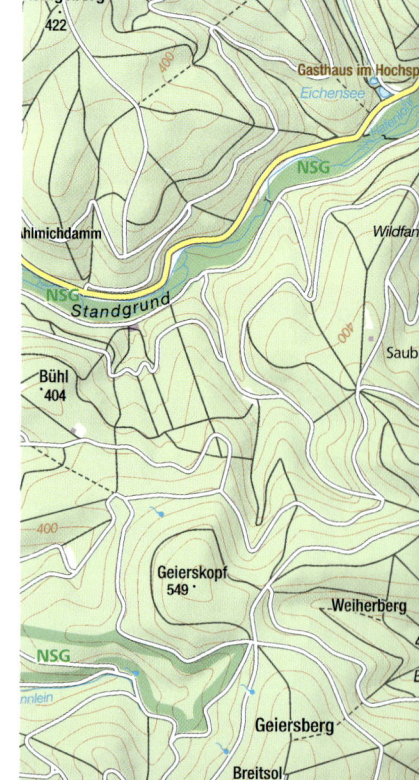

Gasthaus Hoher Knuck im Hafenlohrtal.

SCHLOSS MESPELBRUNN – WAHRZEICHEN DES SPESSARTS

Räuberland-Tour 3

  17,6 km 5:30 h  638 hm  638 hm 832

START | Mespelbrunn.
[GPS: UTM Zone 32 x: 521.676 m y: 5.528.229 m]
CHARAKTER | Anspruchsvolle Tour mit vielen Auf- und Abstiegen. Mehrere Einkehrmöglichkeiten entlang der Strecke.

Im Frühsommer schmückt der Fingerhut die Wanderwege.

Diese abwechslungsreiche Wanderung verbindet Schloss Mespelbrunn mit Heimbuchenthal und der Hohen Wart. Auf der gesamten Strecke folgen wir dem Wegezeichen „Räuberland Tour 3".

▶ Wir beginnen direkt mit der größten Sehenswürdigkeit des Spessarts und parken (gebührenpflichtig) vor **Schloss Mespelbrunn** 01. Das beliebte Ausflugsziel liegt versteckt zwischen hohen Bergen und überstand bisher alle Kriege unbeschadet, hat sich seine romantische Erscheinung bewahrt und verzaubert seine Besucher. Das Schloss kann von März bis November besichtigt werden.

Zunächst folgen wir dem Wegweiser zum Ingelheimer Grund entlang einer schönen Allee aus alten Eichen. Ein abwechslungsreicher langer erster Aufstieg führt durch einen schmalen Hohlweg auf weichem Gras und Waldboden, mal durch hohen Mischwald, mal durch dichten Nadelwald. An einer Wegkreuzung finden wir eine kleine **Hütte** 02, wir wenden uns nach rechts und folgen weiter dem Räuberland-Rundweg.

Der Forstweg führt uns bergab nach **Heimbuchenthal** 03. Wir gehen an der Rokoko-Kirche St. Martin, erbaut 1757, und mehreren Gasthäusern vorbei und verlassen nach kurzem Weg, vorbei an einem Mühlrad, den Ort wieder. Auf dem Millionenweg, einem weichen Waldweg, gehen wir bergan, der Wald öffnet sich und wir erreichen eine Höhenlichtung mit einer einsam gelegenen Kapelle, der **„Herrin der Berge"** 04. Ne-

Café Pferdestall am Schloss Mespelbrunn.

ben ihr steht schützend eine große, alte Kastanie. Von hier hat man einen weiten, schönen Blick auf das Hügelland des Spessarts. Wir gehen weiter in Richtung Volkersbrunn, treten wieder in den Wald und folgen dem sich schlängelnden Pfad durch Laub- und Kiefernwald ins Tal. Am Ortsrand von Volkersbrunn ist ein **Wanderparkplatz 05**, kurz danach finden wir wieder eine kleine Kapelle. Eine Rastmöglichkeit lädt ein. Wieder geht es in den Wald, nun wieder bergab in Richtung **Stockgrund 06**.

Der Weg gabelt sich, wir gehen in Richtung Hohe-Wart-Haus. Es geht bergauf durch ein dicht bewaldetes Tal, an einem kleinen Teich biegt der weiter steigende Weg rechts ab. Am Wegrand finden wir schöne alte Bildstöcke und schließlich eine sehr einladende Grillhütte mit Rastplatz. Weiter schlängelt sich der Weg, zunächst über Forstwege, dann als Pfad zum **Hohe-Wart-Haus 07**. Dort gibt es eine Gastronomie mit eigener Brauerei. Von hier aus geht es hangabwärts, vorbei am Aschenbrunnen durch den Langen Grund nach Mespelbrunn. Wir gehen durch ein Tal mit beeindruckenden Trockenmauern zum Promenadenweg. Im Ort folgen wir der Markierung am Bach entlang und erreichen den Ausgangspunkt unserer Wanderung, das **Schloss 01**.

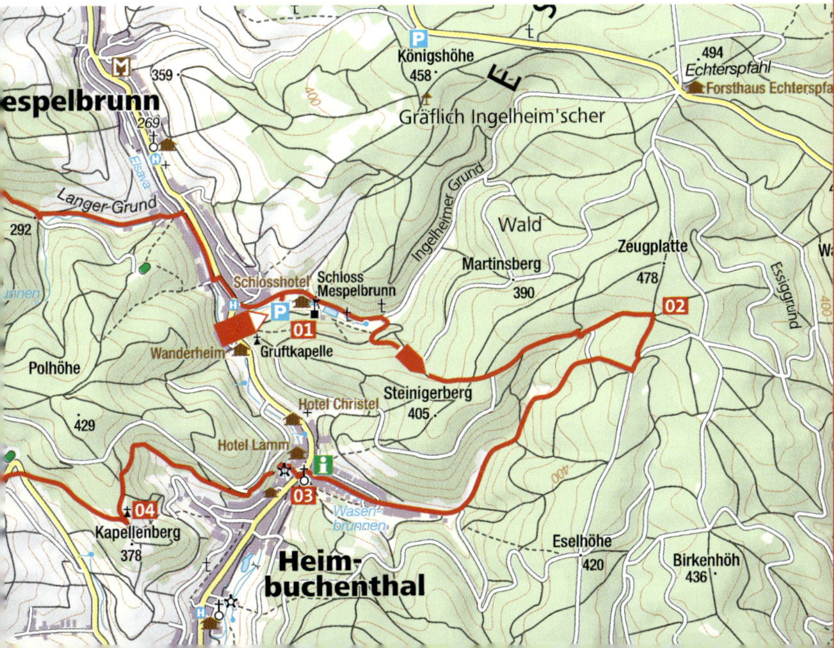

DURCH DEN SAKKOCANYON • 193 m

Schleife Rossbach

 12,5 km 3:30 h  467 hm 467 hm 832

START | Parkplatz an der Pizzeria in Leidersbach.
[GPS: UTM Zone 32 x: 516.838 m y: 5.527.001 m]
CHARAKTER | Abwechslungsreiche, mittelschwere Rundwanderung, die überwiegend auf Wald- und Feldwegen verläuft. Der Wanderweg ist mit dem blau-gelben Logo der Archäologischen Wanderwege versehen.

Seit dem 19. Jahrhundert ist die Region von der Heimschneiderei und der Kleiderfabrikation geprägt, weshalb sich im Volksmund der Begriff „Sakko-Canyon" etabliert hat. Neben diesem thematischen Schwerpunkt werden aber auch die naturlandschaftlichen Besonderheiten nicht vernachlässigt.

▶ Wir starten unsere Tour in Leidersbach am Restaurant **Pizzeria Romana** 01 und gehen auf der gegenüberliegenden Straßenseite hangaufwärts. Ein Asphaltsträßchen führt uns vorbei am Wanderparkplatz „Am Eichwäldchen" zu einem Bildstock. Dort gabelt sich der Weg und wir schlagen den Forstweg hinter einer weiß-roten Schranke nach halblinks ein. Nach einem Wasserhäuschen gabelt sich der Weg erneut und wir wenden uns nach rechts. Entlang eines Bachlaufs erreichen wir den Wegweiser „Stockgrund" und wandern geradeaus weiter in Richtung Jägerweg.

Im hohen Mischwald gewinnt der Weg kontinuierlich an Höhe. An einem Hochsitz treffen wir auf einen breiten Forstweg, dem wir nach rechts folgen. Wir treten aus dem Wald heraus und orientieren uns an den Markierungszeichen am Waldrand. Von dort können wir eine herrliche Aussicht auf Volkersbrunn genießen. An einer Kreuzung gehen wir geradeaus wieder in den Wald hinein. Der Weg bringt uns zu einem Wegweiser auf der Höhe, wo wir uns nach rechts in Richtung Volkersbrunn wenden. Wir verlassen den Wald und gelangen zwischen Wiesen und Feldern, vorbei an einem Bildstock und einer **Waldkapelle** 02, zu einem Wanderparkplatz.

Dort überqueren wir eine Landstraße und schlagen in den gegenüberliegenden Schotterweg ein. An einer Gabelung halten wir uns nach rechts und wir können erneut phantastische Ausblicke über die Landschaft werfen.

Der Forstweg führt uns wieder in den Wald hinein. Eine Wanderhütte lädt zum Rasten ein. Weiter geht's durch hohen Buchenwald immer geradeaus über eine Anhöhe, bis wir den Schwansee, einen kleinen Tümpel, erreichen.

Kurz darauf folgen wir dem Weg nach rechts. Nach einer weiteren Hütte halten wir uns links und bleiben auf der Höhe. Schließlich führt uns der Weg leicht abschüssig durch hohen Wald.

In einer Rechtskurve verlassen wir den breiten Hauptweg und wandern geradeaus, auf erdigem Boden, weiter. Nach der Querung eines Waldweges laufen wir hangabwärts und kommen an zwei **Sportplätzen** 03 vorbei.

Wir passieren eine Kapelle und queren eine Landstraße, bevor wir auf der Höhe entlang von Obstbäumen spazieren. Nach einem guten Stück biegt unser Weg nach rechts ab. Es folgt eine kurze, waldige Passage, bevor Leidersbach vor uns liegt. Wir bleiben an einer Gabelung mit einem **Bildstock** 04 zunächst auf dem Hauptweg und gehen kurz danach auf einen Wiesenweg hangabwärts nach rechts in den Wald hinein. Ein Hohlweg führt uns bergab in den Ort hinein. An der Hauptstraße halten wir uns nach links und gehen zurück zu unserem **Ausgangspunkt** 01.

Blick auf Volkersbrunn.

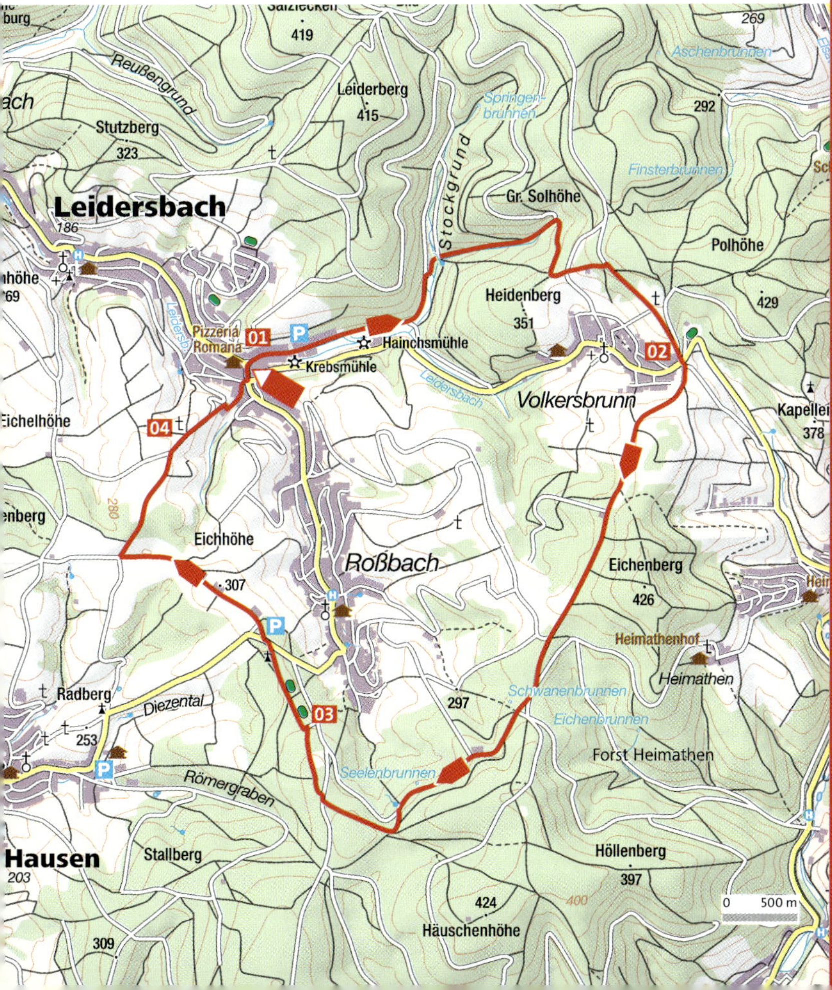

VON WILDENSEE NACH MÖNCHBERG • 381 m

Räuberland-Tour 2

  20,7 km  6:00 h  426 hm  426 hm 832

START | Eschau, Wildensee.
[GPS: UTM Zone 32 x: 525.630 m y: 5.520.001 m]
CHARAKTER | Auf Forstwegen hoch auf den Kamm und durch das Tal zurück. Überwiegend durch typischen Spessartwald mit einem sehr schönen Rast- und Grillplatz auf halber Strecke. Ideal auch für große Wandergruppen.

Für diese Rundtour nehmen wir ausreichend Proviant mit. Außer an Start- und Endpunkt sind keine Einkehrmöglichkeiten am direkten Wegesrand vorhanden. Ideal auch für große Wandergruppen.

▶ Ab **Gasthaus Waldfrieden** 01 in Wildensee folgen wir den Räuberland-Markierungszeichen auf einem Feldweg im Tal zwischen Wiesen und Wäldern entlang. Bald erreichen wir den Wegweiser am **Nonnenwald** 02, den Startpunkt unserer Rundtour und entscheiden uns für den Anstieg nach links in Richtung Heidenplatte.

Wir tauchen in den Wald ein und finden kurz darauf eine Wegspinne mit Rastplatz, wo wir uns auf dem Altenbücher Weg und einem Stück Eselsweg in Richtung Zypressenweg halten. Die Wegezeichen leiten uns geradeaus und bergan ein kleines Stück auf altem Handelsweg mit Sandsteinpflaster, der zu einem weichen Pfad auf Waldboden wird. Es geht auf der Höhe entlang und wir treffen auf einen Forstweg. Wir bewundern markante Sandsteinformationen zwischen hohen Fichten.

An der Hohen Sohl ist eine kleine Hütte, wir gehen weiter geradeaus, vorbei an der **Mariengrotte** 03. Am Zypresseneck trennen wir uns vom Eselsweg und schlagen den Weg Richtung Mönchberg ein. Ein längeres Wegstück folgen wir der Markierung bergab durch hohen Wald mit stattlichen Douglasien. Ein Trimm-Dich-Pfad stößt auf unseren Weg, kurz danach sehen wir die ersten Häuser von **Mönchberg** 04 am Waldrand. Nach rechts am Waldrand entlang wandern wir auf dem Panoramaweg, der hält, was sein Name verspricht, er bietet uns einen weiten Blick nach Westen über Felder und Wiesen. Der Grillplatz am **Haimbuchenbrunnen** 05 bietet Platz für viele Leute, er ist ein wahres Highlight dieser Tour.

Weiter geht es am Waldrand entlang, bis wir auf einem kleinen asphaltierten Weg die Richtung **Waldmühle** 06 einschlagen. Wir durchlaufen die kleine Ortschaft und treffen an der Mühle auf einen Feldweg. Ein Wegweiser sagt uns, dass es zurück zum Anfang unseres Rundweges noch 7 km sind. Den

Weiter Blick vom Panoramaweg bei Mönchberg.

Mühlbach entlang kommen wir in einen hohen Laubwald. Wir folgen einem schönen Waldpfad, später einem Wirtschaftsweg bis zum Nonnenwald. Dieser Abschnitt der Tour, immer am Bach entlang, bietet wenig Abwechslung, ist aber landschaftlich sehr schön und lädt ein zu ausgedehnten Gesprächen oder einfach mal seinen eigenen Gedanken nachzugehen. Ab Nonnenwald gehen wir über den Stichweg zurück nach **Wildensee** 01.

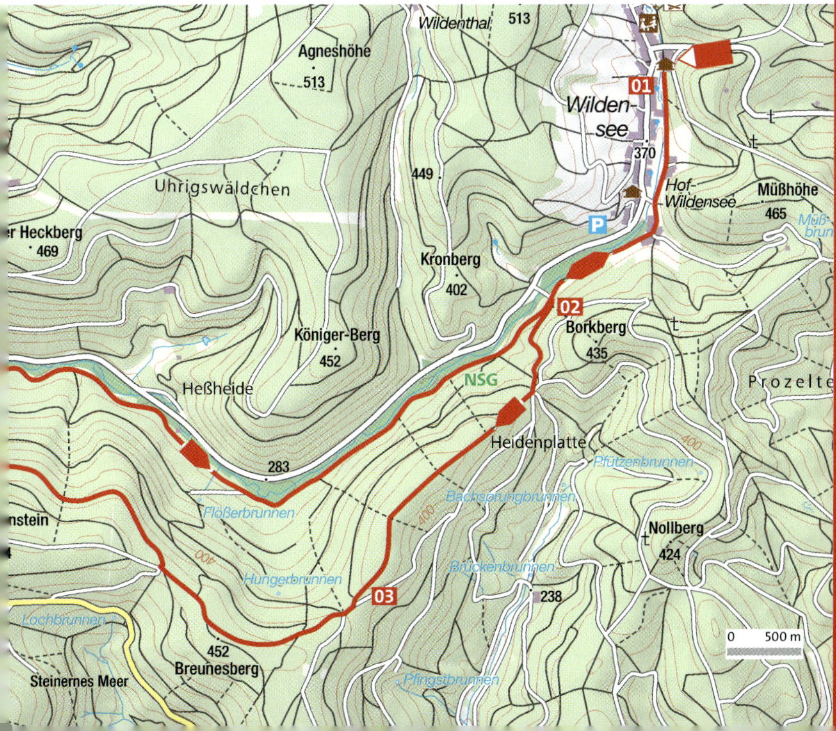

GEISSHÖHE – WANDERUNG VON HOF ZU HOF • 403 m

Räuberland-Tour 1

 17,4 km 5:00 h 497 hm 497 hm 832

START | Oberkrausenbach, Landgasthof Heppe.
[GPS: UTM Zone 32 x: 524.520 m y: 5.520.747 m]
CHARAKTER | Abwechslungsreiche Tour durch Wald und Wiesen, teils auf Forstwegen, teils auf Pfaden.

Auf der Geißhöhe.

Auf diesem Rundweg, der überwiegend durch Wald führt, treffen wir auf drei bewirtschaftete Höfe. Wir folgen dem Wegezeichen „Räuberland-Rundweg 1".

▶ Wir starten unsere Tour in **Oberkrausenbach** 01 am Landgasthof Heppe, gehen zwischen den Gebäuden hindurch in den Wald auf einem schönen Weg unter Kiefern, Buchen und neben Blaubeeren. Am nächsten Wegweiser wählen wir die Richtung Gößbachtal/Oberschnorrhof.

Leicht bergab führt der Weg vorbei am **„Jöiche Brünnche"** 02 in den Gößbachgrund, wo wir rechts abbiegen, den Hang hoch Richtung Oberschnorrhof. Der dichte Tannenwald lichtet sich, wir treten auf eine hoch gelegene Wiesenlandschaft und haben einen weiten Ausblick über die sanften Hügel des Spessarts. Wir treffen auf einen Asphaltweg und biegen rechts ab, hinauf zum Waldrand, und gehen nach links in einen Weg zwischen Kiefern und Eichen, dann wieder über Wiesen in Richtung Hof. Wir sehen die Geißhöhe und den Ludwig-Keller-Turm, der auf unserem weiteren Weg liegt. Auf kargen sandigen Flächen mit einem Mosaik aus zwergstrauchreichen Heiden und saurem Magerrasen informiert ein Lehrpfad über die einheimischen Gewächse. Ein gemütlicher Sitzplatz mit Aussicht in das Dammbachtal lädt zur Pause. Auch der gemütliche **Oberschnorrhof** 03 bietet uns Gelegenheit zu einer Rast.

Weiter geht es bergauf in den Wald. Wir wandern in Richtung **Hundsrückhof** 04, der sich harmonisch in die Landschaft fügt. Über Wiesen folgen wir den Wegezeichen wieder in den Wald. Kurz vor einem Wegweiser biegen wir scharf rechts ab in einen schmalen Pfad durch lichten Baumbestand. Wir steigen durch einen Hohlweg bergauf, erreichen einen Forstweg und dann geht es gleich wieder bergab, halbrechts in Richtung Geißhöhe. An einer kleinen Hütte gehen wir links, verlassen den Wald und erreichen die Anhöhe mit dem **Ludwig-Keller-Turm** 05, der uns eine herrliche Aussicht über die Region bietet. Ein Asphaltweg bringt uns zum nahe gelegenen Landgasthof. Hinter dem Hof führt uns ein Wiesenweg zum Waldrand. Ein Wegweiser zeigt auf einen kleinen Pfad, über den wir zurück zu unserem Startpunkt nach **Oberkrausenbach** 01 kommen.

Über Magerrasen wandern wir Richtung Oberschnorrhof.

ALMEN UND SCHUTZHÜTTEN

Bewirtschaftungszeiten und Telefonnummern können sich kurzfristig ändern; aktuelle Infos erhalten Sie in den Tourismusbüros.

Allgäu/Bayerisch-Schwaben

Siedelalpe
oberhalb des Großen Alpsees, Mo.–Di./Do.–Sa. 11–19 Uhr; So. 11–18 Uhr, 9. November–25. Dezember geschlossen, Tel. +49 151 50474037, www.siedelalpe.de

Staufnerhaus
am Hochgrat, DAV, ganzjährig, April, November und im Dezember bis Weihnachten geschlossen, Tel. +49 8386 8255, www.staufner-haus.de

Oberbayern

Blomberghaus, Berggasthof
am Blomberg, im Sommer Mo.–So. 9:30–18 Uhr, im Winter Sa., So und Feiertag sowie in den Bayerischen Schulferien täglich 9:30–18Uhr,
Tel. +49 8041 6436,
www.der-blomberg.de/blomberghaus

Neureuth, Berggasthof
über dem Tegernsee, ganzjährig, Di. und Mi. sowie Fr.–So. 8:30–18 Uhr, Do. 8:30–22 Uhr, Tel. +49 8022 4408, www.neureuth.com

Partnachalm
oberhalb der Partnachklamm, ganzjährig, Fr.–Mi., Tel. +49 8821 2615,
www.partnach-alm.de

Steinlingalm
unterhalb der Kampenwand, Anfang Mai–Ende Oktober/Anfang November, Di.–So., 26. Dezember–Ende März Do.–So.,
Tel. +49 8052 2962, www.steinlingalm.de

Watzmannhaus
unterhalb des Watzmann Hochecks, DAV, Mai–Oktober, Tel. Hütte (Mitte Mai–Mitte Oktober): +49 8652 964222, Tel. Tal (Mitte Oktober–Mitte Mai): +49 8652 979444,
www.watzmannhaus.de

Wendelsteinhaus
am Wendelstein, ganzjährig,
täglich 9:30–16 Uhr, Tel. +49 8023 404, www.wendelsteinbahn.de

Ostbayern

Arberseehaus
am Großen Arbersee, ganzjährig,
täglich, 10–16 Uhr,Tel. +49 9925 902003, www.arberseehaus.de

Dreisessel, Berggasthof
auf dem Dreisesselberg, ganzjährig,
täglich, 9–17 Uhr, Tel. +49 8556 350,
www.dreisessel.com

Franken

Asenturm, Gipfelrestaurant
auf dem Ochsenkopf, ganzjährig, täglich, Tel. +49 9276 252, www.asenturm.de

Bayrische Schanz, Waldschänke
im Spessart, ganzjährig, Tel. +49 9355 618, www.bayrische-schanz.de

Kapplwirt
bei der Dreifaltigkeitskirche Kappl, ganzjährig, Do.–So., Tel. +49 9632 688, www.kapplwirt.de

Kissinger Hütte
im Biosphärenreservat Rhön, ganzjährig, Di.–So., Tel. +49 9701 286,
www.kissinger-huette.de

Kösseinehaus
auf der Großen Kösseine, ganzjährig, Mi.–Sa. 10–22 Uhr, So. und Feiertage 9–18 Uhr, Tel. +49 9232 2061,
www.das-koesseinehaus.de

Waldsteinhaus
auf dem Großen Waldstein, ganzjährig Mi.–So. geöffnet, Tel. +49 9257 264,
www.waldsteinhaus.de

Würzburgerhaus
(Würzburger Karl-Straub-Haus)
in den Schwarzen Bergen, ganzjährig, Do.–So., Tel. +49 9749 230
www.wuerzburgerhaus.de

Blick vom Kösseine-Aussichtsturm hinab zum Kösseinehaus.

Bahn, Bus und Schiff, Wetter

Bayern Fahrplan. Für Bus & Bahn: www.bayern-fahrplan.de

Bayern-Fahrplan-App: www.bahnland-bayern.de/de/service/bayern-fahrplan-app

DB Bahnauskunft: www.bahn.de

Busauskunft: www.dbregiobus-bayern.de

Bayerische Seen-Schifffahrt: Tel. +49 8652 96360, www.seenschifffahrt.de

Chiemsee-Schifffahrt: Tel. +49 8051 6090, www.chiemsee-schifffahrt.de

Donauschifffahrt: Tel. +49 851 929292, www.donauschifffahrt.eu

Wettervorhersage: www.br.de/wetter/action/bayernwetter/bayern.do, www.dwd.de/DE/wetter/wetterundklima_vorort/bayern/bayern_node.html, www.dwd.de/DE/wetter/vorhersage_aktuell/bayern/vhs_bay_node.html

TOURISMUSINFORMATION

Bayern Tourismus
Arabellastraße 17, D-81925 München,
Tel. +49 89 212397-0,
tourismus@bayern.info, www.bayern.by

Allgäu
Allgäuer Straße 1,
D-87435 Kempten/Allgäu,
Tel. +49 831 57537-0, info@allgaeu.de,
www.allgaeu.de

Bayerisch-Schwaben
Schießgrabenstraße 14,
D-86150 Augsburg, Tel. +49 821 45040110,
info@tvabs.de,
www.bayerisch-schwaben.de

Oberbayern
Prinzregentenstraße 89,
D-81675 München, Tel. +49 8963 8958790,
info@oberbayern.de, www.oberbayern.de

Ostbayern
Im Gewerbepark D 04,
D-93059 Regensburg, Tel. +49 941 585390,
info@ostbayern-tourismus.de,
www.ostbayern-tourismus.de

Franken
Pretzfelder Straße 15, D-90425 Nürnberg
Tel. +49 911 94151-0,
info@frankentourismus.de,
www.frankentourismus.de

Postkartenmotive bietet Bayern zuhauf: Das Fensterl zwischen Hochplatte und Krähe (oben), rechts das Kirchlein St. Bartholomä am malerischen Königssee.

Landschaftsbild Bayerischer Wald – Kaitersberger Höhenweg.

IMPRESSUM

© KOMPASS-Karten, A-6020 Innsbruck (23.02)
2. Auflage 2023   Verlagsnummer 1622   ISBN 978-3-99121-701-5

Text und Fotos (soweit nicht anders angegeben):
Lisa Aigner
Siegfried Garnweidner
Monika Göbl
Eugen E. Hüsler
Raphaela Moczynski
Christian Schneeweiß
Astrid Sturm
Walter Theil
Kay Tschersich

Titelbild: Wandern über dem Chiemsee (©ARochau - stock.adobe.com)
Rückseite: Passau (©czamfir - stock.adobe.com)

Bildnachweis: S. 3 (2. Foto von oben): Kur & Tourismus Service Bad Staffelstein
S. 25: Grutzifix/Fotolia
S. 41: esrael_foto
S. 46: Manfi.B/Wikipedia
S. 57: Dieter Ludwig Scharnagl/Pixabay
S. 90: Felix Mittermeier/Pixabay
S. 97: Florian Westermann/Pixabay
S. 163: Bernd Hoelzel
S. 165: Heidi Ziegler

Grafische Herstellung und Wanderkartenausschnitte: © KOMPASS-Karten GmbH
Kartengrundlage für Gebietsübersichtskarte auf Seite 14-17:
© MairDumont, D-73751 Ostfildern 4

Alle Angaben und Routenbeschreibungen wurden nach bestem Wissen gemäß unserer derzeitigen Informationslage gemacht. Die Wanderungen wurden sehr sorgfältig ausgewählt und beschrieben, Schwierigkeiten werden im Text kurz angegeben. Es können jedoch Änderungen an Wegen und im aktuellen Naturzustand eintreten. Wanderer und alle Kartenbenützer müssen darauf achten, dass aufgrund ständiger Veränderungen die Wegzustände bezüglich Begehbarkeit sich nicht mit den Angaben in der Karte decken müssen. Bei der großen Fülle des bearbeiteten Materials sind daher vereinzelte Fehler und Unstimmigkeiten nicht vermeidbar. Die Verwendung dieses Führers erfolgt ausschließlich auf eigenes Risiko und auf eigene Gefahr, somit eigenverantwortlich. Eine Haftung für etwaige Unfälle oder Schäden jeder Art wird daher nicht übernommen. Für Berichtigungen und Verbesserungsvorschläge ist die Redaktion stets dankbar. Korrekturhinweise bitte an folgende Anschrift:

KOMPASS-Karten GmbH
Karl-Kapferer-Straße 5, A-6020 Innsbruck
www.kompass.de/service/kontakt